一 歩 先 へ の
憲 法 入 門

第 2 版

片桐直人　井上武史　大林啓吾

有斐閣

第2版はしがき

　本書『一歩先への憲法入門』は多くの方々にご愛用いただきました。おかげさまで，このたび第2版としてリニューアルすることとなりました。著者一同，御礼申し上げます。

　本書の初版が出たのは2016年。今から5年ほど前のことになります。5年という月日は社会を一変させるには十分な時間です。天皇が譲位し，年号が平成から令和に変わるといったようなことは初版のときには想像もつきませんでした。

　この第2版では，このような社会の変化や初版の反省点などを踏まえて，説明のしかたに新たな工夫をとりいれたり，例を入れ替えたりしています。また，初版ではやむなく割愛していた憲法上の論点について説明を追補したところもあります。

　もっとも，初版のはしがきで挙げた本書の2つのコンセプトは変わりません。そのコンセプトとは，憲法の教科書で議論されている事柄をできるかぎりいきいきと，「手触り」を感じられるような叙述を心掛けることと，入口は身近なテーマだけれども，読み進めるうちに本格的な議論へと進んでいくような叙述にすることです。このようなコンセプトのもと，本書が引き続き，多くのみなさんにとって，憲法の勉強を「一歩先」へと進める足がかりとなってくれることを願ってやみません。

＊

　ところで，この5年間の社会の変化として，2020年から現在まで続くコロナ禍を挙げないわけにはいきません。本書を手に取った学生さんの中には，授業が全面的にオンラインに切り替えられているという方もいらっしゃることでしょう。本書の改訂に向けた作業もオンライン会議などを活用して進められたところです。

　けれども，本書の改訂にあたって，コロナ禍で明らかになった憲法問題について触れることができませんでした。コロナ禍が現在進行中

の問題であって，改訂作業中に大きく情勢が変わってしまう可能性が
あることや，コロナ禍に関する事件や論点は問題が広汎に及び，とも
すれば，それ一辺倒の叙述になってしまう可能性があることなどがそ
の理由です。

　ですが，コロナ禍による社会の変容も，もちろん憲法と密接に関係
します。医療ひっ迫により十分な手当てを受けられないまま亡くなっ
てしまうといった事件があること，休業要請や景気の落ち込みによっ
て事業が立ちゆかなくなり，あるいは，失業して生活苦に陥るケース
が見られること，大規模イベントの中止，民主制における専門家の役
割，緊急事態と法治主義の問題など挙げればきりがありません。

　このような問題を考えるためにも，憲法をたんに通りいっぺん「知
る」だけでなく，さらに「一歩先」へと学習を深めていただきたいと
思います。その際にはぜひ，コロナ禍で感じたみなさんの「手触り」
を大事にしてください。

＊

　最後に，この 5 年のあいだに，「まだまだ若手」だった著者たちも，
少しずつ「中堅」（中年？）と言われるような年ごろに差し掛かってき
ました。正直言って，学生のみなさんにとっても身近な話題を共有で
きるはずだという自負は少しずつ揺らぎ，私たち著者からみて身近な
話題でも，みなさんからみるとそうでもないということもあるかもし
れないという感覚は少しずつ大きくなり始めています。有斐閣書籍編
集部の中野亜樹さんは，初版に引き続き，それでもなお薄れることの
ない本書の重要性を説き，著者たちを励まし続けてくださいました。
心より感謝を申し上げます。

2021 年 8 月 20 日

著 者 一 同

初版はしがき

　『一歩先への憲法入門』は，大学に入学して，さあ，これから憲法の勉強をはじめようという人たちに向けて書かれた本です。

　多くのみなさんは，高校までのあいだに，一度は憲法について勉強したことがあるでしょう。また，憲法と関係の深い「人権」や「平和」，「民主政」といったテーマについても，多くのことを勉強したことと思います。ところが，そのようなみなさんであっても，大学での憲法の勉強が「難しい」と感じることは少なくないようです。

　大学での勉強が高校よりも高度で専門的なことがらを扱っている以上，難しいのは当然のことなのかもしれません。けれども，ちんぷんかんぷんな勉強は長く続かないでしょう。それではもったいない，そこをなんとかできないか，できるかぎりやさしく憲法を説明する本を作れないかというご相談を，編集部の方々からいただいたのが，本書の生まれるきっかけとなりました。

　もっとも，「やさしく」憲法を解説するというのは，言うのは簡単でも，実際には相当に難しい作業です。そもそも世の中に存在する教科書は，すべて，複雑に絡み合った現実の事象や，すでに膨大な蓄積のある学問研究の成果を，わかりやすくコンパクトに説明しようとするものにほかなりません。そのような教科書よりも，もっとわかりやすい教材を作ろうと考えるとき，まず思い浮かぶのは，教科書からさらに内容を削ったり，説明を簡略化するという方法です。ですが，私たちは，この本のコンセプトを相談する中で，そのような方法にも問題点があると意識するようになりました。そこで，この本では，大きく二つのことを目指そうということになりました。

　第一に，人は，身近な事柄やこれまでに身に着けた事柄はよく理解できる反面，そうではないものは難しいと感じるものでしょう。ところが，教科書の内容を削ったり，説明を簡略化するだけでは，どうしても憲法の議論を「身近」にすることはできません。そこで，この本では，最近のトピックや高校までに学習したこと，あるいは，みなさんが日常的に触れる出来事を切り口にして，憲法の教科書で議論されている事柄

にできるかぎりいきいきとした，いわば「手触り」を感じることのできる叙述を心がけてみようということになりました。各 Unit 冒頭の Topics をはじめ，本文の随所に，みなさんにとって身近で馴染みのある話題をちりばめています。

　第 2 に，私たちの講義を聴いてくれている学生から，ときどき，「説明の簡略化されたわかりやすい入門書はたしかに便利だけれど，そのあと，本格的な教科書を読むとやっぱり難しくて挫折してしまう」という声が寄せられることも気になりました。そこで，この本では，入り口は身近なテーマだけれども，読み進めるうちに本格的な議論へと進んでいくような叙述も心がけてみました。

　この本が『一歩先への憲法入門』という，入門書としては少し変わったタイトルになっているのは，このようなコンセプトがあったからです。読者のみなさんにとって，この本が，高校までの勉強から「一歩先へ」進むための，そして，「一歩先の」憲法学の世界に踏み出していくための手助けとなるようなものとなってほしいという願いが，このタイトルには込められています。

　この本の著者はまだまだ若手の部類に入る憲法研究者です。私たちは，「若手」ということは，それだけ，この本の主な読者であろう学生のみなさんに年齢や世代も近く，みなさんにとっても身近な話題を共有できるはずだと自負しています。ただ，それでも，自分たちが大学に入学した時から数えて，20 年近くの年月が経ってしまいました。憲法に関係する事件や話題は日々新しく生まれてもいます。もしかすると，私たちからみて身近な話題でも，みなさんからみるとそうでもないということもあるのかもしれません。また，みなさんにとって身近で馴染みのある Topics は本書で取り上げた以外にも，まだまだたくさんあるでしょう。ぜひ日々のニュースや勉強のなかから，Topics を見つけて考えてみてほしいと思います。

　他方，入門書という本書の性格上，どうしても扱えなかった学問上の論点や最新の議論もたくさんあります。ぜひ，本書をきっかけにして，より高度な教科書へと勉強を進めてみてください。

　書店に行くと「憲法」をテーマにした本は，専門書から一般向けの解説書までたくさんあることに気が付くでしょう。そのような中で，改めて「憲法の入門書」を書くことにどのような意義があるのか，すでにある入口の前に，もうひとつ入口を作るようなものではないのかという気がしなくもありません。編集会議でも何度かそのような話題になりました。けれども，有斐閣編集部の藤本依子さん，清田美咲さん，中野亜樹さんが，この本の掲げるコンセプトの大切さを常に思い出させ，著者たちを勇気づけてくれました。また，原稿にも丁寧に目を通していただき──ときには息子さんのご感想も添えて──有益なアドバイスをいただきました。レイアウトも，とても素敵なものに仕上げていただきました。心より感謝申し上げます。

　　2016 年 4 月 18 日

著 者 一 同

Unit 14　思想・良心の自由 ———————————————

Unit 15　信教の自由 ———————————————————

Unit 16　政教分離 ———————————————————

Unit 23　刑事手続上の権利 ———————————— *232*

Unit 24　生存権 ———————————————— *242*

Unit 29　プライバシーの権利 ——————————— *291*

●● 凡　例 ●●

i　裁判例等の略語

▶裁 判 所

最(大)判(決)	最高裁判所(大法廷)判決(決定)
高判(決)	高等裁判所判決(決定)
地判(決)	地方裁判所判決(決定)
簡判(決)	簡易裁判所判決(決定)

▶判 例 集

民(刑)集	最高裁判所民事(刑事)判例集
集 民	最高裁判所裁判集民事
下刑集	下級裁判所刑事裁判例集
行 集	行政事件裁判例集
判 時	判例時報
判 タ	判例タイムズ

ii　法令名の略語　　※原則として有斐閣『六法全書』の略語例によった。

憲	日本国憲法
明憲	大日本帝国憲法(明治憲法)
典	皇室典範
公選	公職選挙法
国会	国会法
裁	裁判所法
自治	地方自治法
刑	刑 法
民	民 法
刑訴	刑事訴訟法
教基	教育基本法
個人情報	個人情報の保護に関する法律

iii　本文について

本文中，重要性の高い語は太字で表記した。

●● 著者紹介 ●●

片 桐 直 人 （かたぎり・なおと）

1977 年生まれ。京都大学大学院法学研究科博士後期課程修了。博士（法学）

現在，大阪大学大学院高等司法研究科教授

担当 Unit：0，1，4，6，7，19，21，22，24，25，26

読者へのメッセージ

　本当に大切なことは，自分の身近で手の届く範囲にこそあります。私は，そんな身近で大切な事柄も憲法の眼鏡を通して考えることができると思っています。あなたの身近なところから，憲法の勉強を通じて「一歩先へ」。一緒に進んでみませんか。

井 上 武 史 （いのうえ・たけし）

1977 年生まれ。京都大学大学院法学研究科博士後期課程修了。博士（法学）

現在，関西学院大学法学部教授

担当 Unit：3，5，11，12，13，14，15，16，20，23

読者へのメッセージ

　憲法の世界へようこそ！　一見「あたりまえ」と思うことも，「なぜそうなの？」と問われれば，途端に答えに困ることがあります。本書ではそのような問いかけを通じて，皆さんに「あたりまえ」からもう一歩先の理解へと進んでほしいと願っています。

大 林 啓 吾 （おおばやし・けいご）

1979 年生まれ。慶應義塾大学大学院法学研究科博士課程修了。博士（法学）

現在，慶應義塾大学法学部教授

担当 Unit：2，8，9，10，17，18，27，28，29

読者へのメッセージ

　憲法の勉強をするとき，その背景にある理由を探り，流れをつかむことが大切です。本書を読む際にも，ストーリーを意識しながら知識や思考力を身につけてもらえればと思います。

Let's study together!!

Unit 0

ガイダンス

1 憲法を勉強すると何の役に立つのか

●● ① なぜ憲法を学ぶのか ●●

▶▶なぜ憲法を学ぶのか

　この本は，できる限り身近なトピックスを挙げながら，これから憲法を勉強しようという人に，その本質をわかりやすく理解してもらおうというコンセプトで書かれている。

　ところで，勉強を継続してやるのは難しい。もしかすると，この本を手に取ってくれている人の中にも，これまでに憲法を勉強しようとして，挫折したという人もいるかもしれない。そこで，なぜ憲法を学ぶのかを考えることで，憲法の勉強を「一歩先へ」進めるモチベーションにしていこう。

▶▶法学基本科目としての憲法？

　多くの法学部では，憲法を基本科目として位置づけている。そこには，法学部生であれば誰でも憲法は理解していてほしいというメッセージが込められている。たしかに，法曹や公務員になろうと思っている人にとって，憲法が，民法や刑法などと並んで重要な法であることは理解できる。

　もっとも，法学部生がすべて法曹や公務員になるわけではなく，多くは，ビジネスパーソンをはじめとした，いわゆる一般の就職をするのが通常であろう。この本を手に取って勉強を始めようとしている人の多くもそうではないだろうか。法学部が憲法を基本科目として扱い，きちんと勉強してほしいというメッセージを発するということは，そういう人たちにとっても，専門科目として憲法を勉強することが何らかの意味を持つと考えているからでもある。

では，法曹にも公務員にも研究者にもならない人たちにとって，憲法を勉強することに，どんな意味があるのだろうか。このような問いに対しては，「憲法くらい知らないと社会に出たとき困る」という答えが返ってきそうである。これは少し難しい言い方だけれども，「良き市民として生きるのに憲法が必要」ということと同じだろう。でも，良き市民として必要であれば，高校までの中等教育で教えられるべき事柄だろうし，大学で勉強するとしても教養科目で十分であるようにも思われる。実際，高校までの社会でも，憲法については相当量が扱われているし，多くの大学では，教養科目として憲法関連の講義が開講されている。だとすると，あらためて，ほぼすべての法学部生が専門科目として憲法を学ぶことの意義が問われなければならない。

●●　②　統治権力を創設し拘束するための法としての憲法　●●

▶▶統治権力を創設し拘束する法としての憲法

　この本で繰り返し説明するように，憲法は，「この国のかたち」を定める基本的なルールである。人は1人では生きていけず，必ず，他者とともに暮らしていかざるをえない。言い換えれば，人間は社会の中で生きていく宿命にある。社会の安定を保つためには何らかの政府が必要となる。人類は，長い歴史とともに，そのような政府のあり方を探求し，発展させてきた。高校までに王権神授説とか社会契約論，権力分立といった考え方を習ったという人も多いと思うが，このような政治思想は，われわれにとってどのような政府が望ましいかを考えた先人の貴重な思考である。

　どのような政府が望ましいかという点を考える際の出発点は，われわれが政府を必要とするのは，それがないと私たち自身が困ったことになる，ということである。われわれが社会や政府を必要とするのは，それがなければ，私たちの平和な暮らしが成り立たないからであり，逆に言えば，私たちの平和な暮らしに必要な限りで，社会や政府が求められる。

　それでは，私たちの平和な暮らしを実現するためにはどのような政府が必要なのであろうか。例えば，それをかなえてくれるスーパーマンを選び出して，その人にすべてをゆだねるという考え方もありうる。しかし，そのようなスーパーマンはどのようにして選び出すのがよいだろうか。また，選ばれた人がス

ーパーマンのように見えても，実際は期待外れという場合もあるのではないか？　そういうときにはどうすればよいだろうか。

　この本の執筆者が，「憲法は国家の基本構造を定めるルールだ」と言うのは，憲法がこのような問題を解決するためのルールを提供していると理解しているということである。この本の各所で触れるように，日本国憲法は，国民主権や民主主義の原理，議院内閣制，権力分立，違憲立法審査，基本権保障など様々なルールを定めているが，これらはすべて，「われわれにとって望ましい政府をどのように組織し，かつ，どのようにわれわれにとって望ましいように働かせるか」に関わるものである。

▶▶憲法はわれわれが作る

　日本国憲法は，前文で，われら日本国民が，「われらとわれらの子孫のために，諸国民との協和による成果と，わが国全土にわたって自由のもたらす恵沢を確保し，政府の行為によって再び戦争の惨禍が起ることのないようにすることを決意し，ここに主権が国民に存することを宣言し，この憲法を確定」したのだと述べている。それでは，われら日本国民は，「われらとわれらの子孫のために」，どのような政府を作ろうと考えたのか。日本国憲法に表されている「この国のかたち」は，どのような意味でわれらとわれらの子孫のためのものだと考えられるのか。憲法学は，人類の歴史に対する反省や周辺諸科学の成果も取り入れながら，この点に関する考察を深めてきた。これを知ることは，われら日本国民が，「われらとわれらの子孫のために」，新たな「この国のかたち」を構想するうえで不可欠である。そして，ここに言うわれら日本国民とは，あなたも含めたすべての国民のことである。

　このように考えると，大学で憲法を学ぶ意義が少し見えてくるのではないか。高校までの勉強や大学の教養科目の学修を通じて，私たちは人類の歴史や諸科学の成果に関する知見をたくさん身につけた。今度は，一歩先へ進んで，われら日本国民が，これまで，それらの知見をどのように活かして，どのような「この国のかたち」を構想したかを知る段階である。大学での憲法の"学び"にはそのような意義があるといえる。そして，その歩みは，みなさんが新たな社会や政治制度を構想し，それを新たなルールへと発展させることへと続いている。

3

2 憲法を勉強するにあたって

●● ① 憲法は難しい？ ●●

憲法を教えていると，はじめのうちは「憲法を勉強したい」と言ってくれていたのに，どこかでつまずいて，「いつのまにか憲法が苦手になっていた」という学生によく出会う。たしかに，憲法は抽象的な問題を多く扱っているし，条文も簡潔で，その全体像を理解するには，様々な解釈や学説をおさえる必要がある。

これは，憲法という法律の性格上仕方のないところでもある。そもそも，憲法は1億人の人間が暮らす日本の社会やそこでの政府のあり方を扱っている。だから，すべての問題に当てはまるようなルールを作ろうとすれば，どうしても，抽象的かつ一般的なルールにならざるをえない。他方で，その下で問題となるケースは多種多様であるから，それごとに多様な考え方が提示され，議論されることになる。

もっとも，学生の話を聞いていると，このような憲法の性格以外にも，つまずきのもととなっているポイントがいくつかあるようである。以下では，つまずきを防ぐために注意すべきポイントを挙げておこう。

●● ② 大学での勉強と高校までの勉強が異なることに気づこう ●●

▶▶大学の講義

まずはじめのポイントは，大学での勉強のスタイルを早く確立することである。大学と高校までの勉強では大きく異なる点がいくつもある。

そもそも，大学と高校では，授業や講義のスピードと密度がまったく異なる。ためしに，高校の教科書と大学の講義で指定されている憲法の教科書とを比べてみよう。双方とも，300〜400頁あるだろうが，大学では，この分量を計30回の講義でこなし，その間に2回ほどの試験を行うのが通常のスタイルである。これに対し，高校の社会は，年に5回ほどの定期試験があり，1冊の教科書を週に数回の授業を行いつつ，2年かけて勉強する。ここからも理解さ

れるように，大学の講義は，1回の進度が早く，その定着を確認する頻度も圧倒的に少ない。このことは，一度理解が追い付かなくなると，かなりの確率で，挽回することが難しくなるということを意味する。

そこで，大学で勉強するにあたっては，1回の講義のスピードについていくことと，その日の講義で勉強した範囲について，わからなかったところは，できる限りその日のうちにつぶしておく工夫が必要になる。そのためには，予習・復習の仕方や講義ノートの取り方を見直す必要があるかもしれない。そういったことが上手な友達の勉強方法や法律の勉強の仕方が解説された文献などを参考に自分なりのやり方を身につけてほしい。

▶▶高校までの知識の復習

次のポイントは，大学での勉強は，高校までの勉強の延長線上にあるということである。

大学の講義や教科書は，少なくとも受講者や読者が高校までの知識を持っていることを前提としている。たとえば，憲法の講義や教科書で，日本や世界の近現代史（特に政治社会史）について，あらためて詳細な説明がなされることはない。しかし，憲法を理解するために，このような知識を必要とする場面はたくさんある。

また，法の解釈を探求する法律学は，これを勉強する人に一定程度の言語能力が身についていることを前提としている。高校までの勉強で一定程度のまとまった文章が読めるようになっていること，ある程度正確な日本語の読解ができることが当然とされているわけである。

さらに，大学での勉強は，高校までと違って，これといった正解がない場合も多い。その場合には，考えられる複数の解答のうち，どうしてその解答を選ぶのか，説得力のある説明が必要になる。この場合にも，正確な日本語の表現能力が必要となる。

▶▶六法や判例集の確認

第3に，よく言われることだが，条文や判例をそのつど確認する姿勢を身につけてほしい。憲法の講義では，条文を離れてその基礎となっている思想的背景が重点的に解説されることも多く，そのため，教室で条文や判例の参照を指示し，確認してもらう時間が十分にとれないことがままある。しかしながら，

そのような場合であっても，教員としては，どこかの時間で（理想的には，予習や復習の段階だが，休み時間でもかまわない）条文や判例は自分の眼で確認しているはずだという期待のもと，講義を進めている。

　このことは，以下で説明する基本書を1人で読んでいる場合にも当てはまる。「憲法10条は……」とか，「最判平成9年1月21日では……」という文章には，六法や判例集で，条文や判例を確認してほしいというメッセージが込められている。

▶▶基本書の活用

　大学の講義は，限られた時間で重要な部分が受講者に伝えられるよう，内容にメリハリをつけた解説が行われる。言い換えれば，教員は，講義で話す内容について，ある程度取捨選択を行っているということである。ところが，そのような取捨選択の結果，前後のつながりや理屈がわかりにくくなっている場合がある。

　このような場合や講義で聞き取れなかったポイント，講義で説明されたものとは異なる理解のしかたなどは，やはり教科書を紐解くしかない。授業で指定されている教科書はもちろんのこと，多くの大学で用いられている定評のある教科書（これを特に基本書と呼ぶ）もぜひ読んでみてほしい。このような基本書としては，たとえば，芦部信喜『憲法』（岩波書店），佐藤幸治『日本国憲法論』（成文堂），渋谷秀樹ほか『憲法1・2』（有斐閣）などがある。

3　本書のコンセプトと使い方

　*2*で述べたようなことに注意しつつ，講義にきちんと出席し，条文，判例，基本書に丁寧に目を通せば，憲法でつまずく可能性は格段に低くなると思う。

　ただ，そうは言っても，そもそも*2*で述べたことにつまずく可能性もある。条文や判例を参照することを忘れてしまったり，基本書や教科書の内容が難しすぎて理解できなかったりという場合もあるだろう。

　憲法の入門書や概説書が数多くある中，本書を出版しようと考えたのは，できる限り，そのようなつまずきをなくし，憲法の勉強の面白さを知ってもらいたいと考えたからにほかならない。

　したがって，本書では，他の入門書に比べて，①憲法学的な考え方のエッセンスをできる限り感じられるような叙述を心がける，②条文や判例など参照すべき事柄はできる限り明示的に指示する，③高校までの勉強や学生にとって身近な出来事との関連を意識した叙述を心がけるといった工夫を凝らしたつもりである。

　他方で，そのような工夫を凝らした結果，憲法学のすべての論点を網羅的体系的に取り扱うことはできなかった。この部分については，本書を足掛かりにして，講義の理解を深め，定評のある基本書や体系書を読み進むことによって身につけていただくほかはない。そのこともあって，本書の叙述にあたっては，基本書ほど高度ではないものの，かといって，一般の概説書ほどに易しく書くという方針はとっていない。本書を読み進めながら，少し読みにくい文章を読むことにも慣れていってほしい。

　さあ，ここから，憲法の扉を開けて，「一歩先へ」踏み出そう！

Unit 1

憲法とは何か

■ Topics ■　十七条憲法は憲法か？

　憲法は，小学校の社会から高校の政治・経済に至るまで，何度も勉強してきたテーマである。国民主権，基本的人権の尊重，平和主義といった憲法の基本原理などは繰り返しテストに出てきただろうし，社会権とか抽象的権利といった事柄も教わってきたはずである。中には，憲法前文や9条などの象徴的な条文を暗記しているという人もいる。ここで念頭に置かれている憲法とは，「日本国憲法」というタイトルを持った法律のことであろう。

　他方で，憲法というと，「大切なことを定めたきまり」というイメージを持っている人もいるかもしれない。聖徳太子が定めたとされる十七条憲法に「和をもって尊しとなす」というきまりがあったことや，民主主義や人権の尊重などが，現代のわれわれにとって大切な事柄であるということも，このようなイメージにつながっているだろう。

　このようなイメージは必ずしも誤りであるというわけではない。しかし，大学で勉強する憲法の教科書は，通常，憲法を「国家のあり方を定めた基本的な法の総体」などと説明する。少し難しいが，この説明は，①日本国憲法以外にも憲法として理解しなければならない法がありうること，②憲法は，個人の生き方や道徳の指針ではなく，国家のあり方を定めるものであることを言おうとしている。

　このUnitでは，憲法とは何かを考えてみよう。

1　憲法という言葉の様々な意味

●● ①　十七条憲法は憲法ではない!?——実質的意味の憲法 ●●

> 高校までの勉強の様々な場面で,「憲法」という言葉に出会ってきた。そも
> そも憲法とは何だろうか。

▶▶実質的意味の憲法

　現代のわれわれは,主に,英語やフランス語の constitution の訳語として,
憲法という語を充てている。そもそも,英語やフランス語の constitution は,
構成とか構造といった意味を持つ言葉であるが,ここでは国家の基本構造とい
う意味で用いられる。つまり,憲法＝constitution とは,第一に,国家のあり
方を定めた基本的な法の集まりの意味で用いられる。憲法という語は様々な意
味に使われるので,特に区別をするために,このような「国家のあり方を定め
る基本的な法の総体」のことを**実質的意味の憲法**と呼ぶことがある。

▶▶国家三要素説

　高校までに,国家を,領土・国民・主権(統治権)の3つの要素から成るも
のとして把握する,いわゆる**国家三要素説**を習った人も多いだろう。このう
ち,主権や統治権という言葉の意味は難しいが,ここでは,立法権や行政権,
司法権といった「統治に必要な権力を持った政府」の意味で理解しておこう。

　国家三要素説は,それまで国王の支配の道具にすぎないと考えられた国家
(家産国家)が,近代市民革命を経て,「一定の領土を基礎に統治権を備えた国
民の団体」と理解されるようになったことを反映しているが,(実質的意味の)
憲法は,国家のあり方を定めるものだから,これらの要素,とりわけ統治のあ
り方に関する法が含まれることになる。ためしに日本国憲法を見てみると,国
民に関する規定(10条)をはじめとして,天皇,選挙,国会,内閣,裁判所と
いった統治機構に関する規定,法律や予算の制定手続に関する規定が定められ
ていることがわかる。また,憲法9条に定められている戦争放棄や憲法第3章
に定められるいわゆる基本的人権の保障は,「政府は戦争をしてはならない」

9

とか「表現の自由を侵害してはならない」という意味で統治権発動の限界を定めたものとして理解できる（なお，六法で大日本帝国憲法を見て，同じような事項が定められていることを確認してほしい）。

▶▶憲法がなくても憲法はある？

　実質的意味の憲法は，どのような国家にも存在する（正確に言うと，その気になれば観察できる）。たとえば，絶対君主制時代の王国であっても，王は誰か，王の命令に背いたらどうなるか，王の支配権はどこまで及ぶかなど様々な決まり事があったはずである。もちろん，この時代の人たちがこれらを憲法だと認識していたわけではないし，そのような規範の存在を明確に意識していたわけではないかもしれないが，このようなものも国家のあり方を定める基本的な規範であろうから，実質的意味の憲法と言って差し支えない。

　そうだとすると，実質的意味の憲法は，法典の形で存在する必要はない。ましてや「○○憲法」という表題が付された単一の法典（以下では，このような意味での憲法を「成文憲法典」または「形式的意味の憲法」などと呼ぶ）である必要もない。実際，イギリスには，「イギリス憲法」といった名称の付された単一の憲法典は存在せず，いくつかの重要な法律を中心として，様々な規範が憲法を構成していると考えられている。イギリスが不文憲法の国と言われるゆえんである。

●● ②　憲法典の意義——形式的意味の憲法 ●●

> 　現在の多くの国々では，成文の憲法典が定められる場合が多い。成文の憲法典を制定することにはどのような意味があるのだろうか。

▶▶成文憲法典の意義

　①で述べたように，実質的意味の憲法は成文の憲法典でなくてもよい。しかしながら，実際には，多くの国に，国家のあり方に関する基本的な法を定めた成文の憲法典がある。しかも，憲法典には，他の法律や命令をも無効にしうる強い効力を持たせていることが多い。

　憲法典を制定し，他の法律とは異なる効力を持たせるようなやり方が多くの国々で採用されるようになったのはなぜなのだろうか。これには，ヨーロッパ

社会が歩んできた歴史が深く影響している。絶対王制を打ち破ってなされた近代市民革命の背景には，国家の秩序を決定・変更するのは，自由かつ平等な諸個人の集合体，すなわち国民であるという考え方があった。この考え方によれば，国家は，国民の合意によって成立するのであって，かつ，国民の合意したところに従っている限りで，国家は国民を統治できることになる。ここでの合意こそが憲法である。人々の合意は文書にしておくのが望ましい。この文書が成文憲法典である。成文憲法典が存在することによって，政府の行為が国民の合意にそっているかを確認できるようになるとともに，その変更を通じて，国政のあり方を変更できるようにもなるのである。

▶▶成文憲法典の機能

　このような憲法典が定められると，政府の組織や権限は，定められた憲法典に基づくよう求められる。つまり，政府は，憲法典に基づいて組織される限りで正統性を持ち，憲法典が許す限りで権限を行使できる。このことを指して，憲法典は**授権規範性**や**制限規範性**を持つと言われる。

　また，憲法典以外の法律や命令が憲法典に反する場合には，それらは国民の合意したところに従わないものだと評価できよう。したがって，憲法典に反する法律や命令は無効となる。つまり，憲法典は，国内法において，他の法に優位する最も高い効力を持つ。このことを指して，憲法の（形式的）**最高規範性**と言う。

　このような憲法典には，一般に，国政上の理念や目標に関する規定，統治機構のあり方に関する規定，国民の権利保障に関する規定，国際関係に関する規定が盛り込まれることが多く，しかも，国政に関する基本的な法のうち特に重要であって，長期にわたって安定的に守られるべきであると考えられるものが盛り込まれる傾向にある。そうだとすると，そのような憲法が簡単に改正されるのは好ましくない。そこで，多くの憲法典が，その改正に，通常の法律より重い手続を要求している（**硬性憲法**）。

11

2　憲法にも流行がある!?──立憲主義的意味の憲法

　立憲主義とはいったいどのような考え方なのだろうか。

▶▶地域や時代によって異なる憲法

　国家のあり方は，時代によっても地域によっても様々である。君主や独裁者が絶対的な権力を有する例もあれば，一部の貴族が国を統治する例もあるだろう。それゆえに時代や地域によって実質的意味の憲法も多様でありうる。もっとも，人類は長い歴史の中で，国家の保持する権力が常に濫用される危険をはらんでいることをいやというほど知った。権力の濫用は，人々の生命や財産といった利益を脅かすだけでなく，政府への不満につながり，ひいては社会そのものを不安定にさせる。そこで，何らかの形で権力の濫用を抑止するための仕組みを創り出し，それを政治過程に埋め込むことを通じて，人々の利益を保持し，国家体制の保全を図ることが試みられるようになってきた。このような試みはすでに古代ギリシアやローマにおいて見られたところである。世界史では，古代ローマには，民会や元老院，執政官が存在したことを学習しただろうが，そこでは意識的に政治権力をいくつかに分割し，それらが相互に抑制することによって，ある種の**権力分立**が成立していた。このような仕組みは，権力の濫用・暴走を防ぐためのものである。古代ギリシアやローマにおける実質的

意味の憲法には，このような仕組みが備わっていたということができる。

▶▶立憲主義的意味の憲法

　フランス革命やアメリカ独立革命に代表される近代市民革命以後は，個人の自由の領域こそが重要であり，国家はかかる個人の自由の領域を確保するためにこそ存在するという理解が広まった。そのためには，①権力の濫用を防ぎ，自由を脅やかさないようにするだけでなく，②国家が人々の自由のために存在することを確認する必要がある。「権利の保障が確保されず，権力の分立が定められていないすべての社会は，憲法を持つものではない」という**フランス人権宣言 16 条**が，権利の保障と権力の分立に明確に言及するのは，この考え方を端的に表した例である。

　加えて，国家の権力が個人の自由の領域を確保するために用いられるには，国民が何らかの形で国政上の決定に参加する資格を有し，かつ，仮に為政者が国民の決定に反することがあれば責任を追及することが可能な仕組みとなっていなければならない。つまり，何らかの形で民主主義を取り入れることが求められる。

　ここに見るような，基本的人権を保障すること，権力の分立をはじめとした権力の濫用抑止の仕組みを採用すること，国民の国政参加が可能となっていること，為政者の責任追及を可能にする仕組みを取り入れることなど（これらを**立憲主義**という）をその基本的なコンセプトとする憲法を**立憲主義的意味の憲法**ないし近代的意味の憲法という。

　現代では，このような立憲主義的意味の憲法のコンセプトを基礎とした憲法を持つ国が圧倒的に多く，立憲主義的意味の憲法が世界の憲法のスタンダードである。

　このような立憲主義的憲法の成り立ちには，各国の歴史的経緯が強く影響している。憲法に限らず，法律の解釈は，条文が生み出された歴史的背景の理解が手助けとなることも多い。基本書の傍らに，高校まで使っていた世界史や日本史の教科書や用語集などを置いておくと役に立つ。また，高校のときに日本史や世界史を勉強しなかったという人は，ぜひ，中世以後のヨーロッパ史とアメリカ史，近世以後の日本史について，大まかな流れを把握しておいてほしい。

13

3 日本国憲法以外にも憲法はある⁉——憲法の法源

わが国のような成文の憲法典を持つ国では，憲法典と実質的意味の憲法は一致するのであろうか。

●● ① 法の形式——法律・命令・条例 ●●

ここまで，憲法の意味や性質について見てきた。ところで，「法」と言っても，実際には様々な種類や形式があることを知っているだろうか。憲法典というのは，そのような法の形式の1つにすぎず，法には，このほかにも，法律，規則，命令，条例などが存在する。

議会が憲法に定められた手続に従って制定する法のことを法律と言う。これに対して，内閣が定める法を政令，各省の大臣が定める法を省令と言う。政令や省令は，法律に基づいて，法律で定めていない細部を具体化するものである。

また，地方公共団体は，法律の範囲内で条例を制定することができる（憲94条）。これも法の1つである。このほか，衆参両議院がそれぞれの内部事項について定める議院規則（憲58条2項）や裁判所が内部事項について定める最高裁判所規則（憲77条1項）がある。

●● ②　憲法の法源　●●

▶▶憲法附属法

　成文の憲法典が存在する場合，実質的意味の憲法の大部分はそこに規定されている。けれども，憲法典以外にも実質的意味の憲法にとって重要な法は存在する。

　まず，日本国憲法には，詳細を法律で定めるよう委任する条文（これを「立法への委任」という）が多くある。たとえば，憲法 10 条は，日本国民の要件（誰が日本国民になるかという条件）を法律で定めることとしており，これを受けて国籍法が制定されている（ほかにも，選挙の方法や地方自治，裁判所の組織などたくさんあるので探してみてほしい）。また，憲法が明示的に委任していなくとも，憲法を施行するのに必要だと思われる事柄は法律で定められなければならない（憲 100 条 2 項）。このような憲法典を補完するような法律は特に憲法附属法と呼ばれる。これらの憲法附属法も，「国家のあり方を決める基本的なルール」なのであり，実質的意味の憲法を構成すると言えよう。

▶▶憲法判例

　また，実質的意味の憲法の中身が憲法典の条文から一見して明らかになるとは限らない。たとえば，憲法 21 条 1 項は表現の自由を保障している。「表現」と言うと，典型的には，論文や著書の出版，講演などの言論活動がそこに含まれるが，このほかにも表現と言えそうなものはたくさんある。ダンス・パフォーマンスや写真の掲示なども，出版や言論とは異なるが，一般には表現活動だと理解できるだろう。実際，憲法 21 条 1 項にいう表現には，これらも含まれると考えられている。しかしながら，このような表現活動の中には，憲法によって保障されるにふさわしくないものもあるのではないだろうか。たとえば，幼児に性的暴行を実際に行った模様を撮影した写真（いわゆる児童ポルノ）は，憲法上の保護に値するだろうか。仮に，これが「表現」ではないと考えるのであれば，憲法 21 条 1 項に言う「その他一切の表現」にどこまでが含まれ，どこからが含まれないのかが明らかにされなければならない。他方で，そのような児童ポルノは表現だとしても，やはり規制をかけるべきだと言うのであれば，憲法 21 条 1 項が「保障する」と言っても，例外的に規制（＝自由に対する

15

制約）が認められる必要があることになる。その場合，例外はどのような場合にどのような条件で認められるのかが明らかにされる必要があろう。

　ここからも理解されるように，憲法の条文は，多くの場合，抽象度の高い文言で定められており，その意味内容は，解釈を通じて明らかにされることとなる。このような解釈は，立場によって異なりうる。そこで，何らかの形で統一することが望まれる。わが国のように違憲立法審査権を最高裁判所が持つ場合には，最高裁判所が事件の解決の際に憲法解釈を示す。最高裁は，法律などの合憲性を審査するのだから，この解釈は重要な意味を持つ。

▶▶憲法法源

　このように，実質的意味の憲法の全体像を明らかにするには，憲法典の条文だけでなく，憲法附属法や最高裁判例なども含めて観察する必要がある。このような実質的意味の憲法の全体像を認識するのに必要な手がかりを，**憲法法源**と呼ぶことがある。このほか，条約や条理なども国家のあり方に関わる限りで憲法法源に数えられる。いずれにせよ，憲法を勉強する際には，これら成文憲法典以外のものも含めて理解する必要があることを覚えておこう。

Check Points
□　わが国の実質的意味の憲法は，「日本国憲法」という成文の憲法典のみから構成されるわけではない。
□　最高裁判所の示す憲法判例や憲法附属法，条約や条理なども，実質的意味の憲法を構成する重要な要素である。
□　実質的意味の憲法を認識する手がかりを，憲法法源という。

Part 1

統治機構

Unit 2

統治総論──権力分立

■ Topics ■　権力分立って機能しているの？

　「権力分立とは何か」と聞かれて，きちんと説明できるだろうか。高校まで
に習った知識を基に考えると，権力分立とは，権力を立法，行政，司法の3
つに分けて，お互いをチェックするシステムだと答えることになるだろう。そ
れでは，一歩進んで，「なぜ権力分立が必要なのか」と聞かれたら，どのよう
に答えるだろうか。そもそも憲法は権力分立についてどのように規定している
のだろうか。

　また，現在の権力分立は機能しているといえるだろうか。たとえば，政党の
存在を考えてみよう。日本では，国会（衆議院）で多数派を占めた政党が内閣
総理大臣を選び，内閣は国会に法案を提出したり，最高裁の裁判官を任命した
りする。国会の両院において同一政党が多数派を占めていれば，内閣の提出す
る法案は可決する可能性が非常に高い。また，日本のように政権交代があまり
起きない場合，最高裁の裁判官には与党の考え方に近い人物が任命される可能
性がある。このような状況は，権力分立が機能しているといえるだろうか。

　ここでは，権力分立の原理を紐解きながら，現代における権力分立の課題を
考えてみよう。

1　権力分立とは何か

　高校では，権力分立は憲法に基づいて権力を統制するという立憲主義の精神
に由来すると習ったが，それはどういう意味なのだろうか。

●● ① 権力分立の背景 ●●

権力分立とは，ロックやモンテスキューらが国家権力の濫用によって人民の自由が侵害されないようにするために説いた原則で，憲法は個人の権利を守るために権力を統制する仕組みとしてこの権力分立を採用したと，これまで習ってきたはずである。ところが，憲法の条文を見渡すと，どこにも権力分立という言葉は出てこない。

それでは，なぜ権力分立は自明のものとされているのだろうか。これについては，国家の成り立ちや憲法の由来が関連している。Unit 1 でも勉強したように，まずは国家の始まりから考えてみよう。

▶▶自然状態

人間が誕生して間もないころ，人々は着の身着のままの生活を送っていた。人々はまだ相互に協力して生活することを知らず，基本的には単独で狩りを行ったり，他人の物を奪ったりして生きていた。要するに，毎日がサバイバルゲームのような状況にあったのである。このような状態を**自然状態**という。しかし，自然状態の下では，いつ他人に襲われるかわからず，安全な生活を送ることができない。そのため，短い人生で終わってしまうことも少なくなく，人間が生を全うするのに適した状態とはいえなかった。

▶▶国家の誕生

このような状況から脱出するため，人々は自らの生命や財産（自然状態においても人が生まれながらに持っている権利なので，これを**自然権**という）を守るために強い力を持って取り締まりを行う存在を求めるようになり国家を創設した。つまり，強制力をもって犯罪を取り締まったり人々の紛争を解決したりするために国家を創設したのである。

ところが，国家は必ずしも常に国民の安全を守っていたわけではなく，国家自体が自然権を脅かすことがたびたびあった。特に，君主制国家では，君主があらゆる国家権力を一手に掌握していた。そのため，君主が好きな法律を作り，意のままに適用し，自らにとって都合のいいように裁判を行っていた。このように権力が1つの手に集中してしまうと，人権を侵害する行為があったとしても，誰も止めることができないという状況に陥ってしまう。しかも，全権

力の担い手が振るう力は強力なものであり，取り返しのつかない人権侵害を行ってしまうおそれがある。実際，君主の中には自分の意見に逆らった者を処罰したり，自分がぜいたくをするために重い税金を課したりすることがあった。

▶▶憲法の制定

そうなると，もはや本末転倒の結果になってしまう。安全な生活を送るために国家を創設したにもかかわらず，その国家が安全を脅かす存在になってしまっているからである。しかし，だからといって国家をなくしてしまうと，自然状態に逆戻りしてしまい，結局安全な生活を送ることができなくなってしまう。そこで，国家に国民の安全を守らせつつ，国家の権力濫用を防止する方法を模索した結果，登場したのが憲法であった。国家の最高法規として憲法を制定し，憲法によって国家権力を統制することで，国家が権力を勝手に行使できないようにしたのである。ここで重要なのは，憲法がどうやって権力統制を行うかである。

▶▶権力分立の意味

その方法こそが権力分立である。これまでの歴史を見ると明らかなように，1人（1つの機関）に権力が集中してしまうと，権力が濫用されてしまうおそれがある。そこで，権力を1か所に集中させず，国家権力をその作用ごとに分けてそれぞれ別の機関にゆだね（**権力の分散**），相互に権力の行き過ぎがないかどうかをチェックさせることで（**抑制と均衡**），人々の安全な生活や権利利益を守ろうとしたのが権力分立原則であった。このような権力分立原則は，人権保障のために法によって権力を縛ろうとする立憲主義の考えに親和的である。こうして，憲法の教科書では，立憲的意味の憲法とは人権保障と権力分立のことを指すという説明がなされるわけである。

●● ② 厳格な権力分立と緩やかな権力分立 ●●

▶▶厳格な権力分立

もっとも，具体的な権力分立のあり方は国によって大きく異なる。たとえば，大統領制と議院内閣制とでは行政権（執行権）と立法権の関係に大きな違いが生じる。**大統領制**の典型はアメリカである。アメリカでは，議会の議員だけでなく，大統領も国民によって選ばれる。そのため，大統領は議会から独立

21

して行政権を行使することができる。もっとも，それぞれの独立性が高いがゆえに，相互に対立することがしばしばある。特に立法をめぐって両者が対立すると，大統領が議会の法案を拒否し（拒否権），これに対して議会が再可決（両院の3分の2の賛成）を行うことがある。ただ，再可決の要件はハードルが高いことから，大統領が拒否権を頻繁に行使すると必要な法案が成立しなくなるおそれがある。このような特徴から，アメリカは**厳格な権力分立制**をとっていると理解されている。

▶▶緩やかな権力分立

　一方，**議院内閣制**をとっている日本では，内閣総理大臣は国会の議決によって指名された者が就任することから，内閣の見解と国会の多数派の見解は近いことが多い。そのため，ねじれ国会（与党が参議院において多数派を獲得することができなかった状態）のような状況が生じなければ，基本的に内閣と国会が激しく対立することは少なく，立法についても内閣提出法案が大部分を占めている。また，内閣は行政権の行使について国会に対し連帯して責任を負っており（憲66条3項），衆議院で内閣の不信任決議が可決された場合，内閣は総辞職しなければならない（憲69条）。内閣は衆議院の解散を行うこともできるが，いずれにせよ，内閣が円滑に機能するためには国会との協力関係がきわめて重要である。このように，日本では行政府と立法府の関係が融和的であることから，比較的**緩やかな権力分立制**をとっているとみなされている。

●● ③ 三権分立と権力の抑制 ●●

　権力分立は，三権分立と言い換えられることがある。すなわち，国家権力を立法，行政，司法の三権に分け，各々が相互に抑制と均衡の関係を保つことで権力の集中と濫用を防ぐことができるというものである。

▶▶立法・行政・司法

　憲法は，国会に**立法権**（41条）を，内閣に**行政権**（65条）を，裁判所に**司法権**（76条1項）を付与して権力を分けている。それぞれの権限の詳細については Unit 6〜10 で説明するが，かつてこれらの権限を掌握していたのが君主であった。三権分立は，君主が一手に握っていた国家権力を作用ごとに3つに分け，別々の機関にそれぞれの権限を担当させることにしたのである。

　また，権力を分けただけでは１つの機関が暴走してしまうおそれがあることから，お互いをチェックする権限をそれぞれに持たせて抑制と均衡の関係を構築している。このように，憲法が権力を３つに分けてそれぞれを担当する機関を決め，相互に抑制と均衡の関係を維持していることから，憲法は三権分立のシステムを採用しているといえる。

　このように三権分立の特徴は，権力が３つに分かれることと，相互に抑制と均衡の関係にあることが挙げられる。このうち，特に強調されるのが抑制と均衡についてであり，三権が持つチェック機能の相関図などを示しながら説明されることが多い。国会（衆議院）は内閣不信任決議を行って内閣に総辞職を迫ることができるが，内閣は衆議院を解散することができ，内閣は最高裁長官を指名したり最高裁判事を任命したりすることができるが，裁判所は違憲審査権によって国会や内閣の活動をチェックすることができ，国会は裁判官を弾劾する権限を持つ，といった具合である。このような三すくみの関係を築くことによって，権力が集中しないようにし，かつ濫用されないようにしているというわけである。

Check Points
- [ ] 権力分立とは，権力の集中と濫用を防ぐため，権力を分割し，各機関が相互にチェックできる仕組みのことをいう。
- [ ] 権力分立は，自由で安全な社会を維持するために，憲法が国家に対して要請する基本原則である。

2　権力分立の別の側面

権力分立は権力の抑制だけを要請する原理なのだろうか。

●● ①　三権の役割 ●●

　ここまでの内容からすると，権力分立はひたすら権力の抑制を求める原理のように思えるかもしれない。たしかに権力分立の主目的は権力濫用の防止であり，だからこそ権力を3つに分け，抑制と均衡の関係を設けたといえる。しかし，憲法は，権力を抑制するためだけに，三権分立の仕組みを採用したわけではないことにも注意が必要である。

▶▶憲法実践

　三権分立には，権力を分けるだけではなく，憲法の意図や内容を適切に実践するために，各機関に特定の役割を割り振ったという側面がある。言い換えれば，三権は，憲法によって割り当てられた権限を適切に行使して，憲法の意図や内容を実現しなければならないのである。

　このとき，どの機関がいかなる役割を果たすかについて定めているのが，三権に対する権限配分規定である。憲法は，三権に権限を付与すると同時に，それぞれがその役割を果たすように要請している。国会は法律を制定し，行政は法律を執行し，司法は法的紛争を解決する役割を与えられている。三権は，それぞれの権限を行使して，憲法の意図や内容を実践していかなければならないのである。

▶▶三権の役割の具体例

　たとえば，犯罪処罰を考えてみよう。自由で安全な社会を作るために，憲法や国家が存在することはすでに述べたとおりである。自由で安全な社会を作るためには，犯罪を取り締まる制度を設ける必要がある。そこで，国会は刑法等の法律を制定し，犯罪を行った者に罪を償わせる仕組みを作らなければならない。国会が制定した法律に基づき，行政（警察や検察）は容疑者を逮捕したり起訴したりする。そして犯罪者を公平に裁くために，裁判所が刑事裁判を行う。このように，三権分立には憲法の意図や内容を実践する側面があるのである。

●● ②　抑制と均衡の行き過ぎの問題 ●●

　次に，権力の抑制を求めすぎると三権がそれぞれの役割を果たすことができ

なくなってしまうおそれがあることに目を向けてみよう。たとえば，ねじれ国会の状況で，参議院がひたすら衆議院に反対ばかりしていたら，必要な法律を制定することができなくなってしまう。また，裁判所があらゆる法令について厳しくチェックし，次々と違憲判断を下していたら，なかなか法令が整備されなくなってしまう。あるいは，国会がやたらに国政調査権を発動して行政活動のチェックばかりしていると，行政の運営に大きな支障をもたらしてしまうおそれもある。このように，チェックばかりしていれば，抑制と均衡のシステムが機能するというわけではなく，適切なチェックというのが肝要である。

> **Check Points**
> ☐ 権力分立の核心は権力の集中と濫用の防止だが，各機関はそうしたチェック機能だけでなく，各々に与えられた責務を果たすことも重要である。

3　権力分立の現代的課題

> 現在，権力分立はどのような課題を抱えているだろうか。

●● ①　政党の存在 ●●

以上の権力分立原理は，三権がそれぞれ別の意思を持ち，相互にチェックする動機を持っていることが前提とされている。しかしながら，現在の政治制度を見てみると，政党が三権に対して横断的に影響を与えていたり，行政が肥大化していたりする状況を垣間見ることができる。そこで，権力分立の現代的課題として，「政党」と「行政国家」の2つを取り上げる。

▶▶政党と権力分立

政策を実現するためには個人個人がばらばらのままでは難しいことから，同じような考え方を持っている者同士で集まって，自分たちの考える政策を実現

しようとするために様々な**政党**が作られている。実際の政治では，この政党が大きな役割を果たしている。たとえば，法律の制定を考えてみよう。法案が国会で成立するためには，国会で過半数の同意を得なければならない。そのため，内閣がある法案の成立を目指すとき，与党内の意見をまとめたり，野党との協議を行ったりして，過半数を得るための準備作業を行う。このように，政党は実際の政治において重要な役割を果たしているのだが，このことは権力分立にも大きな影響をもたらしている。

　政党は三権の決定や人事に影響を与えている。たとえば，国会が内閣総理大臣を選出する以上，国会で多数派を形成している政党が内閣総理大臣を決めているといっても過言ではない。与党は国会と内閣の両方に対して大きな影響力を有しているのである。また，政党は最高裁の人事にも影響力を与えている。内閣は最高裁長官の指名や最高裁裁判官の任命を行うが，その際，内閣が与党の影響を受けている以上，最高裁の人事に対しても与党の意向が働く可能性が高いからである。

　このように政党は三権にまたがって影響力を持っているため，実際の権力分立は三権の背後にいる政党の意思が反映される形で機能しているといえる。そうなると，同じような見解を持つ集団によって三権の権力が行使されている状況が創出されていることとなり，権力が1つの機関に集中しないようにするという権力分立の要請との関係で，政党の憲法上の位置づけをあらためて考える必要が出てくる。

▶▶政党と憲法の関係

　そもそも憲法は，政党に関する規定を置いていない。そうなると，政党は憲法によって認められていないどころか，権力分立に反する存在とみなされる可能性もある。それにもかかわらず，なぜ政党の存在が認められているのだろうか。これについて，最高裁は，政党が議会制民主主義において国民の意思をまとめるために必要な組織としている（八幡製鉄事件〔最大判昭和45・6・24民集24巻6号625頁〕）。つまり，政党は議会制民主主義にとって必要な存在であるがゆえに，憲法上認められるとしているのである。

　たしかに現実の政治を見ても，政党ごとに政策を発表して国民に支持を訴え，国民は選挙において政党の見解も考慮して投票を行う。選挙制度において

も政党の得票率に応じて議席を配分する比例代表制という制度があり，ここでも政党の存在が前提とされている（日本の選挙制度については Unit 5 を参照）。

このように，政党が憲法上予定されている存在であるとされる以上，権力分立については政党の影響を受けることを踏まえながら，その機能を考えていく必要があるだろう。

●● ②　行政国家との関係　●●

行政国家という言葉については，高校の授業で習ったことがあるはずである。行政国家とは，国家が社会保障や経済政策などを通じて国民の生活に密接に関わるようになると，国家の果たす役割が増加し，専門的観点から国民のニーズに応える行政の役割が拡大することになることをいう。官僚集団を抱える行政機関は，様々な分野において専門的観点から政策実現に向けた判断を行い，複雑多様化した行政に対するニーズに応えることが期待されている。

しかしながら，国民から選ばれていない官僚集団が様々な分野で権限を拡大することは，民主主義との関係で問題があることに加え，権力分立上も問題をはらむ。まず，1つの機関が権力を拡大することは権力の集中を避ける権力分立の要請と衝突する可能性がある。どの程度行政の権限が拡大しているかにもよるが，あまりに行政に権限が集中するような状況は権力分立からすると好ましくないといえるだろう。次に，権力の濫用防止を旨とする権力分立は，そもそも国民に対して直接的に権力を行使する行政をできるだけ統制しようとするものである。そのため，行政国家は権力分立にとって望ましくない可能性がある。行政の役割をある程度認めるとしても，その権限行使については一定の歯止めをかけておく必要があるといえるだろう。

27

Check Points
- [ ] 権力の抑制と均衡の関係は，三権のみならず，政党の存在も視野に入れながら見ていく必要がある。
- [ ] 行政国家化は権力分立に影響を及ぼす可能性があり，行政の権限拡大に注意しておく必要がある。

Unit 3
国民主権

■ Topics ■　アラブの春

　2011年1月，チュニジアでは反政府運動の拡大によって政権が崩壊した。
ジャスミン革命である。その後，この革命に触発されたエジプト，リビアでも
長年の独裁政権に終止符が打たれ，アラブ世界で民主化の要求が一気に高まっ
たことが知られている。いわゆる「アラブの春」である。

　旧体制の崩壊後，これらの国において憲法制定の動きが見られたのは興味深
い。エジプトでは2012年末，国民投票によって新憲法が承認された（その
後2014年に再び制定）。また，40年以上憲法がなかったリビアでも，
2012年7月に憲法制定議会の選挙が行われ，憲法制定に向けた歩みが続け
られている。

　民主化の動きが憲法制定に結実するのは，「アラブの春」だけの現象ではな
い。歴史をたどれば，1789年のフランス革命でも，球戯場に集まった平民
（第三身分）たちは「憲法を制定するまで解散しない」と誓ったのだった。こ
れが有名な，「球戯場の誓い」である。こうしてみると，どの時代においても，
憲法の制定は国民が統治の主役になる時代の幕開けを告げるものであった。

　それでは，日本はどうなのか。このUnitでは，日本国憲法の制定の経緯や
その原理である国民主権を学ぶことによって，「日本国民が統治の主役である」
ことの意味を考えてみよう。

1　国民主権の原理

　日本国憲法の「三大基本原理」の1つとして国民主権が挙げられることが
あるが，その原理にはどのような意味があるのか。

▶▶「主権が国民に存する」とは？

　憲法を見ると，「主権が国民に存すること」（前文），「主権の存する日本国民」（1条）と書かれているのを確認できる。これらは，**国民主権の原理**と呼ばれている。憲法の冒頭で2回も言及されていることを考えれば，国民主権がいかに重要な原理であるのかがわかる。

　しかし，上記の憲法の文面を見ただけでは，それにどのような意味があるのか，あるいはどのような場合にこれらの原理に違反したことになるのかは，直ちにはわからないだろう。いったい，国民主権の原理とは何なのか，「主権が国民に存する」とはどのような意味なのか？

▶▶「権威としての国民」と「権力としての国民」

　国民主権とは，平たく言えば「国民こそが統治の主役である」ということである。それでは，国民が統治の主役であるとはどういうことか。現在の憲法学では，国民主権には次の2つの側面があると言われている。

　第1は，国家の権力行使を正当化する究極的な「権威」は国民にある，という側面である。これは，**正統性の契機**と呼ばれている。「正統」とは，正しい系統・血筋という意味であるから，国民主権のこの側面は，国家権力が国民に由来するものであることを，言い換えれば，国民こそがすべての国家権力の源泉であることを表している。

29

　第2は，国の政治のあり方を最終的に決定する「権力」をもつのは国民である，という側面である。これは，**権力性の契機**と呼ばれている。「国の統治のあり方」を定めているのは国の基本法である憲法であるから，権力性の契機とは，具体的には，国民が憲法の内容を最終的に決定できる権能を持つことを意味する。そうすると，憲法改正の手続を定める憲法96条は，国民主権の原理と不可分な規定ということになる。

▶▶憲法制定権力

　国民主権は，憲法を定める場面では**憲法制定権力**と呼ばれる。この概念は，フランス革命のときに，**シェイエス**（E.-J. Sieyès）が『第三身分とは何か』で考案したものである。憲法を定めることには，新たに憲法を制定することと，既存の憲法を修正・変更することの両方を含む。前者は憲法の制定，後者は憲法の改正と呼ばれる。

▶▶民定憲法と欽定憲法

　国民がこの憲法制定権力を行使して制定した憲法は**民定憲法**と呼ばれ，日本国憲法を含む今日の多くの憲法はこれに当たる。これに対して，君主が制定した憲法は**欽定憲法**（君定憲法）と呼ばれる。このため，天皇が制定し臣民に与えたとされる明治憲法（大日本帝国憲法）は，欽定憲法である。

Check Points
- [ ] 国民主権には，国民が国家権力の源泉であるという側面（正統性の契機）と，国民が国の統治のあり方を最終的に決定できるという側面（権力性の契機）がある。
- [ ] 憲法を定める権力は，憲法制定権力と呼ばれる。
- [ ] 国民が制定した憲法は民定憲法，君主が制定した憲法は欽定憲法と呼ばれる。

2　日本国憲法の制定

　日本国憲法は，国民主権に基づいて国民が制定した憲法なのか。

●●　① 憲法の制定過程　●●

▶▶明治憲法との連続性

　1946 年に公布された日本国憲法は，敗戦後にまったく新たに制定された憲法だと思われるかもしれないが，実はそうではない。日本国憲法は，形式的には明治憲法の改正として成立したものである。普段あまり見ないかもしれないが，日本国憲法の上諭を見てみよう。そこには，現行憲法が明治憲法の改正手続（明憲 73 条）に基づいて制定されたこと，また，天皇の許可（裁可）を得たものであることが記されている。このように，明治憲法と日本国憲法とは法的には連続していることになる。

▶▶明治憲法との断絶性

　しかし，内容についてはどうであろうか。明治憲法と日本国憲法とでは，基本原理がまったく異なっている。明治憲法は君主主権に基づいていたのに対して，日本国憲法は国民主権を基本原理としている。実際，憲法前文を見ると，「日本国民は，……ここに主権が国民に存することを宣言し，この憲法を確定する」と書かれている。そうすると，2つの憲法の間では，主権者が変わっていることになる。このような主権者の変更は，フランス革命を見ればわかるように，通常は革命やクーデターによって行われ，しかもそれは過去の憲法との断絶を意味する。ところが，日本では，主権者の変更が憲法改正という法的な手続を通じて行われたのだった。そこで問題となるのは，君主主権に基づく憲法を改正して国民主権に立脚する憲法を成立させることは可能なのか，もし可能でないとすれば，国民主権はいつ成立したのかである。

▶▶八月革命説

　この断絶を説明する学説として唱えられたのが，**八月革命説**である。この学説は次のように考える。明治憲法の改正規定によって，君主主権の原理を否定して，国民主権の原理を憲法に定めることは法的には不可能である。それゆえ，明治憲法と日本国憲法との法的連続性は否定される。つまり，日本国憲法は明治憲法の改正ではなく，新たな原理に基づく新しい憲法であると考える。明治憲法の改正手続は，便宜的に利用されたにすぎない。

　それでは，日本国憲法制定の前提となる国民主権は，いつ確立したのか。それは，1945年8月に日本が**ポツダム宣言**を受諾した時点である。同宣言は日本に国民主権の確立を要求していたため，この受諾の段階で君主主権が否定されて国民主権が成立した。それゆえ，これ以後に制定された日本国憲法は，国民主権に基づき日本国民が制定したと言うことができる。つまり，八月革命説によると，ポツダム宣言の受諾は，法的な意味での革命である。そうすると，明治憲法と日本国憲法の間に法的な連続性はなく，日本国憲法はまったくの新憲法である。

　このような八月革命説の理論構成は興味深いものである。この学説が長らく通説としての地位を占めてきたことにも理由がある。しかし，この学説に問題点はないのだろうか。

31

▶▶憲法制定過程

　たしかに，ポツダム宣言受諾によって，主権者が君主から国民へと移転したと言えるかもしれない。しかし，同宣言の受諾（1945 年 8 月 14 日）およびその後の降伏文書の調印（同年 9 月 2 日）によって，日本は国家の主権そのものを失った。そのような状況下で「国民主権」の確立を強調する意味が果たしてあるのか。占領下では，連合国軍総司令部（GHQ）の意向が絶対だったからである。

　それでは，実際の憲法の制定過程はどうであったのか。当初は総司令部の意向もあり，日本側での自主的な憲法改正が期待されていた。そこで，日本政府は松本烝治を長とする**憲法問題調査委員会**（いわゆる**松本委員会**）を発足させ，憲法改正作業にあたらせた。しかし，1946 年 2 月，同委員会の改正案がその正式発表前に新聞にスクープされたことを契機に事態は一変する。明治憲法とあまり変わらない改正案であることに失望した総司令部は，自らの手で憲法改正案を作成することを決意する。これ以後，憲法改正作業は，総司令部側のイニシアティブで進行することになる。

　その後，完成した総司令部案（マッカーサー草案）は日本政府に手渡された。それはもちろん英語で書かれていた。これを受けた日本側は，総司令部案の翻訳に基づいて日本案を起草し，帝国憲法改正案が作成された。日本国憲法の文章は翻訳調で読みにくい（特に前文）と言われることがあるが，それは外国語を日本語に翻訳したものなので，ある意味当然である。この改正案はその後の帝国議会での審議，可決を経て，1946 年 11 月 3 日に「日本国憲法」として公布される。そして同憲法は，半年後の 1947 年 5 月 3 日に施行された。

　ここまでごく簡単にではあるが，日本国憲法の制定過程を見てきた。注目すべきなのは，憲法改正草案が総司令部によって起草されたこと，このため，原文は日本語ではなく英語であったことである。たしかに，その後の帝国議会において，生存権（25 条）など日本側の修正で導入された規定もある。しかし，すべての修正案は総司令部の承認が必要であり，総司令部が掲げた基本原則からの逸脱は一切認められなかった。

●● ②　憲法の有効性　●●

▶▶憲法自律性の原則

　このように，日本国憲法の制定は，憲法草案の起草過程だけでなく，帝国議会での審議過程に至るまで，すべて総司令部の統制下にあった。国の基本法である憲法は国民の意思にのみ基づいて自由に制定されなければならないのだとすれば（これは「憲法自律性の原則」といわれる），日本国憲法についてはこの原則は破られており，法的に瑕疵（きず，欠陥という意味）のある憲法ということになる。日本国憲法は総司令部に押し付けられたものだという主張（いわゆる「押し付け憲法論」）があるのはこのためである。

▶▶日本国憲法は有効か

　しかし，だからといって，このことから直ちに「日本国憲法は無効である」というのは現実的でない。もし，憲法が当初から無効であるとすると，その憲法の下で行われた行為はすべて否定される。憲法に基づいて選出された国会議員は地位を失い，当然，その国会議員が制定した法律も無効になる。このような憲法無効論は，実務的な混乱を招くというだけでなく，何より戦後の日本政治の歩みをすべて否定することになる。そこで，制定過程に上記のような問題点があることを認めつつも，何とかして日本国憲法の有効性を説明できないのか。本当に，日本国憲法は日本国民の意思に基づいていないと言えるのか。

▶▶事後的承認

　国家そのものに主権がない占領下では，国民主権を語る前提がそもそもない。そこで，日本国憲法の有効性を説明できるとすれば，それは，日本が独立と主権を回復した時点からであろう。それ以降においては，占領下で制定された憲法を破棄したり改正したりすることが可能であったにもかかわらず，憲法の維持を選択したという国民の意思を見いだすことができる。つまり，瑕疵ある憲法を，消極的にではあるが国民は事後的に承認したと見るのである。

　もちろん，こうした議論については，現に受け入れられている憲法の内容こそが重要なのであって，憲法を誰がどのように作ったか，あるいはそもそも現行憲法は有効であるかなどの問題には意味がないとの考え方もある。しかし，憲法が国民主権の原理を表明していることを真面目に受けとめるならば，私た

33

Part 1 統治機構

ちの憲法の成り立ちやその正統性にこだわることに，まったく意味がないわけ
ではない。

Check Points
- [ ] 日本国憲法は，形式上は明治憲法の改正として成立した。
- [ ] 日本国憲法が国民主権に基づいて制定されたことを説明する学説として，八月革命説がある。しかし，憲法制定時の日本は占領下にあり，そもそも国家の主権がなかったことが考慮されるべきである。

3 憲法改正をめぐる問題

> なぜ，憲法の改正は法律の改正よりも難しいのか。

① 憲法改正の手続

▶▶憲法の安定性と可変性

憲法は国の統治のあり方を定めるものであるため，高度の安定性が求められる。民主政治の仕組みや保障されるべき人権がその時々の多数派の判断で変わるようなことがあれば，安定した社会を築くのは困難であろう。

しかし，一度定められた憲法が未来永劫続くというのも現実的でない。そこで，憲法は社会や時代状況の動きにうまく対応できる可変性も備えなければならない。それでは，この安定性と可変性の要求を同時に満たすには，どうすればよいのか。

▶▶硬性憲法

この点について，多くの立憲主義諸国では，憲法改正の可能性を認めつつ，その手続を厳格にするという方法がとられている。具体的には，憲法改正手続を通常の法律の制定・改正手続よりも難しくする方法である。このような憲法は**硬性憲法**と呼ばれる。もっとも，硬性憲法と言っても，その「硬さ」はそれ

それの国によって異なっている。議会の特別多数の賛成だけで改正できる憲法もあれば（ドイツ），議会で過半数の賛成を得たうえで，さらに国民投票による承認を要求している憲法もある（フランス）。

▶▶日本国憲法の改正手続

日本国憲法は，憲法改正には，国会各議院で3分の2以上の賛成による発議と，さらにその後行われる国民投票で過半数の賛成を得ることが必要であると定めている（96条）。これは，議会での特別多数に加えて，国民投票を要求している点で，相当に厳格な憲法改正手続である。事実，日本国憲法は制定以来，一度も改正を経験していない。

なお，憲法改正の手続を定めた法律として，2007年に**憲法改正手続法**（日本国憲法の改正手続に関する法律）が制定された。同法では，18歳以上の日本国民に国民投票権が認められている。

●● ②　憲法改正の限界 ●●

▶▶無限界説

それでは，憲法改正手続に従えば，いかなる内容の改正でも許されるのだろうか。憲法改正権の行使が国民主権の発現であるとすれば，原則としていかなる内容の改正も許されることになるであろう。このような立場は，**無限界説**と呼ばれる。もっとも，この説によっても，国民主権の変更は認められないとするのが一般である。

▶▶限界説とその問題点

これに対して，憲法改正によって，国民主権，基本的人権の尊重，平和主義という三大原理を変更することは許されないとする**限界説**も有力に主張されている。この説によると，上記の三大原理は日本国憲法が日本国憲法であるためのアイデンティティを構成するものであって，それらが1つでも変更されてしまえばもはや憲法の同一性が失われて，まったく別の憲法になってしまう。

しかし，限界説には，次のような問題点がある。第1に，3つの原理がなぜ憲法改正の限界をなすのか，また，その根拠は何なのかということである。外国の例を見てみると，憲法改正に限界がある場合には，憲法でその旨を条文で明確に規定しているものがある。ドイツ憲法（ドイツでは「基本法」という）で

は連邦制や人権の基本原則などに変更を及ぼす改正は許されないことが，また，フランス憲法では共和制は憲法改正の対象とならないことが明文で定められている。これに倣い，日本国憲法でも基本的人権が「永久の権利」（11条）であること，戦争が「永久に」（9条）放棄されることが規定されており，これらが基本的人権の尊重および平和主義の原理の改正禁止の根拠であると説かれることがある。しかし，上記の外国の憲法の例と比べると，「永久に」という文言が憲法改正の限界を規定していると読むのは困難である。また第2に，たとえ上記の3つの原理が憲法改正の限界になるとしても，そこから直ちに具体的な禁止内容を確定することは難しい。

　憲法改正に限界があるという議論は，現在の国民に自由な決定権を認めないこと，つまり，現在の国民が過去の世代の国民の決定に束縛されることを意味する。しかしこれは，国民主権の考え方と原理的に矛盾する。国民主権の原理に重きを置くのであれば，当該原理以外には，憲法改正に法的な限界はないということになるだろう。

Check Points
☐ 硬性憲法とは，憲法改正手続が通常の法律の制定・改正手続よりも厳格な憲法のことを言う。

Unit **4**

天　皇

■ Topics ■　天皇の代替わり

　平成 28 年 8 月，天皇はビデオメッセージで「おことば」を伝えた。そこ
では，即位以来，天皇は，憲法で定められた国事行為のみならず，国民の安寧
と幸せを祈り，人々の傍らに立ち，その声に耳を傾け，思いに寄り添うことも
大切な，象徴としての天皇の務めであること，ところが，高齢となり，そのよ
うな務めを十分に果たせなくなる日が来るかもしれないという懸念を抱いてい
ることといった「思い」が率直に述べられていた。

　高校までに学習したように，日本国憲法は，明治憲法が採用していた天皇主
権原理から国民主権原理へと転換するとともに，天皇を日本国民統合を象徴す
る存在にとどめ，天皇は国政に関する権能を有さず，ただ日本国憲法に定める
国事に関する行為のみを行うものとしている。

　他方で，私たち日本国民も，そして天皇も，天皇が憲法で定められた国事行
為以外の行為をなすことを当然に認めている。天皇がビデオメッセージで述べ
たような「象徴としての天皇の務め」を否定的に捉える国民はあまり多くない
だろう。そもそもビデオメッセージの「おことば」で「お気持ち」を述べるこ
とだって，憲法には定められていない。このような天皇の姿は憲法との関係で
どのように理解すべきだろうか。

　また，このような「お気持ち」を受けて，国民的な議論が交わされ，「天皇
の退位等に関する皇室典範特例法」が制定された。これにより，天皇の代替わ
りが行われ，年号も平成から令和へと変わった。なぜ天皇の退位に皇室典範特
例法が制定されなければならなかったのか。そもそも「皇室典範」とは何か。
この Unit では，こういったことを念頭に置きつつ，日本国憲法における天皇
のあり方を考えてみよう。

1　象徴としての天皇

●●　① 明治憲法における天皇の位置づけ　●●

　明治憲法において，天皇はどのような存在だっただろうか。

　日本国憲法における天皇の地位は，明治憲法におけるそれと比較してみると
よく理解できる。

　明治憲法では，国家統治の大権は神に連なる天皇が代々受け継ぐものとさ
れ，そのような大権に基づいて天皇自らが憲法を制定し，憲法の定めるところ
に従って統治権を行使するものとされていた（憲法発布勅語および上諭参照）。こ
れは，憲法制定権力を含む統治権はすべて天皇が有するという考え方を示して
いる。そして，このことは本則でも確認され，「大日本帝国ハ万世一系ノ天皇
之ヲ統治」（1条）し，「天皇ハ国ノ元首ニシテ統治権ヲ総攬」するとされた（4
条）。立法権や行政権，司法権などすべての統治権はいずれも究極的には天皇
が行使するものであるから，議会は，立法権を行使する天皇に協賛するにとど
まり（5条），また，各国務大臣も天皇を輔弼するものとされ（55条1項），司法
権も裁判所が天皇の名において行使するものとされていた（57条1項）。

●●　② 日本国憲法における天皇の位置づけ　●●

　日本国憲法の天皇制は明治憲法のそれと何が異なるのだろうか。

　これに対して，日本国憲法は，日本国民自らが憲法を制定するという意味で
の国民主権原理に立ち，さらに「国政は，国民の厳粛な信託によるものであっ
て，その権威は国民に由来し，その権力は国民の代表者がこれを行使し，その
福利は国民がこれを享受する」という民主制の原理を人類普遍のものとして受
け入れている（前文）。このことは，憲法制定権力を含むすべての統治権を国
民が有するということを示しており，明治憲法の天皇主権という考え方とは根
本的に異なる。したがって，このような国民主権や民主制の原理を徹底すれ

ば，日本国憲法下では，天皇の存続を認めないという結論になることも十分にありえた。しかし，日本国民は，なお，天皇の存在する国を選んだ。すなわち，日本国民は，わが国の歴史や伝統をも重んじ国民の総意に基づいて，日本国および日本国民統合の象徴として，天皇を憲法上位置づけたのである（象徴天皇。1条）。

　このような象徴天皇は，次のような意味を持っている。まず，天皇は，日本国民の総意に基づく存在であるから，日本国民の総意が何らかの形で変化すれば，天皇制を廃止することも可能であるということである（もちろんその際には憲法改正などの手続が必要になる）。次に，日本国憲法の下での日本国は，天皇ではなく，国民が統治を行うのだから，天皇はもはや，明治憲法下のように統治権を総攬する存在ではいられないということである。

●● ③　象徴としての天皇 ●●

> 憲法は，天皇を「日本国民統合の象徴」であるという。これはどのような意味だろうか。

39

▶▶象徴の意味

　日本国憲法1条は，天皇を「日本国民統合の象徴」であると定める。「象徴」とは，一般に，無形で抽象的なものを有形で具体的な存在によって表すことを意味する。たとえば，手に取ってみることも口に含んで味わうこともできないことからして，「愛」は無形で抽象的なものである。このような愛は，ハート型のチョコレートのような，有形で具体的な存在によって表される。これが「象徴」ということの意味である。

▶▶日本国民統合の象徴

　では，なぜ日本国民統合に象徴が必要なのだろうか。それは，日本国民の中には，様々な考え方や価値観，立場を有する人たちがいて，それらが集まって1つの社会が形成されているからである。多様な考え方を持った個人が集まってできた社会は，勝手に1つにまとまるわけではなく，潜在的には分裂する危険性がある。このことは，学校のクラスや学生のサークルなどを引き合いに出すまでもなく，容易に想像がつくだろう。そこで，分裂する危険性を少しでも

減らし，1つにまとまるための工夫が必要になる。このような工夫としてよく用いられるのが，全員で同じマークを使うとか，グループの歌を歌うといった象徴に頼る方法である。主要国の憲法典を見てみると，国旗や国歌に関する規定を持つものも少なくない。国家レベルで，国旗や国歌が用いられているのも，国民の統合にとってそれらが持つ社会的・心理的な機能を期待するからである。

▶▶君主の象徴機能

　君主制の国では，民衆の尊敬を集める君主もまた，同様の機能を有する。したがって，明文で書かれているわけではないが，明治憲法の下でも，天皇は統治権の総攬者であるとともに，国民統合の象徴としての機能を有していたと考えられる。そして，日本国憲法の下でも，国民が天皇に一定の敬意を払うとすれば，天皇に，国民相互の統合を象徴する役割が期待できる。日本国憲法が，国旗や国歌ではなく，天皇を国民統合の象徴として定めるのは，このような理解に基づくと解される。

▶▶日本国民と天皇

　冒頭で，平成の天皇が「象徴としての務め」を果たそうと様々な実践をしてきたことをみた。このような平成の天皇の実践は，日本国憲法の下で，天皇の象徴としての役割を模索して出したひとつのスタイルでもある。

　ただし，明治憲法と日本国憲法とでは，象徴される「日本国民統合」の意味が決定的に異なっていることには，十分な注意が必要である。明治憲法とは異なり，日本国憲法は，個人の尊厳を基礎に置いている（13条）。つまり，そこでの日本国民統合とは，それぞれが自分たちの判断と力で自分たちの幸福を追い求める人たちの集まりなのであり，日本古来の民族共同体のことでもなければ，明治憲法が前提としていた君民一体の国柄のことでもない。先にも述べたように，多様な考え方や価値観，立場を有する個人がともに社会を形成するからこそ，分裂の危険性があるのであって，日本国民は，日本国憲法を定めるにあたって，そのような危険を防止するために，わが国の歴史に鑑みて，天皇に国民統合の象徴としての役割をあらためて期待したと考えられる。

2 皇位の継承

わが国では，天皇が代わると元号も変わる（元号法参照）。昭和から平成へ，平成から令和へと元号が変わったのも，天皇の代替わり（皇位の継承）があったからである。ところで，皇位の継承はどのような場合に起こり，誰が皇位を継承するのだろうか。

●● ① 皇室典範 ●●

▶▶皇室にもルールが必要

通常の社会生活を送っている限りあまり意識されることはないが，君主制の国の場合，「誰が君主になるのか」は，ときに大きな戦乱にまで発展する重要な問題である。わが国でも，南北朝時代に，皇室が皇位継承をめぐって分裂してしまったことは学習しただろう。君主の地位は世襲によって継承されることが多いが，それ以外にも，どのような場合に君主の地位が継承されるのか，継承の際の手続はどのようなものであるべきか，継承の順位はどのように考えるべきかなどを定めたルールを設けることが重要である。

▶▶明治憲法との違い

この点，わが国では，明治憲法においても，日本国憲法においても，憲法典で原則を定め，詳細を**皇室典範**にゆだねるという方式が採用されている（明憲1条・2条，憲2条参照）。もっとも，明治憲法と日本国憲法とでは，いくつか重要な違いがある。

1つ目の違いは，皇室典範の位置づけである。明治憲法の下では，皇室に関

する事柄は天皇家内部の事柄であるとして，国務から区別され，議会の関与が基本的に認められなかった（**皇室自律主義**）。したがって，皇室典範の改正や増補も議会の協賛や議決は不要とされた。これに対して，日本国憲法は，皇室自律主義を否定し，通常の法律と同様に，皇室典範についても「国会の議決」を要求している（2条）。

2つ目の違いは，明治憲法では，皇位を世襲とするのみならず，「皇男子孫」に継承すると定めていたのに対して（2条），日本国憲法では，「皇位は世襲」であると定めるにとどまり，皇室典範1条が「皇統に属する男系の男子」による皇位継承を定めている点である。この点，通説は，男系男子相続は皇室典範によって定められているものであるから，たとえば男系女子や女系男子のような男系男子以外に皇位を継承することも，皇室典範を改正すれば可能だとしている。近年，皇位継承資格者の数が減少していることから，皇室典範を改正して，女性・女系天皇を認めるべきではないかという議論がなされている。

●● ② 皇位の継承 ●●

▶▶皇位継承が起こるとき

それでは，皇位の継承がどのようなきまりによって行われているかを見てみよう。

まず，皇室典範は，皇位継承が起こる場合，すなわち皇位継承の原因として「天皇が崩じたとき」（「崩御」。天皇の死亡を意味する）のみを定めている（4条）。皇位の継承が問題となる場面としては，ほかにも自発的な退位などがありうるところであるが，皇室典範にはそれらの場合の規定はないことから，天皇の崩御以外の理由による皇位継承は，皇室典範の改正や，特別の法律の制定が必要となる。今の天皇への代替わりは，皇室典範の特例法（天皇の退位等に関する皇室典範特例法）を定め，今回限りの特別のこととして実現したものである。なお，天皇が成年に達しないときや，精神若しくは身体の重患または重大な事故により，国事に関する行為を自らすることができないときは，摂政を置くことが予定されている（憲5条，典16条）。

▶▶皇位継承ルール

次に，皇室典範は，皇位継承の資格と順位について定める（1条以下）。皇位

継承の資格は，先に見たように，皇統に属する男系男子のみが有しており，たとえば女子には皇位継承の資格がない。近年，皇位継承の有資格者が少なくなっていることから，女性天皇の是非が話題となっているが，これは，皇室典範１条を改正すべきか，改正するとしたらどのように改正するか，という問題でもある。皇位継承の順位は，皇室典範２条が，直系優先，長系優先を原則として定めている。具体的には，①皇長子，②皇長孫，③その他の皇長子の子孫，④皇次子およびその子孫，⑤その他の皇子孫，⑥皇兄弟およびその子孫，⑦皇伯叔父およびその子孫という順になっている。

　なお，天皇が崩じた際と，皇位の継承があった際には，それぞれ大喪の礼や即位の礼といった儀式が執り行われることになっている。

Check Points

- ☐　皇位の継承など皇室のあり方を定めるルールとして皇室典範がある。
- ☐　皇室典範は明治憲法とは異なって，国会の議決に基づいて定められる。
- ☐　皇位は，天皇の崩御のみを原因として，現在の皇室典範の下では，皇統に属する男系男子にのみ継承される。

3　天皇の活動

　Topics で見たように，天皇は外国訪問や被災者の激励など，多くの公務をこなしている。これらの公務は，日本国憲法上，どのように位置づけられるか。

●● ① 国政に対する不関与と国事行為 ●●

▶▶国政不関与原則

明治憲法は天皇を統治権の総攬者としていたが，日本国憲法は，天皇がおよそ政治の領域に介入することを禁じ，「国政に関する権能を有しない」（4条1項）としている。天皇が憲法上行いうるのは，政治的な影響や効果を持たない形式的な**国事行為**のみであり（4条1項），しかもそれらにはすべて**内閣の助言と承認**が必要とされている（3条）。さらに，これら国事行為は，天皇のためにではなく，あくまでも主権者である国民のために行われるものと位置づけられている（7条）。

▶▶国事行為

このような国事行為として，日本国憲法は，内閣総理大臣と最高裁判所長官の任命（6条），憲法改正・法律・政令および条約の公布（7条1号），国会の召集（同条2号），衆議院の解散（同条3号），総選挙の施行の公示（同条4号），国務大臣任免などの認証（同条5号），恩赦の認証（同条6号），栄典の授与（同条7号），批准書などの認証（同条8号），外国の大使・公使の接受（同条9号），儀式の挙行（同条10号）を列挙する。

これらの国事行為には，君主が伝統的に国政上の行為として行ってきたものも多数ある。内閣総理大臣や最高裁判所長官の任命，国会の召集，衆議院の解散などがそれであるが，すでに見たように，天皇は国政に関する権能を有しないのであるから，これらはすべて形式的・儀礼的なものにすぎない。

また，憲法6条は，内閣総理大臣の任命と最高裁判所長官の任命いずれにも，明文上，内閣の助言と承認を求めていないが，憲法3条がすべての国事行為について，内閣の助言と承認を必要とすると定めることから，これらについても，内閣の助言と承認が必要であるとされる。

●● ② 天皇の私的行為 ●●

ところで，天皇やその一家が，テニスや散歩，ドライブを楽しんだりする姿がしばしば報道される。天皇や皇族も人間である以上，このような行為を憲法が禁ずるものではない。このような天皇のプライベートの行為を私的行為とい

う。

　天皇の私的な生活の自由は尊重されるべきではあるが，天皇という特殊な立場に鑑みて，一般の国民とは異なる取扱いを受けたり，異なる制約を受けたりすることは，当然に認められなければならない。そのような例として，天皇の特別の敬称（陛下），天皇および皇嗣の成年（18年），天皇および皇族の身分に関する事項を戸籍簿ではなく皇統譜に登録することなどの身分法上の特例のほか，天皇等の名誉に関する告訴を内閣総理大臣が行うこととする刑法232条2項の規定のような刑事法上の特例などがある。

●●　③　公的行為　●●

▶▶公　務

　冒頭に紹介したように，多くの国民は，現在でもなお，天皇に外国訪問や海外の要人の歓迎などの国際親善や障害者や高齢者，災害の被災者への激励，全国戦没者追悼式への出席など戦争犠牲者の慰霊などの分野で一定の役割を果たすことを期待している。現実にも，天皇は，国会開会式で「おことば」を述べることをはじめとして（Unit 7），天皇自身も，全国各地の訪問や被災地のお見舞いなど，数多くの「公務」をこなし，このような国民の期待に応えようとしている。

45

　すぐに気がつくように，これら国際親善や国民の激励などは，憲法上列挙された国事行為ではない。他方で，これらの行為が，テニスやドライブを楽しむといった私的行為と同視できるかというと疑問であり，何らかの意味で公的な色彩があることは否定できない。そうだとすると，このような行為を天皇が行うことは──国民はそれに期待しているにもかかわらず──憲法上，問題だということになるのだろうか。

▶▶公的行為の位置づけ

　この点については，次のように考えるべきであろう。天皇は，象徴的役割を果たすことが求められるとともに，国家機関として一定の国事行為をなす存在であるという意味で，「公人」である。公人には，一定の範囲で社交的・儀礼的な行為が当然に認められるはずであり，そのような「公人としての行為」までも憲法が禁じていると解するのは無理がある。したがって，私的行為とも国

事行為とも異なるが，憲法上許容されていると解されよう。もちろん，このような公人としての行為は，政治に直接影響を及ぼすものであってはならず，かといって私的行為でもないのであるから，内閣の補佐の下で，内閣が直接責任を負う形で――つまり内閣の助言と承認の下で――行われるべきである。

Check Points
- [ ] 天皇は，国政に関する権能を有さず，憲法が列挙する国事行為のみを行う。
- [ ] 天皇にも私的行為はある。
- [ ] 天皇が行う公務は，公人として認められる活動である。

Unit 5

選挙制度・選挙権

■ Topics ■ 　１票の較差の問題

　昨今の日本では，選挙が終わるたびに裁判が起こされる。それは，１票の較差をめぐる訴訟である。１票の較差とは，各々の選挙区の間で投票者の１票の重みに差があることを言う。有権者の多い選挙区での１票が，少ない選挙区の１票に比べて価値が低い。訴訟で争われるのは，このような１票の較差が憲法14条の法の下の平等に違反しないのか，という問題である。

　これまで最高裁は，１票の較差が投票価値の平等に違反すると判断したことは何度かあるものの，選挙自体を無効としたことはない。選挙を無効とすると，当該選挙区で当選した国会議員の地位が失われることになり，現実政治に及ぼす影響があまりに大きいからである。

　しかし，2013年に高等裁判所が相次いで，2012年12月の衆議院議員総選挙を違憲・無効とする判決を下したことによって，国会議員の間に衝撃が走った。政治的思惑でなかなか較差を是正しようとしない国会に対して，裁判所はついに痺れを切らしたようである。もしかすると，近い将来，最高裁が選挙無効の判決を下す日も来るかもしれない。

　この Unit では，１票の較差の問題を考えるにあたり，そもそも「選挙」とは何かという問題から始めよう。

1　選 挙 権

　選挙とは何か。それは，「権利」なのか，それとも「義務」なのか。

●● ① 選挙とは何か ●●

▶▶代表民主政

　選挙とは，国民が自らの代表者を選任する行為である。そして，日本で選挙が行われるのは，日本国憲法が代表民主政を採用しているからである。憲法前文は，「国政は，国民の厳粛な信託によるものであつて，その権威は国民に由来し，その権力は国民の代表者がこれを行使し，その福利は国民がこれを享受する」ものとし，代表民主政の原理を述べている。これを受けて憲法本則では，国会の両議院が「選挙された議員」で組織されること（43条1項），また，地方自治体の長や地方議会の議員は住民が「直接これを選挙する」ことが定められている（93条2項）。

▶▶参政権としての選挙権

　このように，日本国憲法は統治形態として代表民主政を採用しているのであるが，これを国民の権利の視点から捉えたのが選挙権である。憲法15条1項は，「公務員を選定し，及びこれを罷免することは，国民固有の権利である」と規定している。選挙権は，国民が国家の意思形成や運営に関与する権利としての参政権に分類される。そして，最高裁は，選挙権が「国民の国政への参加の機会を保障する基本的権利として，議会制民主主義の根幹を成すもの」であると述べており（最大判平成17・9・14民集59巻7号2087頁〔在外国民選挙権事件〕），代表民主政にとって重要な基本的人権であることを認めている。

▶▶「公民団」という視点

　しかし，選挙が公務員の選任という公的な効果をもつことに着目すれば，それは単なる個人の権利であるとは言えない。実際，選挙では，選挙権を有する一人が代表者を選んでいるのではない。多数人の行為が合わさって代表者を選出していると考えられる。そこで憲法学では一般に，選挙は，主権者国民で構成される公民団（有権者団または選挙人団）という国家機関の権能であると考えられている。権能とは，国家やその機関に法令上認められている能力という意味である。このため，公務員である議員や長の選任は，一人ひとりの国民の行為としてではなく，多数の公民による一体的な行為すなわち公民団の権能の行使として捉えられる。

　それでは公民団とは何か。公民団は，憲法のどこを見ても規定されていないが，国民が主権を行使するために組織化された団体であり，憲法上当然に想定されている国家機関であると考えられている。そして，公民団は，主権者である国民そのものから構成される機関であるから，本来，国家機関の中でも最も重要な機関であると位置づけられるべきである。この点，日本国憲法は国会が「国権の最高機関」（41条）であると定めているが，公民団が国会議員を選任している以上，公民団こそ国権の最高機関と呼ばれるのにふさわしいであろう。

▶▶選挙の公的性格

　さて，このような視点から選挙を見ると，選挙において有権者である国民は，一見すると一人ひとりバラバラに行動しているように思われるが，実は，公民団の一員として他の有権者とともに，憲法上の権能の行使に参加している。そうすると，選挙において国民は，個人の権利を行使しているというよりは，公的な任務を果たしていることになる。ここから，選挙には公的性格が認められる。

●● ② 選挙の基本原理 ●●

▶▶選挙事項法定主義

　選挙権は，選挙制度があることによって確保される権利である。そして，憲法は選挙に関する事項は，法律で定めると規定している（47条）。これは，選挙事項法定主義と呼ばれる。そして具体的な選挙制度は，**公職選挙法**という法律が定めている。

　しかし，どのような選挙制度でもよいわけではない。このため，選挙制度に関しては，以下のような基本原理が認められる。

▶▶普通選挙

　これは，選挙人の資格に関する原理で，すべての成人に選挙権が与えられるべきことを要求する。かつては，性別や財産によって選挙権が与えられる人は制限されていたが（制限選挙制），現在では，年齢が選挙権に関する唯一の要件となっている。日本国憲法は，「公務員の選挙については，成年者による普通選挙を保障する」（15条3項）と規定し，普通選挙の原理を明文で認めている。そこで，「成年者」とは何歳以上の国民かということが問題となるが，これに

ついては，2015年の公職選挙法の改正によって，選挙権年齢が従来の20歳以上から18歳以上に引き下げられた。

▶▶平等選挙

　選挙において，各選挙人は平等でなければならない。憲法14条1項は，国民が政治的関係において差別されてはならないと定めている。具体的には，**1人1票**が要求されることは当然であるが，現在ではそれを前提として，1票が投票結果に及ぼす影響まで平等であることを要求する**投票価値の平等**まで求められる。最高裁は，「憲法14条1項に定める法の下の平等は，選挙権に関しては，国民はすべて政治的価値において平等であるべきであるとする徹底した平等化を志向するもの」であり，選挙人資格の平等だけでなく，「各選挙人の投票の価値の平等もまた，憲法の要求するところであると解するのが，相当である」（最大判昭和51・4・14民集30巻3号223頁〔定数不均衡訴訟〕）と述べ，投票価値の平等が憲法上の要請であることを認めている。なお，投票価値の平等については，後述③で詳しく取り上げる。

▶▶秘密選挙

　秘密選挙の原理とは，選挙人の選択の自由を確保するための原理である。憲法は，「すべて選挙における投票の秘密は，これを侵してはならない。選挙人は，その選択に関し公的にも私的にも責任を問はれない」（15条4項）と規定しており，この原理を確認している。投票人の氏名を記載しない無記名投票制（公選46条4項）は，この原理に基づいたものである。

●●　③　選挙における平等原則　●●

▶▶投票価値の平等

　上記の諸原理の中で，これまで最も争われてきたのは平等選挙原則であり，具体的には投票価値の平等である。それでは，投票価値の平等が問題となるのは，どのような場合なのか。

　例を用いて考えてみよう。X選挙区の有権者数が20万人，Y選挙区の有権者数が10万人で，それぞれの選挙区から1人の議員が選出されるとする。この場合，X選挙区の有権者1人が選挙結果に及ぼす影響は20万分の1であり，これは，Y選挙区の有権者1人の影響が10万分の1であるのに比べると，半

分である。つまり，X選挙区の有権者が持つ1票の価値は，Y選挙区の有権者の1票と比べて，2分の1しかない。このとき，X選挙区の有権者とY選挙区の有権者の1票の較差が1対2（あるいは2倍）であると言われる。もちろん，どちらの選挙区でも1人1票原則は確保されており，形式的には平等である。しかし，選挙結果に及ぼす影響の点から見れば，2つの選挙区での1票が実質的な意味で平等であるとは言えないであろう。

▶▶平等の判断方法

それでは，具体的にどのように投票価値の平等を判断するのか。この問題について，最高裁は，衆議院議員選挙に関するかつての中選挙区制（後述）以来，断続的に判断を示してきており，現在では確立した判断枠組みが存在している。それは，第1に，1票の較差が一定の基準を超えているかどうか，第2に，国会が一定の期間内に較差是正のための努力をしたかどうかである（これは「合理的期間論」と呼ばれる）。

このうち，平等選挙との関係で注目すべきなのは，第1の基準である。これについて最高裁は，かつての中選挙区制では1対3を基準としていたようであるが，平成8年衆議院議員選挙以降の小選挙区制の下では，平成26年衆議院議員選挙の1対2.1の状態を不平等としており（最大判平成27・11・25民集69巻7号2035頁），1対2が基準となっていると考えられている。

しかし，1対3なら許されず，1対2なら許されるとする合理的理由は存在しない。たとえ，1対2の基準であっても，1票の価値には2倍の差がある。そこで，学説では，憲法上の原則としては1対1が要請されるとする説が多い。全国民の代表である国会議員を選ぶのに，住んでいる地域や場所は関係なく，それらの有権者の間で投票価値に差が認められる理由はまったくない。選挙区が市町村などの行政区画を基準としているため完全な平等を期待できるわけではないが，1票の価値の較差は，できる限り解消されるべきである。

なお，法律において，衆議院の選挙区割りは，投票価値の較差が2倍以上にならないことを基本とすることが，定められている（衆議院議員選挙区画定審議会設置法3条）。

51

Check Points
☐ 平等選挙の原則には，1人1票の要請だけでなく，投票価値の平等の要請も含まれる。

2 選挙制度

各々の選挙制度は，どのような考え方に基づいているのか。

●● ① 3つの代表方法 ●●

▶▶多数代表法──小選挙区制

　選挙制度は，国民の声を議会に反映させる重要な制度である。しかし，どのような制度をとるかによって，議会に反映される国民の声も異なる。以下ではまず，選挙の基本的な考え方を確認することから始めよう。

　まず，選挙方法には，大きく分けて**多数代表法**と**比例代表法**の2つがある。

　多数代表法とは，国民の多数派の声を議会に反映させようとする選挙方法である。そして，この考え方を実現しようとする制度が**小選挙区制**である。小選挙区制では，1つの選挙区から1人の議員しか当選しないため，他の候補者に対して1票でも多くの票を獲得すれば，当選を得られる。このため，小選挙区制とは，選挙区の投票者の多数派から議員を選出させる仕組みである。

　もっとも，この場合の「多数」には2つの意味がある。相対多数と絶対多数である。では，2つの違いはどこにあるのか。簡単な例で考えてみよう。ある選挙区での政治勢力がA党，B党，C党だけであるとして，それぞれの支持者の割合が4：3：3であったとしよう。この場合，1回だけ投票を行うとすれば，相対的な多数派であるA党の候補者が当選することになる。しかし，得票数でみれば，A党の候補者は有権者の4割の票しか獲得しておらず，過半数（絶対多数）の支持を得ていない。むしろ，6割の投票者はA党の候補者を

支持しなかったと見ることもできる。小選挙区制はこの帰結を認めるものであるが，民主主義の観点からは違和感を覚える人がいるかもしれない。

　そこで，多数代表法においても，最高得票ではなく，投票者の過半数（絶対多数）の票を得ることを目指す仕組みがある。それは，フランスなどで行われている2回投票制と呼ばれる方法である。この方法では，1回目の投票で投票数の過半数を得る候補者がいればその者を当選者とするが，そうでない場合には，上位得票者2者について決選投票を行う。このようにすれば，当選者は少なくとも投票者の過半数の支持を得ることになり，当選者はより民主的な正統性を得ることができるメリットがある。もっとも，この方法では，1回目の投票の2位と3位の候補者が2回目の投票で連携することで（いわゆる「2位3位連合」），1回目で1位だった候補者が敗れるという問題が生じる。

　いずれにしてもこの多数代表法では，相対的多数派が多くの議席を獲得できるため，政治が安定しやすい。とりわけ，議院内閣制においては，議会多数派から首相が選出されるので，安定した政権運営が可能になるというメリットがある。他方，この制度では，実際の得票数と比べて，多数派が多くの議席を獲得する結果となりやすく，民意が公正に反映されるとは言えない。また，落選者に投じられた票は，選挙の結果に一切反映されないため，多くの**死票**が発生する。このため，少数派の意見が議会に届かないという問題もある。

▶▶比例代表法——比例代表制

　比例代表法とは，国民の多様な声を議会に公正に反映させようとする選挙方法である。具体的には，政党制度を前提として，投票数に比例した議席数を各政党に配分する制度である。たとえば，10人の議員を選出するとして，A党，B党，C党の得票数の割合が5：3：2であった場合，それぞれの党には，5人，3人，2人の議席が割り当てられる。

　この**比例代表制**には，国民の中の少数派も議席を獲得できる点にメリットがある。たしかに，議会において少数意見をはじめとする多様な意見が反映されることは望ましい。しかし，それは反面，多数決によって1つの結論を得にくくなることでもあり，政治の停滞を招くおそれもある。

▶▶少数代表法——中選挙区制

　以上の2つが主要な選挙方法であるが，日本にはさらに**少数代表法**という特

殊な考え方がある。これは，比例代表制だけでなく，選挙区制においても少数派から議員を選出しようとするものである。具体的には，有権者は1票しか投じないにもかかわらず（単記投票制。正確には，1人の候補者名しか記載しないことをいう），選挙区から複数の議員の選出を認める日本の**中選挙区制**がこれに当たる。たとえば，選挙区から2名の議員を選出するという場合，第2位の得票者にも当選が認められる。さらに，選出される議員の数が多ければ（3名以上），さらなる少数派にも議席を獲得するチャンスが生まれる。

　しかし，この中選挙区制の理念ははっきりしない。少数派の声を反映させるには，比例代表制で十分だからである。また，この仕組みだと，同一の選挙区で同じ政党の候補者同士が争うことになることから，政党本位ではなく個人本位の選挙になりやすい。かつての自民党では，同じ政党に所属する2人の候補者の間で，それぞれの派閥の支援を受けた熾烈な争いが繰り広げられた選挙区がある。この場合，有権者にとっては，政党ではなく候補者個人を支持したという意味合いが強くなるため，結局のところ有権者が選挙でいかなる政策を選択したのかが曖昧にされる。こうした弊害を改善するため，日本では1990年代の一連の政治改革によって，衆議院議員選挙で中選挙区制が廃止され，小選挙区制と比例代表制からなる新たな選挙制度が導入された。

●●●　②　現行選挙制度の諸問題　●●

▶▶衆議院の選挙制度

　現在，衆議院議員の選挙では，全国を289選挙区から構成される小選挙区選挙（定数289人）と，全国を11のブロックに分けて行われる比例代表選挙（定数176人）とが組み合わされている（小選挙区比例代表並立制）。しかし，この制度は，多数代表法（小選挙区選挙）と比例代表法（比例代表選挙）という考え方の異なる2つの方法を組み合わせたものであり，全体としてどのような理念を目標にし，どのような効果を狙った制度なのかがわかりにくい。しかも，現行制度では，小選挙区選挙と比例代表選挙との重複立候補が認められており，小選挙区選挙で落選しても，比例代表選挙で当選する（これは「復活当選」と呼ばれる）という事態が発生する。しかし，このような制度は有権者の意思（とりわけ小選挙区で当該議員を落選させたという意思）をないがしろにするものではな

いか，という問題が指摘されている。

▶▶参議院の選挙制度

　参議院議員の選挙では，原則として都道府県を単位とする選挙区選挙（定数146 人）と，全国を単位とする比例代表選挙（定数 96 人）が併用されている。そして，衆議院の場合と同様，参議院でも多数代表法と比例代表法が組み合わされているという問題がある。

　さらに，選挙区選挙では，各都道府県の人口の違いに応じて定数が異なっているため，1 つの選挙区から選出される議員数は必ずしも 1 人ではない。たとえば，東京都選挙区は定数 12 人で，3 年ごとの半数改選制なので，毎回の選挙では 6 人の議員が選出されるが，他方で，岡山県選挙区は定数が 2 人であるため，毎回の選挙では，1 人の議員しか選出されない。このため，選挙区選挙においてすら，中選挙区制と小選挙区制という理念の異なる選挙制度が混在することとなっており，参議院の選挙制度は衆議院のそれと比べて，いっそう理解が困難なものである。さらに，2015 年の改正によって，隣接する 2 つの県を合わせて 1 つの選挙区とする合区制が導入された。これは，1 票の較差是正のための措置であるが，都道府県代表という制度の理念を失わせるものであるため，参議院の選挙制度はますますわかりにくくなった。

▶▶衆議院と参議院との関係

　このように，衆議院と参議院の選挙制度は，どちらも考え方の異なる選挙方法を組み合わせているため，どのような国民の意思を反映させようとしているのか理解するのは難しい。

　さらに，衆議院と参議院の選挙制度は，いずれも比例代表法と多数代表法（参議院選挙の一部では少数代表法）との組み合わせであり，結局のところ，国会議員の選出方法は類似したものになっている。これでは，同じような国民意思が反映されることになり，憲法が両院制を採用した意味を失わせているのではないか，という批判がある（両院制については，Unit 6 参照）。

Check Points

□　選挙方法としては，一般に多数代表法（小選挙区制）と比例代表法
　　（比例代表制）の２つがあるが，さらに日本には少数代表法（中選
　　挙区制）という考え方もある。

□　日本の選挙制度は，衆議院選挙と参議院選挙のいずれも多数代表法
　　（参議院選挙の一部は少数代表法）と比例代表法とを組み合わせた
　　ものである。

Unit 6

国会 1 ── 議員と議院

■ Topics ■　議員と議院の活動

　日本国憲法が定める国会のあり方についても，高校までに多くのことを学習してきたことだろう。場合によっては，憲法上の細かい規定まで暗記したという人もいるかもしれない。日々のニュースでも国会や国会議員の動静はたくさん報道されている。

　でもこれほどたくさんのことが知られているにもかかわらず，どこか自分の日常から遠く離れた別世界の出来事のように感じられるというのが多くの人の感覚ではないだろうか。この Unit では，できる限り，国会の動きをリアルに感じてもらいたい。

　そこで，国会議員になったつもりで学習を進めよう。国会議員は，全国民の代表として様々な活動を行っている。そして，その活動を支えるための様々な制度や特権が用意されている。国会には，国立国会図書館という日本最大の図書館があるが，その最も大きな役割も議員の活動を支えることである。国会議員は JR 全線無料乗車証が与えられていることがたびたび問題視されるが，これも，本来は，議員の活動を支えるためのものである。それでは国会議員の任務とは具体的にどのようなものなのだろうか。

　また，国会議員は，衆議院と参議院という 2 つの院に分かれて別々に所属している。どうしてわざわざ 2 つの院が必要とされるのだろうか。2 つの院が対立してしまうこともあるのではないだろうか。実際に，かつて，衆議院における多数派と参議院における多数派が異なってしまったために，衆参の意見の不一致が見られるようになったことがある（「ねじれ国会」）。そのような場合には，どのように調整するべきなのだろうか。

　この Unit では，このような国会議員の活動や，衆参両院の役割などについて見てみよう。

1　議員のお仕事

　　将来，国会議員になりたい，という人はいるだろうか。「全国民の代表」として国政を動かしていく仕事は，重責だが，やりがいのある仕事でもある。日本国憲法は，国会議員にどのような役割を期待しているだろうか。

●● ①　全国民の代表 ●●

　「両議院は，全国民を代表する選挙された議員」で組織される（憲43条1項）。ここに言う「全国民の代表」がいかなる意味を持つか，という点については，学説上の対立があるが，少なくとも，選挙で当選した国会議員は国民全体の利益のために活動しなければならないことは疑いのないところである。そして，その活動が有権者の支持を得られなければ次の選挙で落選することになる。その意味で，国会議員は，国民の利益の実現に奉仕することが求められる。

●● ②　議員の職権 ●●

▶▶議員の仕事

　このような国会議員の活動には，広くは，地元の有権者や有力な業界団体関係者との会合や会食，テレビやラジオへの出演や記者会見といったマスコミへの対応，所属する政党などでの会合，政策の勉強会なども含まれる。報道などではこのような活動に注目が集まりがちである。けれども，当たり前のことだが，国会議員の本分は，所属する議院での活動である。日本国憲法には規定がないものの，議員は，①国会で審議すべき法律案など，議案を提案すること（議案の発議または修正動議発案権），②議案の審議に参加し，討論したり，賛否を投じたりすること（議案に関する質疑権および表決権），③国政一般に関する質問などを当然に行うものと考えられている。議員にはこれらの職権をフル活用して，全国民の代表としての職責を果たすことが求められる。国会議員になって，国民のニーズに合った法律を発案し，悪い法律が制定されそうな場合に，必要な修正を提案したり，反対したりする場面を想像してみてほしい。それは

非常にやりがいのある仕事だと感じられるのではないだろうか。

　近年では，政府の取組みが進展しない分野について，議員の提案によって立法がなされている例もたくさんある。そのような例として，「配偶者からの暴力の防止及び被害者の保護等に関する法律」（いわゆる DV 防止法）の前身である「配偶者からの暴力の防止及び被害者の保護に関する法律」を挙げることができる。

▶▶議員の仕事をサポートする仕組み

　ところで，どんなに有能な国会議員であったとしても，現代の複雑化した世の中で，独力で，国の課題を発見し，法律案を準備し，あるいは議案について網羅的に調査したりすることなど不可能に近いであろう。

　したがって，議員が十分な職責を果たすためには，議員の活動を補佐するスタッフや機構が必要となる。そこで，各国の議会は，議員秘書，議院事務局，議院法制局，議会図書館など，議員の活動を補佐する仕組みを整備している。わが国でも，**公設秘書・政策担当秘書，衆議院・参議院それぞれの事務局および法制局，国会図書館**などが整備されている（国会 130 条以下参照）。あなたが，何らかの形で国政に携わるような仕事がしたい，というのであれば，これらの職を考えるのも 1 つの手であろう。また，議員の職務の遂行の便に供するため，議員会館を設け，各議員に事務室が提供されている（国会 132 条の 2）。

59

●● ③ 議員の特権 ●●

▶▶歳費受領権

　また，憲法は，議員が十分な活動を行うために，**歳費受領権**を保障している（憲 49 条）。これを受けて，国会法 35 条は，「一般職の国家公務員の最高の給与額……より少なくない歳費を受ける」こととしている。また，これに加えて，文書通信費や交通滞在費などの各種の手当て（議員歳費法参照）が支給される。また，地方選出議員の国会での活動を保障するために，議員宿舎も用意されている（ただし，これについては，法律の根拠がない）。

▶▶不逮捕特権

　さらに，「両議院の議員は，法律の定める場合を除いては，国会の会期中逮捕されず，会期前に逮捕された議員は，その議院の要求があれば，会期中これ

を釈放しなければならない」（憲50条）。これも議員の責務を十分に果たすために憲法が用意した特権の一つ（**会期中の不逮捕特権**）である。もっとも，院外で現行犯逮捕された場合や，所属議院の許諾がある場合には会期中の逮捕もありうる（国会33条以下）。実際，これまでにも，会期中に逮捕許諾請求が認められ，逮捕された議員がいる。

▶▶発言免責特権

また，憲法51条は，議員の自由な意思表明・発言の自由を確保するために，「議院で行った演説，討論又は表決について，院外で責任を問はれない」ことを定める（**発言免責特権**）。政権に歯向かうと後で刑務所行きかもしれない，などとおびえていたのでは，まともな政治はできない。憲法51条は，議員が演説や討論などを理由に刑事処罰を受けないように（刑事責任が追及されないように）している。民事責任については争いがあるが，かつて，委員会の質疑において，国会議員がある病院の病院長を特定的に取り上げた結果，その病院長が自殺に追い込まれたという事件で最高裁は，一般の私人が議員の発言により損害を被ったこのような場合であっても，免責されるとの立場を示している（札幌病院長自殺事件〔最判平成9・9・9民集51巻8号3850頁〕）。

ここに挙げたような特権は，いずれも，国会議員が全国民の代表として十分な活動をするために設けられているものであり，国会議員が「エライ」から特別扱いするものではない。残念なことに，ときにこれらの特権が濫用される例も見受けられ，そのたびに国民の厳しい批判にさらされてきた。これらの特権が真に必要であるとすれば，議員自らが自覚を持って適切かつ十分に使いこなすことが求められよう。

Check Points
□ 国会議員は，「全国民の代表」である。
□ 国会議員には，議案の発議または修正動議発案権，議案に関する質疑権および表決権，国政一般に関する質問権などの職権がある。
□ 国会議員の十分な活動を保障するために，補佐機構や特権が存在する。

2　衆議院と参議院──国会の組織と構成

> 　国会は衆議院と参議院という2つの院から成り立っている。なぜ国会を2つの院に分ける必要があるのだろうか。

●●　①　両院制　●●

▶▶衆議院と参議院

　当たり前のことだが，衆議院の選挙で当選した国会議員は衆議院議員となり，参議院の選挙で当選した議員は参議院議員となる。なぜそうなるのか，といえば，わが国の国会は，衆議院と参議院という2つの院から構成されているからである（憲42条）。全国民の代表たる国会議員はそれぞれ衆議院と参議院という異なった院で法律案や予算案の審議・議決などにあたる。このように一国の議会を2つの異なる院から構成するやり方を二院制とか両院制と言う。そこで，次に，国会の組織と構成を見てみることにしよう。

　日本国憲法は，国会を**衆議院**と**参議院**という2つの院から組織する（**両院制**）。明治憲法下の**帝国議会**も**衆議院**と**貴族院**という2つの院で組織されていた。わが国の議会は伝統的に両院制を採用してきたのである。

▶▶両院制と一院制

　両院制が議会におけるより慎重な審議を確保するためのものであることは，中学や高校でも繰り返し学習してきた。議会における慎重な審議は誰の目から見ても必要なことであり，両院制が優れているように思うかもしれない。しかし議会が必ず2つの院で構成されなくてはならないか，というとそうではない。世界を見渡してみると，**一院制**を採用している国もたくさんある。また，日本国憲法制定過程におけるマッカーサー草案では，一院制が予定されていたことも聞いたことがあるかもしれない。ただし，現在において，一院制を採用する国は，比較的人口規模が小さく，連邦制でない国がほとんどである。両院制の機能の1つに，多様な民意を反映し，集約するという点があるとされるが，人口規模が大きく，多様な利害が複雑に絡み合う国では，一院のみで，利

61

害を集約するのは困難であるということなのかもしれない。

　これらの事実からわかるように，同じく議会制民主主義を採用する国でも，各国の事情によって，議会のあり方は多様であり，一概に両院制が優れているというわけではない。日本国憲法もまた，制定当時の日本の実情にあわせて，採用しうるいくつかの制度類型の中の1つを採用したのである。そこで，両院制の類型を簡単に確認しておこう。

▶▶両院制の類型

　両院制は，まず，どのような方法で各議院の構成員を選出するか，という観点から類型化できる（ところで，両院制を議論する際に，わが国の衆議院に相当するものを下院，参議院に相当するものを上院という）。この観点から世界の議会を見てみると，下院は，基本的に国民による直接公選・全部交替制が採用される一方，上院議員の選出方法は，①貴族を中心に組織される貴族院型，②連邦国家において採用される連邦型，③公選型などに分かれる。

　また，両院制は，下院と上院の権限関係という観点から，①下院と上院とが対等の権限を持つ「対等型」（ただしこの類型においても下院は予算の先議権を持つのが通常である）と，②両議院の意思が異なった場合には，憲法所定の要件の下で，最終的に下院の意思を立法部の意思とする「非対等（一院制）型」に分類できる。

▶▶わが国の両院制

　それでは，日本国憲法の採用する両院制は，どのように整理できるだろうか。

　まず，憲法43条1項は，「両議院は……選挙された議員でこれを組織する」としている。また，そもそも，憲法14条2項は，貴族制度を認めていない。これらのことから，日本国憲法は明らかに公選型の両院制を採用していることになる（なお，参議院の選挙方法の問題があるが，これについては Unit 5 を参照）。次に，権限関係という点から見ると，高校までに習ったように，日本国憲法は，法律制定・予算議決・条約締結承認などについて，**衆議院の優越**（59条，60条，61条。次頁表参照）を認めている。したがって，日本国憲法は，基本的には対等型ではなく，非対等・一院制型の両院制を採用していることになる。

■　衆議院の優越　■

	法律案	予算案	条約	内閣総理大臣の指名
みなし否決や自然成立までの日数	60 日	30 日		10 日
効　果	参議院によって否決されたとみなすことができる	衆議院の議決を国会の議決とする		
衆議院の再議決	出席議員の3分の2以上でできる	不　要		
両院協議会	任　意　的	必　要　的		

▶▶衆議院の優越

　もっとも，日本国憲法が衆議院の優越を認めており，一院制型を採用しているのだと言っても，参議院の力はかなり強い。たしかに，予算の議決や条約締結承認，内閣総理大臣の指名といった場面では，衆議院と参議院の議決が異なれば，最終的には衆議院の議決が国会の議決となる。しかし，その場合であっても，必ず両院協議会を開催しなければならない。さらに，法律制定においては，両院協議会を必ずしも開催する必要はないが，衆議院が再可決をするには，3分の2以上の特別多数が要求される。だとすると，日本国憲法における両院制は，限りなく対等型に近いとも評価できよう。

　両院制の意義を慎重な審議の確保だと捉えれば，衆議院の独走を権限の比較的強い参議院が抑えるという意味で，望ましいように思われるかもしれない。けれども，効率的な審議という観点からは，必ずしもそうとは言い切れない。たとえば，衆議院における多数派と参議院における多数派が食い違うような場合（ねじれ国会）を考えてみよう。衆議院において議席の55%を占めるものの，参議院では20%しか議席を持たない政党は，内閣総理大臣の指名を主導できるし，予算の議決や条約の承認も主導できる。しかし，法律案については，参議院で多数を確保していないから，同じようにはいかない。このとき，あなたが，参議院の多数を占める政党所属の参議院議員であったら，どのような行動をとるだろうか。場合によっては，法律案を人質にとって，政権与党の妥協を促すこともありうるのではないか。そうすると，国会における審議は空転しかねない。このように考えると，議会における慎重な審議の確保のために両院制

が優れているとしても，同時に，審議の停滞を防ぐための様々な工夫が必要だと言えよう。現在のわが国の制度では，この点が十分でないという批判がある。

●● ②　各議院の権限と内部組織 ●●

▶▶議院自律権

両院制の下では，各議院が独立して（自律的に）行動することが大前提である。たとえば，衆議院の審議のスケジュールに参議院や内閣が口を挟めば，衆議院が自分たちで議論したとは言えないだろう。したがって，各議院には，独立して行使できる権限が認められることになる。このような権限を総称して「議院自律権」と言う。

このような議院自律権は，（ア）議長などの選出や委員会の構成などに関する組織自律権，（イ）議事の手続を定めることなどに関する運営自律権，（ウ）自分たちの予算をどのように用いるかなどの財務自律権に分類できる。あまり意識されないことかもしれないが，各議院が自律していることは，権力分立の観点からも非常に重要なことである。たとえば，各議院の議事を取り仕切るのは議長の役目であるが，この議長が，内閣の言いなりになっていたら，権力分立の意義は極端に減殺されてしまうだろう。また，議事を円滑に進めるには，議事の手続などの細かいルールを設定する必要がある（たとえば，高校までのホームルームなどでは，多くの場合，発言には挙手が求められたことを思い出してみよう）。このようなルールも，内閣や裁判所に勝手に決められてしまえば，一部の議員の発言が不当に制約されるといったことにもつながりかねない。

そこで日本国憲法は，明文で，各議院が自律的に決定できる（すべき）事柄を定めている。たとえば，議員逮捕許諾・釈放要求（50条），議長等役員の選任（58条），議員の懲罰（同条2項），議院規則の制定（同）などがそれである。また，財務自律権については，国会法32条1項が「両議院の経費は，独立して，国の予算にこれを計上しなければならない」と定めている。

▶▶国政調査権

議院の権限については，もう1つ，**国政調査権**（憲62条）を理解しておこう。これは，広い意味での政府統制権の一環として捉えることができる。そもそ

議会が政府を統制することは，その本来的な権限なのであって，法律の制定や予算の議決にしても，政府の行為を事前に審査し統制するという性質を有している。これに限らず，議会には，政府の行為や政策に対する事後的な審査または批判を行うことが期待されよう。このような審査や批判のためには，国政に関する事実を調査し，情報を収集することが必要である。省庁別に対応した**委員会**の設置や，内閣総理大臣その他の国務大臣の議院出席権・出席答弁義務（憲63条）もこのような政府統制権の表れである。また，Unit 8 で見ることになる衆議院の内閣不信任決議をはじめとした政府問責決議もこのような政府統制の一環と理解されよう。

憲法 62 条が定める国政調査権は，証人喚問や記録提出などを罰則付きで強制することもできるという非常に強力な手段である（議院証言法参照）。

▶▶議院の内部組織

およそどのような会議でも，会議の構成員が決まれば自動的に話し合いが行えるようになるわけではない。たとえば高校のホームルームを思い出してみよう。クラスの全員が着席して，チャイムが鳴ったら，自然と会議が始まって進行するわけではない。会議を順調に進めるためには，たとえば，ホームルーム委員長のような議事進行役が必要であるだろうし，クラスメイトそれぞれの意見を集約するためには，班別の話し合いも必要になるかもしれない。

このことは，議院においても同様である。それぞれの議院には，対外的に議院を代表し，対内的には議院運営に責任を持つ議長その他の役員（なお，憲58条1項，国会6条，7条，16条以下参照）や「本会議」，「委員会」などが設けられている。

65

Check Points
- [ ] 国会は衆議院と参議院という2つの院から構成される。
- [ ] 日本国憲法が予定する両院制は，公選型の一院制型両院制である。
- [ ] 各議院には，議院自律権や国政調査権といった各院が単独で行使できる権限がある。
- [ ] 各議院の活動を円滑に処理するために，議長その他の役員，本会議，委員会などが存在する。

Unit 7

国会 2 —— 国会の活動と地位

■ Topics ■　国会の役割

　憲法は，国会に，唯一の立法機関として，法律の制定（41条），予算の議決（60条，86条），条約の承認（61条，73条3号），憲法改正の発議（96条1項），内閣総理大臣の指名（67条）といった国政上の重要な権限を与えている。

　このようなことは，いわば常識に近い。しかし，それでは実際に，法律はどのようなプロセスで制定されるのだろうか。たとえば，感染症のまん延を防止するために必要な施策を定める法律は，どのように国会で審議され，議決されるのだろうか。

　また，日本国憲法41条は，「国会は，国権の最高機関で……ある」と定め，国民の代表機関としての性格を持つ国会に，議会制民主主義における中心的役割を担うことを期待している。しかし，憲法は裁判所に違憲立法審査権を与えて，国権の最高機関である国会が制定した法律を無効にする権限をも与えている。せっかく法律を作ったところで，場合によっては，裁判所によってそれが無効とされることもあるわけである。でも，そうだとすると，国会よりも裁判所のほうがエライようにも思われる。国会が国権の最高機関であるとはどのような意味なのだろうか。

1　国会の活動と権限

　国会はどのように開催され，どのように法律を制定するのだろうか。

●●　①　国会の活動：会期制　●●

▶▶会期制

　テレビで新人議員が国会に初登院する姿を見たことはないだろうか。早朝から，議員の職責の重みをかみしめつつ，国会正門の開門を待っている新人の姿はとても初々しく，好感がもてる。ただ，確かめたわけではないが，このような議員は，おそらく，国会の初日だからこのようなことをしているのであって，毎日朝早くに国会に来ているわけではないだろう。

　ここからも気づくように，国会には相撲と同じように"初日"があり，「開催期間」がある（**会期制**）。国会というと，あの立派な建物（国会議事堂）が思い起こされるが，日本国憲法が定める国会とは，そうではなく，その中で行われる会議のことである（ちなみに，明治憲法下での帝国議会は，日清戦争に伴い大本営が広島に移されたこともあって，広島の臨時仮議事堂で開催されたことがある）。少したとえは悪いが，甲子園球場は，いつでも兵庫県西宮市にあるが，春夏の甲子園（高校野球のこと）は，一定期間のみ開催されるというと理解しやすいだろうか。

▶▶会期の種類

　日本国憲法は，この会期について，「**常会**」，「**臨時会**」，「**特別会**」（次頁表参照）の 3 種類を設け，また，衆議院の解散中に，特に国会の審議が必要となる場合に備えて参議院の**緊急集会**を定めている。

　会期の開始にあわせて，衆参両議院議員を国会に参集させ活動可能な状態にしておく必要がある。これを**国会の召集**と言う。国会の召集は，天皇の国事行為とされている（憲 7 条 2 号）。すでに見たように，天皇の国事行為には，内閣の助言と承認が必要とされるから，実際には，召集は内閣が決定し，天皇がその助言と承認に従って，召集詔書を公布することによって行われる（国会 1 条参照）。なお，召集詔書は，官報に掲載されるので，いちど確認してみよう。召集当日に正副議長が決まっていない場合には，これらの選出が行われる（国会 6 条以下）。また，会期の始めに，開会式が行われる（国会 8 条）。開会式は，衆議院議長が主宰するが，衆参の全議員が参議院の本会議場に集まって，天皇臨席のもと，行われる。この際に，天皇が「おことば」を述べるのが慣例だが，

67

■ 国会の会期 ■

	常会（通常国会）	臨時会（臨時国会）	特別会（特別国会）
召集要件	毎年1回（憲52条）*	①内閣が必要とする場合 ②いずれかの議院の総議員の4分の1以上が要求する場合（以上，憲53条）③衆議院議員の任期満了に伴う総選挙または参議院議員通常選挙後（国会2条の3）	衆議院の解散による総選挙後（憲54条1項）
召集の時期**	1月召集を常例とする（国会2条）	①，②については随時 ③については選挙後30日以内（国会2条の3）	総選挙後30日以内
会期の長さ	150日（国会10条）	両院一致の議決による。両院の議決が異なる場合または参議院が議決しない場合は，衆議院の議決による（国会11条以下）	同　左
延　長	1回のみ（国会12条2項）。両院一致の議決による（国会12条1項）。一致しない場合，または衆議院が議決しない場合は，衆議院の議決による（国会13条）。	2回まで（国会12条2項）。議決の方法については，常会に同じ。	同　左
主な議事	当初予算，法律案など	補正予算，重要法律など	内閣総理大臣の指名など

＊　会期は召集当日から起算される（国会14条）。

＊＊常会の召集詔書は召集日の少なくとも10日前に公布されなければならない（国会1条2項）。

これについて憲法上問題ないかが議論されているのは，Unit 4 で検討したとおりである。あなたが新人議員だとしたら，開会式で国政にかける決意を新たにするのではないだろうか。

　なお，常会の冒頭では，首相が1年間の政権運営の方針を説明する**施政方針演説**をはじめとした**政府四演説**（施政方針演説のほか，**外交演説**，**財政演説**，**経済演説**がそれぞれ担当の大臣により行われる）とそれに対する各会派の「**代表質問**」が行われることになっている。

　会期中に議決に至らなかった案件は，後会に継続せず，審議未了として廃案となる（会期不継続の原則。国会 68 条）。ただし，国会法は，一定の手続を踏めば，閉会中でも委員会が議案審査を行い，次の国会で審議ができるとしている（**閉会中審査**。国会 47 条 2 項・68 条ただし書）。

　このような会期制は，そもそもヨーロッパ中世において，国王が必要な場合に議会を召集することができるとされていたものを明治憲法下で取り入れたものにすぎず，膨大な議案を処理する必要のある現代においても維持すべきかは疑問である。また，近年，野党が臨時会の召集を要求しても，内閣が直ちに応じない例がみられ，問題視されている。諸外国では，選挙から次の選挙までの期間（**立法期**）を議会の活動期間とする例も多く，再考されるべきだという指摘もある。もっとも，会期があることによって，野党会派は会期切れをねらって抵抗することができる。その意味で，政権与党に対する強力な武器となっている側面もある。

●●　② 　国会の権限　●●

69

▶▶国会の権限

　国会は会期中の活動を通して，様々な権限を行使する。国会の権限としては，①**憲法改正の発議権**，②**法律制定権**，③**予算議決権**，④**条約承認権**，⑤**内閣総理大臣の指名権**などがある。これらの権限のうち，憲法改正の発議や内閣総理大臣の指名などについては，それぞれ Unit 3 および Unit 8 で扱うから，ここでは，法律制定権を中心に見ておくことにしよう。

▶▶法律の制定過程

　少し技術的ではあるが，法律の制定手続は，法律案を十分に吟味して制定するために重要である。高校までにも大部分は学習したと思うが，ここでは，憲法上の根拠も含めて，法律の制定過程をおさえておこう。

　(1)　法律案の発議・提出　　まず，法律を制定するには，法律案が必要である。法律案は，①議員が発議することも，②内閣が提出することもできる。このうち，議員が発議するものは**議員提出法案**，内閣が提出するものは**内閣提出法案**と呼ばれる。

　内閣が法律案を提出する場合，衆議院に提出することも，参議院に提出する

ともできる。この点は，予算案が必ず先に
衆議院に提出されなければならないとされて
いる（憲 60 条 1 項）のと異なっている。

（2）　委員会への付託　　提出された法律
案は，議長から，直接，委員会に付託される
（国会 56 条 2 項参照）。委員会の審査を経るこ
とがなければ，本会議に法律案が付されるこ
とはなく，その意味で，委員会での審査が法
律案審議の主要なステージとなる（**委員会中
心主義**）。

　各議院に設置される委員会には，常任委員
会と特別委員会がある（国会 40 条）。常任委
員会は，国会法に規定された常設の委員会
で，現在，衆・参それぞれの議院に 17 ずつ
（おおむね省庁に対応している）設置されている
（同 41 条）。常任委員会は，付託された法律案

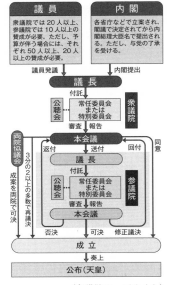

■　法律の制定過程　■

（参議院ウェブサイト）

などの案件を審査し，また，議長の承認を得てその所管に属する事項につき国
政に関する調査を行う。他方で，特別委員会は，会期ごとに各議院で必要と認
められたときに，その院の議決で設けられるものである（同 45 条 1 項）。常任
委員会および特別委員会の委員は，各会派の所属議員数の比率に応じて各会派
に割り当て，選任されることになっている（同 46 条 1 項）。

　委員会は，その委員の半数以上の出席で議事を開き，議決をすることができ
（国会 49 条），出席委員の過半数でこれを議決する（同 50 条）。また，一般的関
心および目的を有する重要な案件について，公聴会を開き，真に利害関係を有
する者または学識経験者等から意見を聴くことができる（同 51 条 1 項）。

　委員会は，議員のほかは傍聴が許されていないが，報道機関などで委員長の
許可を得たものについては，傍聴が許される（同 52 条）。実際，国会中継の大
半が委員会の模様であり，そこでの討論や質疑は議員の最大の腕の見せ所であ
る。

（3）　本会議　　委員会の審査の経過と結果は委員長によって議院に報告さ

れる（国会 53 条）。この報告を受けて，本会議にて議事および議決が行われる
が，憲法 56 条 1 項によれば，各議院の総議員の 3 分の 1 以上の出席がなけれ
ば，議事を開き議決することができない。そして法律については，出席議員の
過半数でこれを決し，可否同数のときは，議長の決するところによるものとさ
れている。

(4)　**両院間回付手続**　　法律案が片方の議院で可決された場合には，後議
の議院で同様に審議・議決されなければならない。法律案のような，両議院の
交渉を必要とする議案を処理する場合の手続を両院間回付手続と呼ぶ。両院制
の下では，必ずしも両院が一致した議決を行うとは限らない。また，1 つの議
院で可決された法律案などについて，もう一方の議院が修正をする場合もあり
うる。国会が効率よく審議を進めていくためにも，両院間でどのように議案を
やりとりするかが重要である。この点については，国会法 83 条以下が詳細を
定めている。

(5)　**天皇への奏上・公布**　　成立した法律は，最後の議決があった場合に
はその院の議長から，衆議院の議決が国会の議決となった場合には衆議院議長
から，内閣を経由して，天皇に奏上する。天皇は内閣の助言と承認に基づいて
法律を公布する（憲 7 条 1 号）。法律の公布は**官報**を通じて行われる。

Check Points
□　国会には，常会，臨時会，特別会といった会期がある。
□　国会の権限としては，①憲法改正の発議権，②法律制定権，③予算
　　議決権，④条約承認権，⑤内閣総理大臣の指名権などがある。

2　「唯一の立法機関」

　国会は，「唯一の立法機関」である。ここに言う「唯一」とはどのような意
味で，「立法」とはどのような意味だろうか。

●● ①　「唯一の」立法機関　●●

▶▶立法機関としての国会

　憲法 41 条は，国会を「国の唯一の立法機関」であるとする。「立法」とは，法律を制定することを意味する。憲法 41 条は，国において「法律」と呼ばれるものを制定できるのは，国会だけであるということを明らかにしているわけである。言い換えれば，憲法 41 条は，国家の様々な権限のうち，「立法権」と呼ばれるものを，国会のみに分配しているということになる。したがって，憲法 41 条は，行政権を内閣に分配する 65 条やすべての司法権を裁判所に分配する 76 条と並んで，**権限分配規定**だということになる。Unit 2 で学んだとおり，国家の権力をいくつかの作用に分割し，異なる機関に割り当て，相互に抑制と均衡を図るのが**権力分立**であるから，憲法 41 条は——65 条や 76 条などと並んで——権力分立を定める規定の 1 つである，ということになる。

▶▶国会中心立法の原則と国会単独立法の原則

　憲法 41 条は，立法権を唯一国会にのみ配分するから，たとえば，内閣や裁判所などによる「法律」の制定は許されない。また，法律はただ国会がこれを可決すれば成立するのであって，たとえば，天皇の裁可がなければ法律の効力が発生しないといった仕組みも許されない。前者は「**国会中心立法の原則**」，後者は「**国会単独立法の原則**」と呼ばれる。

●● ②　唯一の「立法」機関　●●

▶▶立法とは何か

　ところで，そもそも「法律」とは何であろうか。この点，大学入学直後の学生に聞いてみると，しばしば「ルール」という答えが返ってくる。当たらずとも遠からずの答えであって，なかなかよい線ではあるが，もう少しだけ踏み込んで考えてみよう。

▶▶形式的意味の立法と実質的意味の立法

　この点，たしかに法律は「ルール」を定めたものである。世の中には，野球のルール，ゲームのルール，家族のルールなど様々にあるが，「法律」と呼ばれる「ルール」もある。憲法は，国会を「唯一の立法機関」としているから，

「法律」と呼ばれる「ルール」を制定できるのは国会のみである。国会以外の誰かが「法律」と呼ばれる「ルール」を制定することはできない。このような法律の捉え方は，ルールの中身が何であるかを問わず法律と呼ばれるかという側面（難しい言い方で，「形式的側面」という）にのみ着目するものであるといえる。このように理解された法律は，「形式的意味の法律」といい，そのような意味での法律を定めることを「形式的意味の立法」という。

　ところで，このような法律や立法の理解の仕方では「法律で定められなければならないのはどのようなルールか」という問題に答えることができない。たとえば，日本国内でスケートボードで高速道路を走って良いかを定めるルールは法律で決められなくてはならないのか，それともそうでないのか，といった問題には，形式的意味の法律や立法という捉え方では答えが出せない。

　このように考えると，形式的意味の法律や立法という理解の仕方とは別に「法律として定められなければならないルール」を考えなければならなくなる。国会を「唯一の」立法機関だという憲法 41 条は，「法律として定められなければならないルール」を制定できるのは国会だけだという意味で理解できる。「法律として定められるべきルール」のことを「実質的意味の法律」といい，そのような法律を制定することを「実質的意味の立法」という。

　伝統的には，憲法学にとって「実質的意味の法律」の内実を探求することは，重要な課題であった。というのも，国会のみに委ねられているのが実質的意味の立法であるのであれば，それ以外の立法は別の国家機関が行いうるともいえるからである。このような理解に立つと，実質的意味の法律や立法の内実は，国会と，内閣その他の国家機関の権限の限界を分ける基準としての役割を持つことになる。実質的意味の法律を狭く捉えれば，それだけ国会の権限は縮小し，広く捉えれば拡大する，というわけである。

　このような観点からすれば，まず国民の権利を制限したり義務を課したりする場合には国民の代表で構成される国会の意思に基づく必要があるのであって，少なくともそのような事柄に関するルールは国会が法律で定めるべきであるといえる。

　しかし，後にも確認するように，日本国憲法は国会を「国権の最高機関」であるともいう。そうだとすると，日本国憲法における国会の重要性に鑑みれ

73

ば，国会が定めるべきルールはできる限り広いほうが良いのであって，国政に関する事柄で国会が決められないルールなど考えなくても良い，ともいえる。近年では，このような考え方から，実質的意味の法律という捉え方はもはや不要だという学説も有力である。

▶▶委任立法の問題

今日の複雑化した社会では，専門的・技術的事項に関する立法や事情の変化に即応して機敏に適応することを要する事項に関する立法などの必要性が増大している。国会がそのような事項に関する判断能力を持たないこともありうるし，法律で詳細まで定めてしまえばかえって柔軟性や機動性に欠けることもありうる。そこで，詳細に関する規律が内閣を含めた行政の定める命令に委任される（**委任立法**）ことも多い。この問題も憲法41条に言う「立法」をどのように理解するかと関わっている。もっとも，このような委任立法は，憲法73条6号ただし書が委任立法の存在を前提とする規定を置くことから，絶対に許されないとは言いにくい。けれども，だからといってどこまでも委任が許されるわけではなく，一般には，個別具体的なものでなければならないと考えられている。たとえば，「国土交通大臣が好ましくないと考える行為をした者には，運転免許を与えないことができる」という法律を制定することは許されるだろうか。

Check Points

☐　国会は「国の唯一の立法機関」であり，ここから国会中心立法の原則と，国会単独立法の原則が導かれる。

☐　憲法41条に言う立法とは，抽象的一般的規範の定立であるとされる。

3 「国権の最高機関」としての国会

> 国会は,「国権の最高機関」である(憲41条)とはどのような意味だろうか。

　立憲主義の憲法では,国民代表機関である議会が特に重要な意味を持つことはいうまでもない。もっとも,国制において,議会にどのような位置づけを与えるかということ自体,様々な考え方がありうる。たとえば,明治憲法は「天皇ハ帝国議会ノ協賛ヲ以テ立法権ヲ行フ」(5条)としていたが,これは,立法権は,統治権を総攬する(つまり,主権者たる)天皇が有するのであって,議会は,そのような天皇を助けて,よりよい国家の意思を築くためのものであるという考え方に基づく。ここでは,議会は,国権の最高機関であるべくもない。

　対して,日本国憲法は,国会を「**国権の最高機関**」であるという。これは,国民主権を原理とする日本国憲法において,主権者である国民によって選挙された議員によって国会が組織されるという点で国民に直結しており,憲法改正発議権や立法権に加えて,国政調査権をはじめとした重要な権限を憲法上与えられていることを反映したものである。この点で,日本国憲法下における国会は,明治憲法下における帝国議会とは比べものにならないほどの重要性を持っている。したがって,憲法をはじめとした既存の法律で十分に解決できない政治課題が発生した場合には,何よりも国会における十分な審議と判断が必要とされることとなろう。たとえば,新型コロナ感染症との関係で採られた様々な措置や対応策は,国会で十分に議論されたものだと言えるだろうか。

　もっとも,ここで注意しなければならないのは,憲法がこのように言うからといって,国会が――明治憲法下の天皇のように――統治権を総攬するという意味での「最高機関」であるということにはならないということである。そもそも,日本国憲法における主権者は,あくまでも「国民」なのであって,国会ではない。また,いくら国会といえども,裁判所の違憲判決を改めさせることは許されないし,内閣に不満を持つからといって直ちにこれを解職することも許されない(そのような場合,内閣は,衆議院を解散し,国民の信を問うという選択

がある。憲 69 条)。すなわち，国会のあり方は，主権者たる国民との関係も含め，民主制や権力分立といった統治の基本的なシステムを日本国憲法がどう構想しているか，という観点から考えられるべきものであろう。特に，現代の複雑化した社会において発生する問題を，国会のみの議論ですべて決定できると考えるのは，無理がある。そのような状況の中で，あらためて国会が「国権の最高機関」であるという日本国憲法の意図を考えてもらいたい。

Check Points
□　国会は，国権の最高機関である。

Unit 8

内　閣

■ Topics ■　決められない政治と決めすぎる政治

　21世紀初頭の日本政治は，高支持率を誇った小泉内閣（2001〜2006年）が退陣して以降，毎年のように内閣が替わる時期が続いた。政権与党が参議院で多数派を形成できないねじれ国会の影響があり，思うように政治が進まなかったことが主な原因であった。

　内閣はある程度長期的な視野から政策を実現していく必要があるが，内閣ごとに政策が変わると，いつまでたっても長期的政策を実施することができない。また，外国からは日本政府と交渉するときに誰と話せばいいかわからないと批判された。いわゆる「決められない政治」が続いたのである。

　ところが，2012年に成立した第二次安倍政権（〜2020年）が長期政権となり，強気の政治を行っていくと，今度は「決めすぎる政治」が問題視されるようになった。野党の意見を十分聞かないまま政治が行われていると批判されたのである。

　こうした状況を見ると，日本の政治は内閣が重要な存在となっていることがわかる。内閣次第で重要な政治決定が行われるかどうかが左右されるからである。だが，それほど重要であるにもかかわらず，内閣の決定がどのようなプロセスで決まるかはわかりにくい。そもそも内閣の構成員は誰なのか，内閣総理大臣はどのような役割を果たしているのか，内閣の決定は最終的にどこで行われるのか，それらの事項は憲法で定められているのかなど，素朴な疑問を持つ人も少なくないだろう。

　この Unit では，内閣の憲法上の地位や役割を踏まえながら，その組織や決定の仕組みを明らかにし，国会や官僚との関係について考察することにしよう。

1　内閣の意味

内閣とは，誰がメンバーで，何をどのように決定しているのだろうか。また，憲法はどの程度内閣について規定しているのだろうか。

●● ①　大統領制と議院内閣制における政治 ●●

　技術や産業が著しく発達した現代社会は移り変わりが早い。そのため，政治も社会の変化に迅速に対応することが求められる。つまり，時宜に適ったスピーディーな政治的決定が要請されるのである。政治的決定のあり方は政治システム次第で大きく異なる。

　世界の政治システムを見てみると，議院内閣制と大統領制の2つに大きく分けることができる（Unit 2 を参照）。日本が採用する議院内閣制は，国民が国会議員を選び，国会が内閣総理大臣を選ぶシステムになっている。そして，内閣は内閣総理大臣と内閣総理大臣が任命した国務大臣によって組織されている（憲66条1項および68条1項）。そのため，内閣は国会の信頼の下に政治の舵取りを任せられているのであり（国会の信任），衆議院の信任を失った場合には総辞職しなければならない（同69条）。一方，アメリカのように大統領制を採用している国では，議会の議員だけでなく，大統領も国民によって選ばれる。そのため，大統領は議会から独立して政治的決定を行うことができる。

　議院内閣制と大統領制を比べると，国民に直接選ばれたことを背景に大統領が強力なリーダーシップを発揮している大統領制のほうが政治を円滑に進めることができるように見える。そこで，日本においても首相公選制を導入し，内閣総理大臣のリーダーシップを強化すべきとの議論がある。首相公選制には，憲法を改正して公選制にするものと，制度や運用を変更して公選制にするものとがあるが，いずれも国民が内閣総理大臣を選べるようにすることを目指すものである。

　しかしながら，大統領が政治の場においてリーダーシップを発揮できるかどうかは時の政治状況に大きく左右されることを見逃してはならない。なぜな

ら，大統領制においては大統領と議会がそれぞれ国民から選ばれ，独立した存在となっているため，与党が議会において多数派を形成しているとは限らないからである。そのため，与党が議会で多数派を形成できていない場合，大統領の提案する政策が議会の反対にあって実現しないことになりかねず，政治的停滞に陥る可能性がある。他方，議院内閣制は，内閣が議会の信任に基づいて成り立っており，議会は内閣を不信任することができ，内閣は議会を解散する権限を持っている。内閣総理大臣は衆議院の多数派を獲得しているため，少なくとも衆議院の支持は得やすく，大統領制ほど議会との対立が激しくならない傾向にある。

　以上のことからすると，政治決定のあり方は，大統領制や議院内閣制といった大枠のみならず，その国の政治がどのように決められているのかを見ていく必要がある。

●●　②　内閣と政治　●●

　本来，政治的な議論や決定は国会において行われるはずである。国会は政策実現に必要な法律を制定したり，政治的な議論をしたりする場だからである。しかし，国会が，政策の「原案」を作成したり，外国と交渉したり，統一的な政策を表明したりすることは少ない。また，政策は運用も重要であるが，国会は実際に政策を運用するわけではない。それでは，そのような役割を担っているのはどの機関なのだろうか。

　実は，そうした役割を担っているのは，内閣である。内閣は，日本が直面している様々な課題について，政策を作り，法律案を作成し，予算案を国会に提出する。たとえば，少子化対策に関する問題を考えてみよう。少子化に歯止めをかけるための１つの方策として，仕事と育児の両立を図れるように保育環境を整え，安心して子どもを育てられるようにする必要があるといわれる。そこで保育園を増やす政策を作り，関係する行政機関と調整を行い，必要な予算を計上する作業が必要になってくるが，こうしたプロセスはすべて内閣が主導して行うことになる。もちろん，最終的には国会での議論や承認が必要となるが，多くの重要な政策を実際に作成しているのは内閣なのである。

　また，内閣は必要があれば外国と交渉し，経済，安全保障，環境問題など，

多くの国際問題に取り組んでいる。さらに，内閣は政策を実際に実施する各行政機関が国民のニーズに応えているかどうかを監督している。このように，内閣が政治について重要な役割を果たしているのである。

●●　③　内閣のメンバー　●●

　内閣がここまで重要な役割を担っているとすれば，どのような人たちが内閣を構成しているのかを知っておかなければならない。憲法 66 条 1 項は内閣のメンバーについて，「内閣は，法律の定めるところにより，その首長たる内閣総理大臣及びその他の国務大臣でこれを組織する」と定めている。内閣総理大臣とはもちろん首相のことである。国務大臣とは，財務大臣や外務大臣などの各大臣のことをいう。つまり，内閣とは，内閣総理大臣をトップとして，各国務大臣がメンバーとなっている組織なのである。

▶▶内閣総理大臣

　内閣総理大臣は内閣の代表であり，国務大臣の任免権を有していることから，政治のトップであるということができる。内閣総理大臣になるための要件として，憲法は国会議員であることと文民（職業軍人の経歴のない者）であることを要求している（66 条 2 項）。

　内閣総理大臣は，国会が国会議員の中から指名する（憲 67 条 1 項）。ただし，憲法 67 条 2 項は内閣総理大臣の指名の議決について衆議院の優越を規定している。つまり，衆議院と参議院で異なる人物を選んだ場合，衆議院の議決が優先される。そのため，衆議院議員でなければ，現実的に内閣総理大臣になることは難しい。実際，これまで参議院議員で内閣総理大臣になった者はいない。もし，あなたが内閣総理大臣になりたかったら，まずは衆議院議員を目指すことになるわけである。

▶▶国務大臣の任命

　憲法 68 条は国務大臣の任免権を内閣総理大臣に与えている。そのため，内閣総理大臣は自らの政策を実現するのに必要な人材を国務大臣に充てることができるようになっている。内閣総理大臣にとって内閣は自らの政策を実現するために必要不可欠な存在であり，信用できる人材で構成されることが重要である。そのため内閣総理大臣は自分の政策に共鳴する人物を内閣のメンバーに選

ぶことが多い。なお，国務大臣の数については，内閣法2条2項によって決められている。

●● ④　同輩中の首席から行政権のトップへ　●●

　このように，内閣総理大臣は政治のトップであるが，憲法がそのような地位を内閣総理大臣に与えたのには理由がある。明治憲法下では，天皇が統治権を掌握し，「国務各大臣ハ天皇ヲ輔弼シ其ノ責ニ任ス」（55条1項）と定められていた。内閣や内閣総理大臣に関する規定は置かれず，内閣は国務大臣が天皇を補佐するために設けられた組織体であり，内閣総理大臣はそのとりまとめ役にすぎなかった。そのため，内閣総理大臣は他の国務大臣と同列の地位にあり，リーダーシップを発揮するために必要な権限を持っていなかった（内閣総理大臣が他の国務大臣と同じような地位にあり，ただのとりまとめ役にすぎなかったことから，「同輩中の首席」と呼ばれた）。しかし，日本国憲法下では天皇主権から国民主権へと変わり，内閣は行政権を担う存在として，憲法上の地位を確保するに至った。そしてその代表に内閣総理大臣が充てられ，その地位が大きく高められたのである。

81

▶▶内閣と閣議

　ただし，内閣総理大臣はすべて独断で決定できるわけではない。憲法が内閣総理大臣の単独の権限として規定しているのは国務大臣の任免権（憲68条），国務大臣の訴追同意権（憲75条），議案の提出権（憲72条），行政各部の指揮監督権（憲72条）などであり，外交や予算など他の多くの事項については内閣に決定権をゆだねている。したがって，基本的には内閣が重要事項を決める仕組みがとられている。

　内閣が決定をする方法が，閣議である。憲法は内閣の決定方法について何も定めていないが，内閣が複数のメンバーからなる以上，その決定は合議で行うことになり，その方法が閣議である。閣議については内閣法が規定しており，内閣総理大臣が閣議を主宰することになっている（内4条2項）。

　なお，閣議決定を行う場合，全員一致によることが慣行になっている。そのため，国務大臣が1人でも反対すれば閣議決定ができない可能性がある。ただし，内閣総理大臣が国務大臣の罷免権を持っているので，最終的には内閣総理

大臣の意向を反映させることができる仕組みになっている。

Check Points

- ☐ 政治決定のシステムには，大統領制と議院内閣制があり，主に行政トップの選出方法や行政と国会との関係において違いがある。
- ☐ 内閣は，国会に予算を提出したり，外国と交渉して条約を結んだりするなど，重要な政治的決定を行っている。
- ☐ 内閣とは内閣総理大臣と国務大臣を構成員とする組織であり，内閣総理大臣は内閣を代表し，閣議を主宰する。

2　内閣と官僚

　官僚が実際の政治に大きな影響力を持っているといわれることがあるが，内閣と官僚はどのような関係にあるのだろうか。

●● ①　内閣と省庁 ●●

　憲法65条に基づき，内閣は行政権を付与されているが，内閣の決定を実行する職員がいなければ，内閣は機能しない。内閣は各行政機関を指揮監督してその任務を行うことになる（憲72条）。行政機関とは省庁等のことを指し，内閣府，総務省，農林水産省，警察庁など，様々な機関がある。各省庁は，それぞれが管轄する事務を行っている。各省の長は各省大臣といい，国務大臣がそれを務める。各省大臣は，内閣法に言う「主任の大臣」として，それぞれ行政事務を管理することになっている（国家行政組織法5条1項）。

　内閣は，法律を誠実に執行する責務を負っているので（憲73条1号），各省庁が適切に法律を実施しているかどうかを監督し，必要な指示を与える。もっとも，各省庁は内閣の指示の下，日々の行政事務を行っているだけではなく，各省庁が関係する事項について政策の立案や法律案を作成している。各省庁

は，内閣や国会よりも自らが担当する事務について専門的知識や実務的経験を有しているので，ある程度彼らに任せざるをえないからである。また，政策や法律の運用についても，内閣の指示の下にはあるものの，実際には各省庁が主導的に行っていることが多い。そのため，内閣のみならず，各省庁も行政権の行使において重要な役割を担っているといえる。

●● ②　内閣と官僚統制 ●●

　各省庁の職員は国家試験に合格して採用された官僚から成っていることから，選挙で選ばれたわけではない官僚が重要な政策等を決めていいのかという問題が生じる。そのため，内閣が官僚を適切に統制すべきではないかという議論が高まり，その1つとして行政権の概念と絡めながら官僚統制の方法を探るアプローチがある。

　憲法73条は一般行政事務に加えて，外交や条約締結，予算の作成などの権限を内閣に与えているが，これらの権限は高度な政治的判断を要する場合がある。その際，内閣は各省庁から情報を集め，必要な指示を出したり各省庁間の調整を行ったりすることがある。内閣がこのような高度な政治的権限を行使する場面では，普段よりも強い指揮監督権を発動する必要がある。そのため，65条が定める行政権にはこのような高度な政治的権限が含まれており，それは官僚を統制する場面においても活用されるものと考えるアプローチがある。

　なお，何度かの行政改革を経て，内閣官房が拡充されたり内閣府が設置されたりしており，内閣機能は強化される傾向にある。

83

Check Points
□　内閣は各省庁を指揮監督する権限を持っており，内閣の行った政治的決定を各省庁の職員に実行させている。

3　内閣と国会の関係

> 　内閣と国会との関係について，憲法はどのような規定を置き，実際にはどのような関係にあるのだろうか。

●● ①　内閣と国会 ●●

　内閣は政策や予算の案を作るなど，事実上政治の重要部分を決めている。しかし，政治的議論を行ったり政策の実施に必要な法律を制定したりするのは国会であり，時に国会は内閣と意見が対立することもある。そもそも内閣と国会はどのような関係にあるのだろうか。

　憲法は，国会が内閣総理大臣を選び（憲67条1項），内閣は連帯して国会に責任を負う（憲66条3項）としている以上，内閣と国会は協同して政治を行うことが想定されているといえる。つまり，内閣と国会が国全体のことを考えて議論を交わし，よりよい政治を目指すというシステムが想定されているわけである。

　もちろん，内閣と国会が常に歩調をあわせて建設的な議論をしているわけではなく，場合によっては意見が合わず，深刻な対立関係に陥ることもある。その結果，必要な法律案や予算が通らず，国民の生活に大きな支障が出る可能性もある。

●● ②　衆議院の解散 ●●

　このような政治的停滞を打破する手段の1つが衆議院の解散である。内閣が衆議院を解散すると，総選挙が行われ，選挙の結果次第で政治状況が大きく変わる可能性があるからである。特に，内閣が与党内をまとめきれずに衆議院の中で政治的信頼を失った場合，内閣は自らの政策の是非を問うべく，衆議院を解散して選挙を行うことであらためて衆議院での多数派の地位を確立しようと試みてきた。ただし，解散はそうした場合に限定されるわけではなく，様々な場面で行われてきた。

▶▶解散の判断

　それでは，内閣は自由に解散権を行使できるのだろうか。これまでの解散例を見ると，国民の目にはしばしば不思議な光景に映ることが少なくない。有名なのが，吉田茂首相が行った「バカヤロー解散」（1953 年）である。国会で野党議員から質問を受けていた際，吉田首相が「ばかやろう」とつぶやいたことが物議を醸し，内閣不信任案が提出・可決されて，解散されたというものである。これは政策を国民に問うたものとは言いがたいだろう。また，政策を問う場合であっても，参議院に法律案に賛成するように促すために衆議院を解散するようなケースもある。小泉純一郎首相が行ったいわゆる郵政解散（2005 年）がその例である。このように，解散の判断は時の政治状況に応じて行われることがしばしばある。だが，選挙を行えばその実施に莫大なお金がかかるし，そのお金の源泉は税金である。それでは，憲法は解散について何か制限を設けていないのだろうか。

▶▶憲法との関係

　憲法は，解散について 2 つの規定を設けている。まず，憲法 69 条は衆議院で内閣不信任案が可決された場合，内閣は総辞職するか解散しなければならないと規定している。そのため，不信任案が可決された場合しか解散権を行使できないとする見解もある。しかし，内閣総理大臣が衆議院議員から選ばれている以上，内閣はよほどのことがなければ衆議院から不信任案を突き付けられることはない。実際には，与党内の派閥間の争いがあって政治が円滑に進まなかったり，野党が参議院で多数派を握っていて激しく対立している場合などのように政治的停滞を解消したり重要な問題について国民の判断を仰ぎたいような場合に衆議院を解散して総選挙に挑むことがある。また，憲法 69 条は不信任案の場合に解散を限定すると定めているわけではないことから，一般には解散の一場面として理解されている。そこで，憲法 7 条 3 号が，天皇の国事行為として解散を挙げており，内閣の助言と承認によって天皇が行うとしていることから，この条文を根拠にして，内閣は自由に解散権を行使できるとする見解がある。もっとも，天皇の国事行為は形式的なものと解されているにもかかわらず，7 条 3 号のみを根拠に内閣の解散権を実質的に認めることには疑問もある。そのため，議会への対抗手段という権力分立上の要請として，内閣に自由な解

散権の行使を認めるという見解が出てきている。

▶▶苦米地事件

　解散権の行使をめぐって裁判になったのが苦米地事件（最大判昭和 35・6・8 民集 14 巻 7 号 1206 頁）である。この事件では，不信任案が出されていない状況で解散されたため，解散の有効性が争われた。これについては，Unit 10 で詳しく取り上げるので詳細は省くが，最高裁は高度に政治性のある問題については判断しないとして，事実上，政治の手にゆだねる判断をしている。ただし，学説には重大な政策について民意を問う場合など，一定の事項に限定すべきとの見解もある。

　いずれにせよ，解散の結果，その是非を決めるのは国民であり，選挙の際にはそうした視点を持っておくことも重要である。

Check Points
- [ ] 内閣総理大臣は国会が選び，内閣は国会に対して責任を負っているので，内閣と国会は基本的には協同関係にある。
- [ ] 憲法は内閣に衆議院の解散権を与えており，内閣は衆議院で内閣不信任案が可決された場合などに解散を行うことができる。

Unit 9

裁判所 1 ── 司法権

■ Topics ■ 裁判所は何をするところなの？

　「裁判所」と聞くと，何やら自分とは縁のない場所だと思いがちである。たとえば，「悪いことをした人が裁かれるところ」，あるいは「金銭トラブルをめぐって争うところ」，などといったイメージがあるのではないだろうか。そして，自分は悪いことをしないし，大金のやりとりなんてしないから，裁判所に行くことなんてないとタカをくくっている人がほとんどだろう。

　しかし，21世紀に入ると，日本では司法制度改革が行われ，国民に身近な司法という路線が打ち出された。そこで，国民の司法参加の一環として裁判員制度がスタートした。また，国民の訴訟へのアクセスを容易にするために，法曹人口を増やすなどの改革が行われた。イェーリングが『権利のための闘争』〔村上淳一訳〕（岩波書店，1982年）で述べたように，自分の権利を獲得するために裁判を活用する舞台がいっそう整ったのである。日本はそうした訴訟社会になじまないかもしれないが，少なくとも法の世界では，裁判で自己の権利を主張することが重要である。

　ここでは，裁判作用を担う司法権に光を当て，司法権とは何かを紐解きながら，どのような裁判を取り扱っているのかを考えてみることにする。

1　裁 判 所

　近代以降，法の支配の概念が急速に広がると，権力の活動はすべて法に基づかなければならないという原則に加え，それを実現するために裁判所が重要な役割を担うようになったといわれるが，そもそも裁判所は何を行っているのだ

ろうか。

●● ① 裁判所の役割 ●●

裁判所の役割は裁判を行うことである。かつて国王が裁判を行っていた時代は，国王の好きなように裁判が行われることがあった。しかし，憲法が個人の自由を保障し，権力分立原理を採用すると，国王が好き勝手な裁判を行うのではなく，裁判官が法に基づいて裁判を行うことが要請されるようになった。つまり，「人の支配」から「法の支配」に転換したわけである。その結果，現代における裁判は，裁判所が，法に基づき，公正な判断を行うことが求められるようになっている。そして憲法は，このような法の支配に基づく裁判が行われるために必要な定めを置いている。

▶▶最高裁

憲法 76 条 1 項は裁判所について，最高裁と下級裁判所とに分けている。最高裁は 1 つしかなく，事件を最終的に確定するところである。最高裁裁判官の人数は 15 人で，3 つある小法廷に 5 人ずつ配属されている。通常は，この小法廷で事件を審理するが，一定の場合には 15 人全員で審理する大法廷において裁判が行われることがある。大法廷を開く場合については，裁判所法 10 条や最高裁判所規則等に定めがあり，たとえば憲法や法令の解釈適用について，意見が前に最高裁判所のした裁判に反する場合は大法廷で審理しなければならないことになっている。つまり，憲法等に関する先例を覆す可能性がある場合には重要な判断になるため，15 人全員で判断するということである。

▶▶下級審の種類と審級制度

下級裁判所には，高等裁判所（高裁），地方裁判所（地裁），簡易裁判所（簡裁），家庭裁判所（家裁）がある。裁判所の判断に不服がある場合には，1 審（最初に事件を扱う裁判所）から順に上級審に上がっていくことになる。上級審に訴えることを上訴といい，特に 1 審から控訴審に上訴することを控訴，控訴審から最高裁に上訴することを上告という。

原則として**三審制**が採用されており，ほとんどの裁判は，地裁，高裁，最高裁と流れていく。裁判は地裁から始まることが多いが，裁判の種類によっては

簡裁や家裁から始まったり，いきなり高裁から始まったりすることがある。

▶▶通常裁判所による裁判

　明治憲法は，「司法権ハ天皇ノ名ニ於テ法律ニ依リ裁判所之ヲ行フ」（57条1項）と定めると同時に，行政事件（私人が国や地方公共団体を相手に訴訟を提起する場合で，公法が適用される事件）は通常の司法裁判所ではなく**行政裁判所**が行うとし（61条），大審院に上告できない**特別裁判所**（軍法会議や皇室裁判所）の設置を認めていた（60条）。つまり，通常の司法裁判所が一元的に裁判を取り扱うわけではなく，別の専門機関が裁判の最終的判断権を持っており，司法が扱う領域が限られていた。しかし，行政裁判所や特別裁判所は専門的見地から判断するものの，それが国民にとって公正な裁判といえるかどうかという視点が十分意識されていない可能性がある。そこで日本国憲法では，最高裁と法律に基づいて設置される下級裁判所が司法権を担い（76条1項），終審としての行政裁判所や特別裁判所の設置を禁止している（同条2項）。

●●　②　裁判官の役割　●●

89

　裁判を行うのは，裁判官である。裁判官とは，司法試験に合格し司法修習を経て裁判官に任命された者（下級裁判所の裁判官については憲法80条1項に基づき最高裁が指名した者の名簿によって内閣が任命する）である。

　裁判官の任務はしばしば野球の審判に嗔えられる。審判は野球のルールに基づいて，個々のプレーに対し，ストライクかボールかの判断や，セーフやアウトなどの判断を行う。もっとも，実際のプレーは複雑であり，ルールをそのまま適用するだけではうまく判断できないことが多い。たとえば，ストライクゾーンについては一定の定義が示されているが，結局打者の投球を打つための姿勢に応じて判断されるので，個々のプレーごとに判断せざるをえない。審判はルールそのものを作っているわけではないが，それを実際に運用する役割を担っており，それは各試合の勝敗に密接に関わる。

　こうした任務はまさに裁判官に類似している。裁判官は，法（ルール）に基づいて，個々の事件について法を適用してそれを解決する。そのため，裁判官が行う法解釈は，法の運用において重要な役割を果たしている。裁判官は法的事件を解決するという重要な任務を行っているのである。

▶▶裁判員制度

　これまで法律の専門家が裁判官を務めてきたが，判決内容が難しくて国民にとって理解しにくく，また国民が裁判を身近に感じたりする機会も少なかったことから，司法制度改革において，国民に近い司法にする必要があるのではないかという提案がなされるようになった。そこで，2009年から国民が裁判に参加する**裁判員制度**が始まった。

　これにより，殺人事件など一定の重大犯罪事件については職業裁判官と国民の中から選ばれた裁判員が一緒になって1審の裁判を行うことになった。裁判員は裁判官とともに評議や評決を行い，無罪か有罪かの決定や量刑についても判断を行う。陪審による無罪の判断が下された場合には検察側は控訴できないとされるアメリカの陪審制と異なり，日本の裁判員制度は無罪の判断が出た場合にも検察側は控訴できる仕組みになっている。なお，裁判員制度に対しては司法権を侵害する等の批判もあったが，最高裁は合憲の判断を下している（最大判平成23・11・16刑集65巻8号1285頁）。

●● ③　裁判所の独立と裁判官の独立 ●●

　裁判所の役割は，裁判において法を解釈・適用することである。裁判は法に基づいて公正に行う必要があるため，立法府や行政府（執行府）といった政治部門の干渉を受けないようにしなければならない。これを**司法権の独立**という。司法権の独立は，裁判所の独立と裁判官の独立という，2つの意味を持つ。

▶▶裁判所の独立

　裁判所が政治部門から独立して活動するために，憲法は，最高裁に裁判所の内部事項に関する規則制定権を与えている（77条1項）。具体的には，訴訟事項，弁護士事項，裁判所の内部規律事項，事務処理事項について規則を定めることになっており，最高裁は裁判官会議において規則を制定することになっている（裁12条1項参照）。これにより，裁判所の内部的自律が確保されるようになっているが，判決の内容について他の機関が口を挟んできたときの対処法にはなっていない。他の機関が口出ししてきたケースとして1948年の浦和充子事件がある。この事件では，国会が国政調査権を発動して判決について調査し

たため，司法権を侵害するのではないかという問題が浮上した。こうした外部的干渉に対しては，司法権の侵害の問題として考えていく必要がある。

▶▶裁判官の独立

　また，外部から干渉されずに裁判を行うために，憲法は裁判官の職権の独立を保障している。憲法 76 条 3 項は，「すべて裁判官は，その良心に従ひ独立してその職権を行ひ，この憲法及び法律にのみ拘束される」と定めており，裁判官は政治部門など外部から干渉されずに裁判を行えることが保障されている。

　もっとも，職権の独立を保障するためには，その身分についても保障しておく必要がある。裁判自体には介入されなくても，裁判官を辞めさせられてしまうことがあると，事実上独立して職権を行使することができないからである。そこで憲法 78 条は，裁判により心身の故障のために職務を遂行できないとされた場合，あるいは弾劾裁判によって弾劾された場合でなければ，罷免されないとし，行政機関が裁判官の懲戒処分を行うことはできないとしている。

▶▶国民審査

　ただし，最高裁の裁判官については，憲法 79 条 2 項に基づく**国民審査**を受けることになっている。国民審査は，最高裁裁判官が任命されてから最初の衆議院議員総選挙の際に，国民がその裁判官を罷免すべきか否かを決める制度である（なお，その後 10 年経過した場合も再度審査を受け，以降も同様である）。身分保障が厚い最高裁裁判官といえども，最終的には国民の判断によって罷免される余地を残すことで，司法に対する民主的チェックを担保する制度となっている。

　最高裁は国民審査について単なる解職制度にすぎないとしているが（最大判昭和 27・2・20 民集 6 巻 2 号 122 頁），国民審査において国民は当該裁判官が信認するに足るかどうかを判断できるのであり，国民審査には信託的効果があると思われる。

91

> Check Points
> ☐　裁判所は法の支配を実現する機関として，政治部門から独立して公
> 　　正な判断ができるような仕組みが憲法によって整えられている。
> ☐　裁判所は，最高裁と下級裁とに分けられ，最近では裁判員制度の導
> 　　入によって国民の司法参加の仕組みが整えられている。

2　司法権の概念と具体的事件性

> 裁判所はどのような事件を判断することができるのか。

●● ①　司法権と裁判 ●●

　憲法 76 条 1 項は司法権を最高裁と下級裁判所に与えているが，それ以外の
ことについて何も語っていない。つまり，司法権の中身は何も明らかにされて
いないのである。それでは，司法権とは何だろうか。

▶▶裁判の意味

　司法権の基本的作用は裁判所が裁判を行うことであるから，まずここで問わ
れるのは裁判の意味である。裁判といえば，原告（訴えを提起した側）と被告
（訴えを提起された側）の双方が主張をぶつけあい，裁判官がそれを聞いて公正
な判断を下すというのが一般的なイメージであろう（なお，刑事事件では，訴え
る側が検察官で，訴えられる側が被告人となる）。特に，刑事事件は被告人の罪を
めぐるものであり，検察官は被告人が有罪であることを証明しようとし，それ
に対して弁護人が被告人を擁護するために反論を行う。民事事件は，私人同士
の紛争であり，契約や財産などをめぐり，原告側弁護士と被告側弁護士が主
張・反論を行う。

　裁判では，原告と被告（または検察官と被告人）という利害関係人同士が法的
問題について争っている点が重要である。裁判所が判断できるのは法的問題の
絡む具体的紛争についてのみである。国会での議論にも法的問題が絡むことが

あるが，それは裁判所で扱う問題とは異なる。国会は国民全体に関わる問題を取り上げる場であり，当事者同士の個別の法的紛争を解決する場ではない。国会で議論しているのは主に法的紛争の前提となる法律そのものに関する事項であり，法的紛争とはその法律を具体的に適用する際に生じる事件のことである。そのため，裁判所が裁判を行うためには何よりもまず法的問題が絡む事件が起きていなければならない。そして自らの権利利益と関係ない者は訴訟の当事者となることができない。

　このように，裁判所は，具体的事件が持ち込まれなければ判断することができない。たとえば，具体的事件が起きていないにもかかわらず，原告が警察予備隊の合憲性の判断を求めた警察予備隊訴訟（最大判昭和 27・10・8 民集 6 巻 9 号 783 頁）がある。最高裁は，司法権が発動されるためには具体的な事件が起きていなければならず，具体的事件を離れて抽象的に法令等の合憲性を判断することはできないとした。

●● ②　具体的争訟の要件 ●●

▶▶当事者間の法的紛争

93

　それでは，裁判所が取り扱うことのできる具体的事件とは何だろうか。これについては 2 つの要件があると考えられている。その 1 つは，(1)「当事者間の権利義務や法律関係の存否に関する争い」である。

　「当事者間の権利義務や法律関係」といっても難しいので，ここでは「権利義務に関わる問題や法律に関わる問題」，あるいはもっと簡潔に「法的紛争」のことを指すとイメージしてもらいたい。それでは，具体的な例を挙げながら，何がそのようなケースに当たるのかを考えてみる。

　たとえば，サンタクロースが存在するかしないかの問題を考えてみよう。幼い頃の記憶をたどると，サンタクロースを信じている子と信じていない子がいて，意見が対立することがなかっただろうか。このとき，「じゃあ，裁判で決着をつけよう」となったら，裁判所はその訴えを受け付けるだろうか。答えはノーである。このケースでは，誰かの権利や義務が関係しているわけではない。また，法律に関わる問題も生じていない。サンタクロースがいるかいないかの問題は法的紛争とはいえず，裁判所が判断できる問題ではないのである。

それでは，どのような問題であれば法的紛争になるだろうか。

　Aさんがサンタクロースの人形を友達のBさんに1日だけ貸す約束をしたところ，何日経ってもBさんが返してくれなかったケースを考えてみよう。このとき，Aさんは友達に対して人形の返還を求める権利があり，BさんはAさんに人形を返す義務がある。ここでは法的紛争が発生しているため，裁判所はAさんがBさんに対して人形の返還を求める訴えを受け付けることになるのである。

　ただし，法的紛争であっても，当事者でなければ訴えを起こすことができない。つまり，自らの利害関係がなければならないのである。サンタクロースの人形の例でいえば，Aさんの友達のCさんが，Bさんを相手にAさんに人形を返せと訴えることはできない。なぜなら，当事者のみが自らの権利をより良く主張でき，また行使する資格があるからである。

▶▶終局性

　もっとも，この要件を満たしていても，もう1つ別の要件も満たす必要がある。それは，(2)「法令を適用することによって終局的に解決できるものでなければならない」という要件である。

　たとえば，○○教を信じているD君が教団から聖なる壺を購入したところ，後になって教団は真の聖なる壺が別にあると宣言したとする。そこでD君が先の購入について錯誤無効（民法95条に基づき意思表示に誤りがあるから無効）を主張したいと考えた場合，裁判所はそれを判断できるだろうか。この事件では，錯誤による無効が問題となっているので，(1)の要件は満たしている。しかし，このケースでは，錯誤を判断するための前提として，何が聖なる壺なのかという宗教上の問題に立ち入らなければ解決できない。裁判所は宗教上何が正しいのかを法令に基づいて判断することができないため，この事件は(2)の要件を満たしていないことになる。

▶▶板まんだら事件

　実際，お寺の正本堂建立資金のために寄付したところ，そこに安置する本尊が本物ではなかったことから，錯誤無効を主張して裁判となった板まんだら事件（最判昭和56・4・7民集35巻3号443頁）では，(1)の要件を認めつつも，(2)の要件については否定する判断を下している。

　裁判所が解決することができない問題は宗教的事項にとどまらない。法令の適用によって解決できない政治的問題，経済的問題，技術上の問題，学術上の問題などもそれに含まれる。法学部に入ると一度は頭をよぎる司法試験などの国家試験の結果の問題についても，裁判所が判断できるかどうかは微妙なところである。たとえば，試験に落ちてしまったが自分の解答に自信があり，誤判定としか考えられないとして訴えを提起した場合，裁判所は判断できるだろうか。

▶▶技術士試験判定事件

　技術士試験における不合格判定が誤りであるとして裁判になった技術士国家試験判決（最判昭和 41・2・8 民集 20 巻 2 号 196 頁）では，国家試験における合否の判断は学問上の知識や能力の優劣等を内容とする行為であり，実施機関の最終判断に任せるべきであって，裁判所が法令を適用して解決しうるものではないとしている。ここでも，(2)の要件が認められないことを理由に訴えを退けているのである。ただし，下級審レベルでは，司法試験の合否につき，裁判所は学識上の判断をすることはできないという原則に立ちつつ，試験において性別や社会的身分など学識の有無とは関係のない事項が考慮されていた場合には司法判断に踏み込む可能性があることを示唆している（東京地判昭和 49・9・26 判時 769 号 38 頁）。

　いずれにせよ，裁判所が事件を審理するためには(1)と(2)の要件を満たさなければならないことに変わりはない。この要件のことを**具体的争訟**という。裁判所は，具体的争訟が存在していなければ判断することができないのである。そして，この具体的争訟は，裁判所法 3 条の言う「**法律上の争訟**」を指すものと理解されており，裁判所は「一切の法律上の争訟を裁判」することができるとされている。

> Check Points
> □ 裁判所は，当事者間の具体的な法的紛争が起きていなければ審査することができない。
> □ 裁判所が事件を取り上げるためには，具体的争訟（当事者間の権利義務や法律関係の存否に関する争いで，法令を適用することによって終局的に解決できるもの）の要件をみたす必要がある。

3 司法権の射程

> 司法権は，具体的争訟に関わらない事件について，まったく判断できないのだろうか。

　もっとも，具体的争訟の要件が満たされなければ，まったく裁判所が判断できないというわけでもない点に注意しなければならない。具体的な権利利益の侵害を受けていなくても地方公共団体の違法行為を裁判で争うことができる住民訴訟のような制度があるからである。住民訴訟の例として，政教分離の問題が挙げられる。たとえば，地方公共団体が特定の宗教に公の土地を無償で貸した場合，直接的には誰も損害を受けていないので，訴訟を提起することができない。けれども，そうした行為は政教分離に反する可能性があり，裁判で争うべきともいえる。そこで，具体的な権利利益の侵害を受けていなくても，地方公共団体の違法行為を裁判で問うことができるようにしたのが住民訴訟である。

　このような，具体的事件を前提としない訴訟制度のことを**客観訴訟**という。客観訴訟には，住民訴訟の他に，選挙人という資格に基づいて提訴できる選挙訴訟などがある。選挙の勝敗には立候補者しか直接の関係がないが，選挙人も選挙の行方には一定程度関係があり，訴訟を提起できるようになっている。客観訴訟については，直接，本人の具体的な権利義務に関する問題ではないことから，具体的争訟に当たるとはいえない可能性があるため，司法権の範囲を逸

脱しているのではないかという問題がある。

　そこで，司法権が法の支配の担い手であることに着目し，法原理機関たる機能を果たすものとみなすことによって，客観訴訟を司法権の範囲に取り込もうとするアプローチがある。それによれば，司法権は，裁判所に持ち込まれる事件をきっかけとして，法の客観的意味を探りながら，当該紛争を解決することで，法秩序や法原理を維持する役割を担うことになる。とりわけ，司法権は，多数派の代表である政治部門とは異なる観点から，憲法の保障する個人の人権の尊重や法原理を実現するという役割を担う。司法権は，法を軸にしながら，多数派の決定によっても侵すことができない個人の人権を守ることで，法の支配を実現していくことが要請される。つまり，裁判という作用を通じて，人権保障を中心とした法の支配の中身を実現していくというのが司法権だとしたうえで，そうした司法権の任務に関連する限り，客観訴訟も司法権の対象となりうると考えるわけである。

　もっとも，司法権の行使には様々な限界もあり，次の Unit ではそれを考えることにしよう。

Check Points

□　司法権は，法の支配を実現するための機関であり，主として裁判を通じて人権保障を行う機関である。

Unit 10
裁判所2 ── 司法権の限界

■ Topics ■　司法の不得意分野？

　Unit 9 では，何か法的な問題が起きた際に，法を適用してこれを裁定する
のが裁判所の役割だということを学んだ。それでは，法律上の争訟に該当する
事件であれば，裁判所はすべて審査すべきなのだろうか。

　たとえば，国の安全保障に関わる事件を考えてみよう。近年，日本は自衛隊
を国連平和維持活動（PKO）に参加させるようになり，そこでの活動範囲も
広がる傾向にある。しかし，場合によっては戦争に巻きこまれてしまうなど憲
法9条との関係で問題が生じる可能性もある。もし，その合憲性をめぐる事
件が法律上の争訟を満たす形で裁判所に提訴されたとき，安全保障の分野に詳
しいとはいえない裁判所が，その合憲性を審査すべきだろうか。

　この Unit では，このような司法の限界について考えてみる。

1　司法権の限界

> 　法律上の争訟に当たる事件であれば，裁判所はすべて判断できるのだろう
> か。

●● ①　政治的な問題 ●●

　Unit 9 で学んだように，司法権はいわゆる法律上の争訟の要件を満たす事
件であれば，それを審査することができる。しかし，法律上の争訟に当たる事
件であればすべて審査すべきかというと，必ずしもそうではない。事件の内容
によっては，国会や内閣（政治部門）の専門分野の問題があるからである。そ

れは，ある意味裁判所の不得意分野でもあり，政治部門の判断に任せたほうが
適切な判断を行うことができる。自衛隊を PKO に参加させるべきかどうか，
国会でどのような採決方法をとるべきかなどは，政治部門が決める問題であ
る。もし法律上の争訟として裁判所に上がってきても，裁判所には適切な判断
を下すための物差しがない。

▶▶安全保障

　たとえば，安全保障の問題について考えてみよう。安全保障の仕組みを決め
るのは政治部門の仕事である。どの国とどのような同盟を結ぶか，国際平和を
実現するためにどのような外交を行っていくかについて，憲法は政治部門に任
務を割り当てている（73 条 2 号および 3 号など）。また，政治部門はこうした任
務を果たすために必要な人材，予算，組織などの資源を持ち合わせているた
め，専門的な判断を行うことができる。もし法的判断のみを専門とする裁判所
がこうした問題について判断すると，政治部門の権限に介入してしまい権力分
立に反するおそれが生じることに加え，政治部門が描く安全保障の計画に支障
が生じてしまい，国の安全を損ないかねない。

▶▶政治の世界

　また，政治のフォーラムにおける決定についても，裁判所が口を出さないほ
うがよい場合がある。たとえば，国会において議場が混乱している状況で議決
が行われた場合，その議決によって何らかの不利益を被る者が議決の無効の訴
えを提起したケースを考えてみよう。裁判所は，この問題について判断すべき
だろうか。もし，裁判所がこの問題について判断してしまうと，この種の問題
が次々と裁判所に持ち込まれるようになり，裁判所が政治の世界に巻き込まれ
てしまうおそれがある。そもそも議決の有効性は政治的にしか判断できない事
項であるとすれば，それを裁判所が法的に判断することは難しいだろう。

●● ②　統治行為論 ●●

　このように，政治性の強い問題について裁判所が法的判断を控えるアプロー
チを**統治行為論**という。もともと裁判所は選挙で選ばれた機関ではなく，その
任務は法的判断を行うことにあるため，政治性の強い問題についてはたとえ法
的紛争であってもそれを担当する政治部門の判断に任せるべきというのがその

理由である。簡単に言ってしまえば，裁判所の法的判断によって解決しようと思えばできないことはないが，それよりも政治部門の判断に任せたほうがよいだろうということである。

　何が統治行為に当たるかを説明することは難しいが，その問題が政治部門の任務であることが前提となるだろう。たとえば，次の選挙はいつにするか，いつ解散を行うかなどは政治の領域の問題である。これらの問題が裁判になった場合に裁判所が判断してしまうと，政治部門の仕事に司法が余計な口出しをする形となり，個別の事件の枠を超えて国全体に大きな影響が及ぶおそれがある。そのため，政治部門に任せるべきだというわけである。

　統治行為論の法的根拠となるのが権力分立である。裁判所が政治部門の専権事項について判断してしまうと，他の機関の権限を侵害することにつながり権力分立に違反するおそれがあるということである。また，裁判所が判決を下すことによって社会に重大な影響を与えてしまうおそれがあるため，判断を控えるべきという理由も挙げられることがある。

> **Check Points**
> □　裁判所は，たとえ法律上の争訟に当たる事件であっても，高度な政治性を有する場合には法的判断を行わない場合がある。

2　統治行為に関する判例法理

> 　高校の授業では，日米安全保障条約（安保条約）の合憲性が裁判になり，最高裁は判断を避けたと習ったが，最高裁が合憲性の判断に踏み込まなかったのはなぜだろうか。

●● ①　安保条約に関する司法審査 ●●

　近年，グローバル化の波が勢いを増しているが，その一環として国際条約の重要性が増してきており，条約数は増え続ける傾向にある。条約は，日本と外国の関係を内容とすることから政治的性格が強いため，憲法も内閣に条約締結権を与え，国会にその承認権を与えている（73 条 3 号）。したがって，そこに司法が絡む余地は少ないように見えるが，条約の中には，一般市民の生活にも影響をもたらすものがあり，それが法的紛争として裁判になることもありうる。このとき，裁判所はどこまで判断することができるだろうか。特に，国の安全保障に関わる条約のように政治性が強い問題について，裁判所は判断することができるのだろうか。

▶▶砂川事件

　そのリーディングケースが有名な砂川事件である。砂川事件は，日本に駐留するアメリカ軍の基地拡張に反対するデモ隊が基地の柵を壊して中に立ち入ったために逮捕・起訴された事件である。裁判において被告人側は，そもそもアメリカ軍の駐留やその根拠になっている安保条約が憲法に反するとして無罪を主張したことから，憲法に反するかどうかが争点となった。1 審では安保条約を違憲と判断したため，最高裁の判断に注目が集まった（砂川事件 1 審判決〔東京地判昭和 34・3・30 下刑集 1 巻 3 号 776 頁〕）。しかし，最高裁はその判断を避け，安保条約の合憲性について判断を示さなかった（最大判昭和 34・12・16 刑集 13 巻 13 号 3225 頁）。ここまでは，聞いたことがある人もいると思うが，重要なのは最高裁が判断しなかった理由である。

▶▶最高裁の判断

　最高裁によれば，安保条約が国の存立に関わる高度に政治的な問題であり，その合憲性をめぐる法的判断は条約締結権や承認権を持つ政治部門の政治的判断と表裏一体の関係にあるという。そのため，このような高度に政治性のある問題は純粋な法的問題を専門とする裁判所の判断には原則としてなじまないとした。つまり，この問題は裁判所の専門分野ではないので，それを専門とする機関の判断に任せるとしたのである。

　この判断を見ると，法的紛争であっても高度な政治的問題が絡んでいて，そ

101

れが政治部門の権限に属する事柄である場合，裁判所は判断しないといっているように見える。ただし，それはあくまで原則として判断になじまないといっているだけで，この判決には続きがある点が重要である。最高裁は，高度に政治性のある問題であっても，明らかに違憲であるといえるような場合には判断に踏み込む余地があることに言及した。

　以上の判断をまとめると，高度に政治性のある問題が裁判になって，しかもその権限が政治部門に属する問題であった場合，裁判所は明らかに違憲であるというような場合は判断を行うが，そうでなければそれを担当する政治部門の判断に任せるというスタンスを表明したのである。

●●　②　衆議院の解散についての司法審査　●●

　砂川事件で最高裁は，高度に政治性を帯びた事件についてはそれを担当する政治部門の判断にゆだねるとする法理を形成したが，それと同時に，違憲であることが明らかである場合には判断を行うことがあるとした。このような例外的事項に該当するケースはいまだ現れていないが，それとは逆に，例外があることに言及しなかった事件がある。それが，純粋な統治行為論と呼ばれる法理を提示した苫米地事件（最大判昭和 35・6・8 民集 14 巻 7 号 1206 頁）である。

▶▶苫米地事件

　苫米地事件は，吉田内閣が衆議院から不信任案を突き付けられていないにもかかわらず，衆議院を解散したことが問題となった事案である。解散によって議員の職を喪失してしまった議員が解散の無効と歳費の支払を求めて訴えを提起した。原告（議員）は，憲法は内閣が解散できる場合を不信任案が可決されたときに限定していたのであって（69条），今回の解散は不信任案が可決されていないのだから，憲法に反して無効であると主張したのである。

▶▶最高裁の判断

　しかし，最高裁は，解散の有効性をめぐる問題は高度に政治的な問題であるため，審査することができないとした。最高裁によると，司法権には権力分立に基づく限界があり，高度に政治性のある国家行為はたとえそれが法律上の争訟となっていても司法の審査権の外にあり，その判断は国民に対して政治的責任を負う政治部門にゆだねられるとする。解散について考えてみると，それは

一時的に衆議院を停止し，その後の選挙で新たな衆議院および内閣を創設するに至るという重大な行為であり，かつ内閣が国民の総意を問うために行われることが多いことからしても，きわめて政治性の高い問題である。解散が国家統治の基本に関わる高度に政治性のある問題であり，内閣の助言と承認に基づいて行われている以上（憲 7 条 3 号），裁判所はその有効性について判断することはできないとしたのである。

　本件では例外があることについて言及していないことから，裁判所はこの問題について審査できないことを表していると理解されており，その意味で，純粋な統治行為論を示したケースとみなされている。

●●　③　国会の議事手続についての司法審査　●●

　苫米地事件判決により，統治行為論が確立されたかのように思われたが，その後の最高裁は高度に政治性のある問題であっても統治行為論を用いず，別の角度から政治部門の判断を尊重する傾向にある。

　その代表例が警察法改正無効事件（最大判昭和 37・3・7 民集 16 巻 3 号 445 頁）である。この事件は，警察法の改正をめぐり国会が紛糾している最中に会期延長が行われ，そのまま警察法の改正が可決されたことから，法改正の有効性が問われた事件である。そのため，裁判所が国会内部の手続の有効性を判断することができるかどうかが問われることになった。これについて最高裁は，改正法は両院において議決を経たものとされ適法な手続によって公布されている以上，裁判所は両院の自主性を尊重して，議事手続の有効性については判断しないとした。

●●　④　統治行為論の問題　●●

　このように，裁判所は高度に政治的な問題や国会の自律的事項に関する問題については政治部門の判断にゆだねる傾向にある。しかし，政治的色彩が濃い事件だからといって判断しないことは司法権の任務放棄ともなりかねない。

　そのため，政治部門の判断を尊重するとしても，統治行為論のような抽象的な法理を用いるのではなく，自律の問題や裁量の問題など具体的な問題を提示すべきであるとの見解が有力である。また，最近では裁判所が統治行為論を使

わない傾向にあり，統治行為論は使える場面がほとんどないのではないかという議論も出てきている。

Check Points

□　裁判所は，高度に政治性のある問題で政治部門が判断権を有している場合には，判断を行わないことがある。

□　統治行為論に対しては批判も多く，自律の問題や裁量の問題で処理すべきであるとの見解が有力である。

3　部分社会の法理

　裁判所は，組織や団体の内部的問題について審査することができるだろうか。

●●　①　部分社会　●●

　裁判所が判断を控える分野には，**部分社会**と呼ばれる領域がある。団体内部のように，その中で通用する独自のルールを作り，問題が起きたときにはそのルールに基づき解決しているような領域のことである。このような領域では団体内部の独自のルールに従って解決したほうが適切であり，内部事情を知らない裁判所が余計な口を挟むと内部の秩序に悪影響をもたらしてしまうおそれがある。

　たとえば，大学内部で生じる法的紛争が挙げられる。法学部1年生のAさんは，自由選択科目である比較憲法の単位を落としてしまった。Aさんは，毎回授業に出て，試験にも手応えを感じていたにもかかわらず落とされてしまったので，学校側に抗議したが，「再チェックしたが成績に変更はない」という回答が返ってきた。そこでAさんが単位認定を求めて裁判所に提訴した場合，裁判所は判断してくれるだろうか。

　このとき，Aさんは自らの必修単位を落とされているので，単位認定に関する利益を有しており，かつ裁判所が単位認定の確認を行うことにより法的に解決する余地があるので，法律上の争訟に当たるように見える。しかし，本来，この種の問題は大学の内部的解決にゆだねるべき事項ともいえ，裁判所が口を出すべきではないという考え方もありうる。

●● ②　富山大学事件 ●●

　この問題に関するリーディングケースが，富山大学事件（最判昭和52・3・15民集31巻2号234頁）である。この事件は，学部長により授業を停止された科目を履修し続けた学生が担当教授から合格判定を受けたところ，大学側に単位を認定されなかったことから，単位認定を求めて提訴したという事件である。大学という内部的自治が任されている領域で，しかも単位認定という内部的作用について，裁判所が判断できるか否かが争点となった。

　最高裁は，司法権の対象となる「法律上の争訟」（裁3条）は，あらゆる「法律上の係争」を指すわけではないとする。最高裁は法律上の係争であっても，事柄の性質上，司法審査の対象外に置いたほうが適切なものがあるという。それは特殊な部分社会における問題であり，それが一般市民法秩序と直接の関係を持たない内部的問題にとどまる限り，自主的判断にゆだねるべきであるとする。そのため，単位認定の問題は一般市民法秩序と関係がない限り大学内部の問題として処理すべきであるとした。

●● ③　部分社会の法理 ●●

　このような最高裁のアプローチを部分社会の法理という。一定の内部的問題は，それが一般市民法秩序における法律関係に直接の影響を及ぼさない限り，裁判所は介入すべきではないという法理である。したがって，先のAさんの主張は部分社会の法理によって司法判断がなされない可能性が高い。

　もっとも，一般市民法秩序に関わる事案であれば，裁判所が判断する可能性が残っている。何をもって一般市民法秩序というのかについては，最高裁の判決からは明らかではないが，会社役員の地位や資格の認定・取消し，不動産の所有権をめぐる問題など一般社会において重要な法律関係等を指すものと考え

られる。富山大学事件では，単位認定の問題であっても，特定の単位取得が法的資格の要件とされるような場合には司法判断の対象になりうる可能性が示唆されている。また，あわせて問題となっていた専攻科修了の認定について，最高裁は司法判断を肯定している。そのため，単位認定のような内部的問題であっても，一般社会における法律関係に影響をもたらすような場合には司法判断が下されることもある。

●● ④ 地方議会の問題 ●●

とはいえ，部分社会は大学に限られるわけではなく，その他の領域でも適用されている。富山大学事件判決が部分社会の法理を述べるくだりで引用した地方議会議員の懲罰に関する判例（最大判昭和35・10・19民集14巻12号2633頁）もそうである。この事件では，地方議会議員の懲罰決議（3日間の出席停止）の有効性が争われた。最高裁は，法律上の係争の中には内部的自治にゆだねたほうがよい問題があり，地方議会議員の除名ともなれば身分の喪失に関わる重大事項であるから司法判断が必要になるが，出席停止のような懲罰は司法が判断するべきではないとした。

しかし，2020年，最高裁は岩沼市議会出席停止判決（最大判令和2・11・25民集74巻8号2229頁）において約60年ぶりに先例変更を行い，地方議会議員の出席停止が司法審査可能なものであるとした。判決は，出席停止処分を受けると，その議員はその間議事に参加して議決に加わるなどの議員としての中核的な活動を行えなくなり，議員としての責務を十分に果たすことができなくなるため，懲罰の適否を議会の自律的判断に任せるわけにはいかず，司法審査の対象にすべきとしたのである。

それ以外に，政党や弁護士会等は内部的自律性が高く，司法審査が及びにくい領域と認識されている。

Check Points
☐ 裁判所は, 内部的自治によって処理されるべき問題については, 部
分社会の法理によって判断しない傾向にある。

4 司法権と憲法訴訟

司法は憲法の番人であるといわれるが, それはどういうことだろうか。

●● ① 司法権の役割 ●●

ここまで, 司法権の限界について述べてきたが, これは司法権の役割を限定
的に捉えるべきということではない。統治行為や部分社会など, 司法権の行使
を控えたほうがいいケースもあるが, それはあくまで例外であり, 原則として
司法は法律上の争訟を満たす事件について判断を下さなければならない。

また, 司法は「**憲法の番人**」という重要な任務を負っていることも忘れては
ならない。司法が憲法の番人と呼ばれるのは, 憲法 81 条が最高裁 (裁判所) に
違憲審査権を付与しており, 司法権が憲法の見張り役を担っていると考えられ
ているからである。違憲審査権とは, 国が憲法違反の行為を行っていないかど
うかをチェックする権限をいう。つまり, 司法は憲法を守る役割, 言い換えれ
ば**憲法保障**の役割を担っているのである。

●● ② 司法権の専門 ●●

その際, 裁判所は憲法の意味を明らかにするという作業 (=**憲法解釈**) も行
う。憲法に限らず, 法の意味を明らかにすることは裁判所の得意とするところ
である。なぜなら, 裁判所は, 法の意味を明らかにすることによって法的紛争
を解決するからである。また, 裁判所のメンバーは基本的に法律の専門家であ
り, 法解釈を得意とする集団である。そのため, 司法権は憲法解釈に優れた機

107

関ということができる。このように，司法権は憲法保障という重要な役割を担うと同時に，憲法解釈に長けた機関なのである。

●● ③　付随的違憲審査 ●●

司法は国家行為が憲法に反するかどうかをチェックするが，具体的な事件が起きていないと審査できない。Unit 9 で述べたように，司法権は具体的な争訟を扱う機関であることから，憲法判断をするにしても具体的な事件に伴う形でこれを行うことになる。このことを**付随的違憲審査制**という。なお，国によっては，ドイツなどのように，憲法裁判所を設けて，具体的な事件が起きていなくても法律の違憲審査を行う制度をとっているところもある。

●● ④　違憲審査の対象 ●●

憲法 81 条が違憲審査の対象を法律，命令，規則，処分と定めていることから，これらの国家行為は違憲審査の対象となる。この中には条約や判決などの文言が見当たらないが，それらが違憲審査の対象になるかどうかという問題がある。条約については憲法が最高法規である以上その対象とされてしかるべきであるという見解が有力であり，判例も違憲審査の対象になるとしている（前掲砂川事件）。判決についても処分の一種であるとして違憲審査の対象になると考えられている（最大判昭和 23・7・7 刑集 2 巻 8 号 801 頁）。また，立法行為（立法の作為や不作為）が違憲審査の対象になるかどうかという問題もあるが，最高裁は一定の場合には立法行為も違憲審査の対象になるとしている（最判昭和 60・11・21 民集 39 巻 7 号 1512 頁）。なお，違憲審査権は最高裁のみならず，下級審も行使することができる（最大判昭和 25・2・1 刑集 4 巻 2 号 73 頁）。

●● ⑤　憲法判断の方法 ●●

裁判官は選挙で選ばれたわけではないので，裁判所は政治部門と比べて民主的正当性が弱い。そのため，積極的に違憲判決を下すことは民意を頻繁に覆すことにつながり，政治部門との緊張を高めてしまう。そのため，裁判所は不用意に憲法判断を行うべきではなく，また憲法判断を行う場合でもできるだけ法令を生かす方法（解釈）をとるべきであるといわれる。このような要請は**憲法**

判断回避の準則と呼ばれており，アメリカのブランダイスルールに由来する。法令の違憲性の疑義を解消する解釈手法は**合憲限定解釈**といわれており，税関検査事件（最大判昭和 59・12・12 民集 38 巻 12 号 1308 頁）や広島市暴走族追放条例事件（最判平成 19・9・18 刑集 61 巻 6 号 601 頁）などがその手法を用いている。

　違憲判断を行う場合，法令を違憲とする方法（**法令違憲**），法令の適用を違憲とする方法（**適用違憲**），処分を違憲とする方法（**処分違憲**）とに分かれる。最高裁は法令違憲を原則とすべきであるとしており（猿払事件〔最大判昭和 49・11・6 刑集 28 巻 9 号 393 頁〕），適用違憲は下級審の判断においてみられるにすぎない。法令違憲の場合は全部無効と部分無効がある。全部無効は文字どおり当該事件で問題となった条文を丸ごと違憲無効にするというものである。たとえば森林法違憲判決（最大判昭和 62・4・22 民集 41 巻 3 号 408 頁）は森林法 186 条が違憲とされ，それを受けて国会は当該規定を削除した。一方，部分無効は当該条文をすべて違憲にしてしまう必要がなく，またそれが当事者の救済にもならない場合に，条文の違憲となる部分だけを無効にするものである。国籍法違憲判決（最大判平成 20・6・4 民集 62 巻 6 号 1367 頁）や郵便法違憲判決（最大判平成 14・9・11 民集 56 巻 7 号 1439 頁）においてみられた手法である。適用違憲は，理論上，①合憲限定解釈が不可能であった場合，②合憲限定解釈が可能であるにもかかわらず違憲的に適用した場合，③法令そのものは合憲であるが法令の執行が違憲であった場合の 3 類型に分けられるといわれる。処分違憲については，愛媛県知事玉ぐし料奉納事件（最大判平成 9・4・2 民集 51 巻 4 号 1673 頁）などのように特定の行為が問題になる場合が挙げられる。ただし，適用違憲（特に③）と処分違憲の区分は難しく，第三者所有物没収事件（最大判昭和 37・11・28 刑集 16 巻 11 号 1593 頁）の違憲判断のようにいずれに属するかが明らかではないものがある。

●● ⑥　違憲審査基準　●●

　裁判所が憲法適合性を判断する際，その指針となる基準がなければ，裁判官が恣意的に判断してしまい，判決の安定性や予測可能性が損なわれるおそれがある。また，基準の提示は裁判官がどのような論理で憲法適合性を判断したのかを明らかにする効果もあり，判決自体の説得力を強化し，当事者の納得にも

寄与する側面がある。

　ただし，最高裁はこれまで積極的に違憲審査基準を定立してきたとはいえない。事案によっては薬局距離制限事件上告審判決（最大判昭和50・4・30民集29巻4号572頁）や在外国民選挙権事件（最大判平成17・9・14民集59巻7号2087頁）のように違憲審査基準らしきものを提示することもあるが，少なくとも「○○の基準」といったような形で違憲審査基準を提示したことはない。また，堀越事件（最判平成24・12・7刑集66巻12号1337頁）の千葉勝美裁判官の補足意見が，最高裁は違憲審査基準ではなく事案ごとに比較衡量して判断していると指摘したこともあり，最高裁は違憲審査基準を使っていないのではないかという見立ても有力である。

　しかし，最高裁が事案類型ごとにそれに見合った違憲審査基準らしきものを用いていることは確かであり，学説がそれを違憲審査基準という形で浮かび上がらせることは重要な作業である。違憲審査基準の種類については問題となる権利ごとに異なり，それに応じて様々な基準が存在するが，学説上は**厳格な基準，厳格な合理性の基準**（または中間審査基準），**緩やかな基準**などに大別される。なお，学説上はアメリカ流の審査基準とドイツ流の三段階審査（およびそれに伴う比例原則）の対立があるが，日本の判例は独自の展開を見せているところがあり，日本の判例が採用している内容を把握しつつ，比較的考察を行うことでその内容を向上させていく必要がある。

●●　⑦　違憲判決の効力　●●

　憲法98条が憲法に反する行為を無効とみなしている以上，最高裁が違憲判断を下した場合にはその行為は無効になるはずである。しかし，法令違憲の判断によって，ただちにその法令が無効になるかどうかについては争いがある。なぜなら，付随的違憲審査制をとっている以上，最高裁が無効にできるのは当該事件に関してのみであって，当該事件を超えて一般的にその法令を無効にできるわけではないともいえるからである。また，当該事件を超えて一般的レベルにおいて法令が無効になると司法権が他の機関よりも上位に立つことになり，権力分立上の問題が生じる。そのため，違憲判決によって法令を客観的・一般的に無効にする**一般的効力説**ではなく，違憲判決の効力は当該事件にとど

まるとする**個別的効力説**が有力である。もっとも，最高裁が法令違憲の判断を行った場合，国会がそれに対応して法改正などを行うことが実務上の慣行になっている。尊属殺違憲訴訟（最大判昭和 48・4・4 刑集 27 巻 3 号 265 頁）だけはその例外であり，刑法 200 条が平成 7 年まで残されたが，その間検察庁は刑法 200 条を適用しないという運用を行った。

　なお，最高裁は時に違憲と判断した場合でもただちに違憲無効とせずに，問題となった行為自体を有効とすることがある。これは**事情判決の法理**と呼ばれるものであり，一票の格差をめぐる訴訟においてみられる手法である。

Check Points

□　司法は国家行為について違憲審査権を行使して憲法に適合するかどうかをチェックし，憲法を守る役割を担っている。

Unit 11

地方自治

■ Topics ■　市町村合併

　1990年代後半から2000年代初めにかけて，市町村の統廃合が相次いで行われた。これは「平成の大合併」と呼ばれている。これにより，1999年には3232あった市町村は，2014年には1718にまで減少した。

　合併の目的は主に，地方での人口減少や高齢社会に伴う負担増に対処することである。合併により自治体が広域化することによって，行政の効率化が図られたり，財政基盤が安定したりするメリットがある。他方，住民の側から見ると，これまで慣れ親しんだ地名が変わったり，場合によっては，自治体そのものが消滅したりするなど，簡単に割り切れない面がある。また，合併で大きくなった自治体では，受けられる行政サービスが変化したり，住民の声が届きにくくなったりするのではないかとの問題点も指摘されている。ここでは，合併後の地方自治のあり方が問われていると言えるだろう。

　このUnitでは，地方自治とは何か，日本国憲法は地方自治についてどのような定めを置いているのかを確認することにしよう。

1　国と地方との関係

　憲法は，統治団体として地方公共団体（地方自治体）の存在を認めているが，どのような役割を担っているのか。国と地方との関係はどのようなものか。

●● ①　「地方」の存在　●●

▶▶国と地方

　これまでの Unit で扱った国会，内閣，裁判所は，国の統治機構であった。これらの機関は，国レベルの政治，行政，司法を行うために置かれている。

　他方で，憲法は「地方自治」と題する章（第8章）を置いており，国の中に**「地方公共団体」**という団体が存在することを認めている（92条）。地方公共団体という言葉そのものには，なじみがないかもしれない。しかし，東京都や福岡県などの都道府県や，大阪市や那覇市などの市町村のことであると言われると，具体的なイメージをつかめるであろう。そうすると，私たちは日本国の国民であるとともに，各々の地方公共団体の住民でもあることになる。なお，地方公共団体は，**地方自治体**あるいは単に**自治体**と呼ばれることもある。

　都道府県と市町村にはいずれも，議事機関としての議会と執行機関としての長（知事や市町村長）が置かれ，議員や長（「首長」とも呼ばれる）はともに住民の選挙で選出されることになっている（憲93条2項）。つまり，私たちは，国民として国の政治のあり方を決めていると同時に，住民として地方自治体の運営にも関わっているのである。

▶▶地方自治法

　憲法は地方公共団体（地方自治体）の存在を認めているが，「地方自治」の章にはわずかに4つの条文しか置かれていない。しかし，これだけで地方自治制度のすべてを規律するのは不可能であろう。このため，憲法が施行されるのとほぼ同時に，**地方自治法**という法律が制定された。そこで，憲法と地方自治法との関係が問題となるが，憲法は地方自治の原理を定めており，それを受けて地方自治法が具体的な地方自治の制度を規定している，と理解しておくとよい。

●● ②　国と地方の役割分担　●●

▶▶国の役割，地方の役割

　このように，憲法は日本の統治団体として国と地方自治体を置いている。どちらも政治や行政を行うが，その役割分担はどうなっているのか。まず，国の

役割を考えてみよう。国の行うことは国民全体に関わることなので，国の対外
関係に関する事柄や全国的に統一的に行われるべき事務を行うのに適してい
る。防衛，外交，通貨の管理，司法などがそれに当たるであろう。

　他方で，地方自治体は，住民にとって最も身近な統治団体であるため，住民
生活に関連した事務やその地域の特性に応じた事業を行うのに適している。た
とえば，消防については市町村が（西宮市消防局など），警察については都道府
県が（兵庫県警など）それぞれ責任を負っている（街で消防車やパトカーを見たと
きに確認してほしい）。また，公教育に関しても，多くの場合，小学校と中学校
は市町村が，高等学校は都道府県がそれぞれ運営している（かつて通った学校
が，市立○○小学校や，県立□□高等学校であったことを思い出してほしい）。

▶▶補完性の原理

　それでは，国と地方との役割分担は，どのような基準で決められるのか。こ
の点について憲法の立場は明らかでないが，国と地方の役割についての1つの
考え方として，**補完性の原理**（principle of subsidiarity）と呼ばれるものがある。
これは，国の活動は地方自治体では対処できない事柄に限られるべきという考
え方である。すなわち，一番小さい単位である市町村でできることはまず市町
村が行い，市町村でできないことは都道府県が行い，そして，都道府県ででき
ないことを国が行うようにすべきだということである。この考え方は，公共的
な事柄はできる限り個人に近い地方自治体で行われるべきという考え方を前提
としており，国の役割は，文字どおり，地方自治体を「補完する」ことにあ
る。この点について，地方自治法では，「住民に身近な行政はできる限り地方
公共団体にゆだねることを基本」とすると定められており（1条の2第2項），
補完性の原理に近い考え方が示されている。

●● ③　地方自治体の事務 ●●

▶▶機関委任事務の廃止

　住民により身近な地方自治体の本来の任務は，地域のニーズに応え，住民の
福祉の増進を図ることであろう。ところが，かつての地方自治法において，地
方自治体は国の下請け機関としての側面が強く，このため国の事務の処理に追
われていた。それは，**機関委任事務**という制度があったからである。機関委任

114

事務とは，知事や市長などの地方自治体の首長を国の機関として，国の事務を委任して執行させるという仕組みである。実際，この機関委任事務は，都道府県ではその処理する事務の7～8割，市町村でも3～4割を占めていたと言われている。

　しかし，住民から選挙された知事や市長などを国の機関として働かせるのは，本来，望ましいことではない。そこで，1999年のいわゆる**地方分権一括法**によって，機関委任事務は廃止され，地方自治体の事務は，次に見る**法定受託事務**と**自治事務**に再編されている。

▶▶法定受託事務と自治事務

　法定受託事務とは，国が本来果たすべき役割に関するものであるが，法律によって地方自治体にゆだねられた事務である。たとえば，国会議員の選挙事務がこれに当たる。衆議院議員選挙や参議院議員選挙といった国政選挙は，その名が示すとおり，本来，国に関することであるが，投票用紙の交付，投票所の設置，開票作業などの選挙事務は，地方自治体の選挙管理委員会が行っている。このほか，旅券（パスポート）の交付や国道の管理なども国の事務であるが，法定受託事務として地方自治体が処理している。

　自治事務は，地方自治体が処理する事務のうち法定受託事務以外の事務である。自治事務には多種多様な事務が含まれるが，たとえば，都市計画の決定，飲食店営業の許可，病院・薬局の開設許可などがある。

115

Check Points
- ☐ 憲法は，統治団体として国と地方公共団体を規定している。
- ☐ 国と地方との役割分担を表す原理として，補完性の原理がある。
- ☐ 1999年の地方分権一括法によって，従来の機関委任事務が廃止され，地方自治体が行う事務は，法定受託事務と自治事務に再編された。

2　地方自治の基本原理

> 地方自治の基本原理は何か。

●● ①　地方自治の本旨 ●●

▶▶「地方自治の本旨」とは？

　それでは，憲法は地方自治に関してどのような原理を定めているのか。「地方自治」の章の冒頭に置かれている憲法92条では，地方自治体の組織と運営が「地方自治の本旨」（principle of local autonomy）に基づくべきことが定められている。「本旨」とは，辞書的には「本来の趣旨」という意味であるが，この言葉の英訳が示すとおり「原理・原則」のことであると理解しておけばよい。

▶▶団体自治・住民自治

　それでは，「地方自治の本旨」とは何か。これには一般的に，2つの要素があるとされている。第1の要素は，地方自治体は自治権を有するという**団体自治**である。これは，地方の事務は国から独立した団体が処理すべきことを意味する。第2の要素は，地方自治体での意思形成に住民が参画するという**住民自治**である。これは，地方の事務処理は住民の意思に基づくべきことを意味する。このうち，団体自治は国から干渉を受けないという意味で自由主義の考え方に，他方，住民自治は住民の意思を尊重するという意味で民主主義の考え方に基づく原則であると考えられている。

●● ②　地方自治権 ●●

▶▶自治権の内容

　「自治権がある」とは具体的にはどういうことなのか。それは，自らでルールを設定し（自主立法権），それを執行し（自主行政権），維持できること（自主司法権），さらには，自らの共同体を運営するための経費を調達できること（自主財政権）である。実際，独立した国家はこのすべての権能を備えており，そ

れらの権能を行使させるための機関（国会，内閣，裁判所など）を設置している。

　憲法 94 条は，地方自治体の権能として，財産の管理，事務の処理，行政の執行，条例の制定を挙げている。これらは，それぞれ自主財政権，自主行政権，自主立法権に対応している。

▶▶条例制定権

　このうち，自治権との関係で特に重要なのは，自主立法権である**条例制定権**である。「自分たちのことは自分たちが決める」ことは，自治の最も重要な要素だからである。**条例**は，地方自治体が制定することのできる自主立法であり，国で言えば法律に該当するものである。もちろん，地方自治体の自主立法である以上，条例は当該自治体の区域においてしか効力をもたない。もっとも，条例は当該自治体の住民にのみ適用されるのではなく，住民でなくてもその区域にいれば何人に対しても適用される。たとえば，近年，多くの自治体で制定されている路上喫煙禁止条例（いわゆる，歩きタバコ禁止条例）を考えてみよう。条例の中には，禁煙地区に指定された路上で喫煙した者に過料を科すとするものがあるが，そのような条例は，当該自治体の住民だけでなく，その場所で喫煙を行ったすべての者に適用される。

117

　条例は広く地方自治体の事務について定めることができるが，国の法令に違反しないことが求められている（憲 94 条，自治 14 条）。

●● ③　地方自治特別法 ●●

　国が特定の地方自治体を標的として一方的に不利益を与えることはできるのか。たとえば，東京都民だけに特別に高い税金を課す法律を制定することはできるのか。国からの不当な干渉を受けないことも，地方自治の重要な要請である。

　そこで，「一の地方公共団体のみに適用される特別法」を国会が制定するには，その地方自治体の住民投票において過半数の同意を得なければならない（憲 95 条）。このような法律は，**地方自治特別法**と呼ばれる。このような仕組みは，本来，特定の地方自治体に対する不利な取扱いを排除しようとするものであるが，これまで制定されたものを見ると，むしろ財政的支援を目的とするも

のが多い（広島平和記念都市建設法〔1949 年〕など）。これまでのところ，15 の地
方自治特別法が制定されているが，1952 年以降はまったく活用されていない。

Check Points

- □　地方自治体の組織と運営は，地方自治の本旨に基づかなければならない。
- □　地方自治の本旨には，団体自治と住民自治の 2 つの要素がある。
- □　地方自治体は，自主立法として条例を制定することができる。
- □　地方自治特別法の制定には，住民投票で過半数の承認を得る必要がある。

3　地方自治体の組織

> 地方自治体の組織や統治の仕組みはどのようになっているのか。

●● ①　地方自治体の種類 ●●

▶▶二層制の構造

　地方自治法によると，地方公共団体は，**普通地方公共団体**と**特別地方公共団体**の 2 種類に分けられる（1 条の 3）。東京都の 23 区は特別地方公共団体であるが，その他の多くの地方自治体は普通地方公共団体である。

　普通地方公共団体は「地域における事務」を処理するものとされているが，これはさらに，「基礎的な地方公共団体」（基礎自治体）としての市町村と，「市町村を包括する広域の地方公共団体」（広域自治体）としての都道府県とに分けられる（2 条）。つまり，現在の地方自治制度では，市町村と都道府県による二層制が採用されている。

▶▶「道州制」は可能なのか？

　問題は，このような現在の二層制が憲法上の要請なのかどうかである。広域

自治体は，市町村よりも広い範囲で対処するのに適した事務を行うことを主な任務とするが，その単位は必ずしも現在の都道府県である必要はない。したがって，現在の都道府県制を改めて，より広域な統治団体として「道州」を設置しようとする考え方が提唱されており，このような道州制の導入が法的に許されるかが問題となっている（道州制の問題）。

　この点について，憲法はそもそも二層制に触れていない。地方自治の担い手として「地方公共団体」を規定しているだけで，都道府県や市町村を必ず置くべきかどうかさえも明らかにしていない。したがって，どのような地方自治制度にするかは基本的に立法政策に，つまり法律にゆだねられている。

　しかし，憲法による地方自治の保障が，住民に身近な行政を実現するという理念に基づくものであるとすれば，少なくとも，基礎自治体としての市町村を廃止することは許されないと考えられている。

●●　②　地方自治体の統治構造　●●

▶▶二元代表制

119

　地方自治体の統治構造は，国のものとは異なっている。第1に，国の場合，立法権を行使する国会，行政権を行使する内閣，司法権を行使する裁判所が設置されているが，地方自治体では，議事機関としての議会と執行機関としての長（知事・市町村長）は設置されるものの，司法機関としての裁判所は設置されていない。各地に地方裁判所が置かれているが，これは国の裁判所（下級裁判所）であって，地方自治体の機関ではない。

　第2に，国の場合，行政権の長である内閣総理大臣は国会議員の中から国会の議決で選出されるが，地方自治体においては，議会の議員だけでなく，知事や市町村長などの長も住民による直接選挙で選出されることが要求されている（憲93条2項）。このことは，選挙を考えてみればよくわかるだろう。国政については，衆議院議員と参議院議員という議員の選挙しか行われないが，地方については，地方議会議員選挙と首長選挙（知事選挙・市町村長選挙など）が行われている。このように，地方では，議会と首長のいずれもが住民に対して責任を負う制度が採られており，これは二元代表制と呼ばれている。

▶▶議会と首長との関係

首長が直接選挙で選出されることから，地方自治体では国とは異なり**大統領制的な統治構造**が見られる。ただし，首長には議会での議案の提出権が認められること，首長は議会への出席が義務づけられること，また，議会は首長に対する不信任案を議決し，可決された場合に首長は議会を解散することができることなど，**議院内閣制的な要素**も見られる。

●● ③ 住　　民 ●●

▶▶住民の権能

地方自治体の構成員である住民には，憲法および地方自治法によって，地方自治体の組織・運営に関する一定の権能が認められている。まず，間接的な参政の方法としては，前記のように，憲法上，住民は議会の議員と首長の選挙権を有している。また，直接請求として，地方自治法上住民には議会の解散請求権，議員・首長の解職請求権，条例の制定・改廃請求権や事務の監査請求権が認められている。これらは，一定の事項について住民の直接的な関与を認める点で，**直接民主制の理念**に基づいたものである。

▶▶住民投票

さらに近年では，住民の利害に関わる重要な問題について，**住民投票**によって住民に直接その意思を問う地方自治体が増えている。実際，原子力発電所や産業廃棄物処理施設の設置，自衛隊の配備，市町村合併の是非などをめぐって，住民投票が行われたことがある。住民投票に関する法律の規定はなく，住民投票を実施するかどうかあるいはどのように実施するかについては，地方自治体が条例で定めている（**住民投票条例**）。このため，選挙の場合と異なり，未成年者や外国人に投票資格が与えられることもある。

ところが，地方自治法上，住民投票には法的な拘束力が認められていないため，その結果どおりに物事が決まるわけではない。実際，議会や首長が住民投票の結果に従わなかった例も見られる。しかし，重要な問題について住民の意思を問うた以上，その判断はできる限り尊重されるのが望ましいであろう。

▶▶住民とは誰か？

地方自治法は，「市町村の区域内に住所を有する者」を「住民」としており

（10 条 1 項），これによると，外国人も区域内に住所を有していれば「住民」に当たる。しかし，ここから直ちに，居住する外国人に地方議会の議員や首長の選挙権が認められるわけではない。憲法 93 条 2 項は，「住民」が直接これを選挙すると定めているが，最高裁は，同条の「住民」とは，地方自治体に住所を有する「日本国民」を意味するものであり，外国人を含まないと判断した（最判平成 7・2・28 民集 49 巻 2 号 639 頁）。

　ただし，最高裁は同判決の傍論（結論に関係しない部分）で，永住外国人であり，かつ，その居住する地方自治体と特段に密接な関係を持つに至った者について，法律で地方選挙権を付与することは憲法上禁止されていないと述べた。もっとも，そのような法律はいまだ制定されていない。

Check Points
- [ ] 地方自治法では，基礎自治体としての市町村と広域自治体としての都道府県からなる二層制が採用されている。
- [ ] 地方自治体の統治構造は，議員と長がともに住民の直接選挙で選出される二元代表制である。
- [ ] 住民には，解職請求や条例の制定・改廃請求など，地方自治体の組織や運営に直接関与する権利が認められている。
- [ ] 地方自治体の重要な事項を決めるにあたり，住民に直接その意思を問う住民投票が行われることがある。

Unit **12**

戦争放棄と自衛隊

■ Topics ■　集団的自衛権の行使容認

　2014年7月1日，政府は集団的自衛権の行使を一部容認する閣議決定を行った。集団的自衛権とは，自国と密接な関係にある外国に対する武力攻撃を，自国が直接攻撃されていないにもかかわらず，実力でもって阻止する権利のことである。集団的自衛権は，国連憲章ですべての加盟国に認められている国際法上の権利であるが，政府は従来，憲法9条があるために，「国際法上保有しているが，憲法上行使できない」という態度をとってきた。その意味で，集団的自衛権の行使容認は，日本の安全保障政策の大きな転換点になるであろう。

　戦争の反省を踏まえた憲法9条は，これまでの日本の安全保障政策に歯止めをかける重要な役割を果たしてきた。しかし近年では，日本は，自国の安全を守るだけでなく，国際社会の平和と安定にも積極的に貢献すべきだという考え方も有力になりつつある。

　この Unit では，憲法9条のこれまでの役割とこれからの展望について，考えてみることにしたい。

1　平和主義の理念と現実

　　日本国憲法は平和主義について，どのような規定を置いているか。

▶▶平和主義の理念

　日本国憲法は，第二次世界大戦の深い反省に基づいて，平和主義の理念を掲げている。憲法前文には，日本国民が「政府の行為によって再び戦争の惨禍が起ることのないようにすることを決意」して憲法を制定したことが記されてい

る。また，同じく前文は，今後の日本の安全保障について「平和を愛する諸国民の公正と信義に信頼して，われらの安全と生存を保持しようと決意した」と述べている。これは，自国の平和と安全の確保を国際社会にゆだねること，具体的には新たに設立された国際連合（国連）に頼るという態度決定である。

そして，このような平和主義の理念を具体化したのが憲法9条である。憲法9条は，「第2章　戦争の放棄」に置かれた唯一の条文である。同条では，1項で**戦争の放棄**が，2項で**戦力の不保持・交戦権の否認**が定められている。このうち，日本国憲法が過去の戦争についての深い反省に基づいたものであるとすれば，戦争の放棄こそが9条の特徴だと思われるかもしれない。しかし，戦争の放棄は，不戦条約（1928年）で示された侵略戦争の放棄，およびその後の国連憲章（1945年）が掲げた武力行使禁止原則を踏まえたものであり，いまや確立した国際法上のルールである。つまり，憲法で書かれているか否かに関わりなく，侵略戦争はもちろん他国に対する武力行使も，原則として国際法に違反し，国際社会からの制裁を受ける。

一方，日本国憲法が一切の戦力の不保持と交戦権の否認を規定しているのは，国際法上のルールを超えるものであり，この点において日本国憲法の平和主義には大きな特徴があると考えられる。

▶▶理念と現実とのギャップ

しかし，米ソの冷戦構造という国際政治の現実の前に，平和主義の本来の理念はたびたび試練にさらされてきた。警察予備隊（1950年），保安隊・警備隊（1952年）に続き，1954年には**自衛隊**という実力組織が創設された。また，1952年の日本の独立回復と同時に発効した日米安全保障条約（安保条約）によって，日本国内への米軍の駐留が認められている。さらに，1992年の**PKO協力法**（**国際連合平和維持活動等に対する協力に関する法律**）の制定以降，海外での自衛隊の活動も認められるようになっている。これらはすべて憲法9条に関わっているため，憲法学ではそのつど，激しい憲法論議が繰り広げられた。

▶▶憲法9条の法的効力

もっとも，国の独立や安全をどのように維持するかは，高度な政治判断を伴う問題である。このため，安全保障政策は法的規律になじまないとの認識から，憲法9条に法的効力はなく，政治的な意味しかもたないという学説も見ら

123

れた（政治的マニフェスト説）。

　しかし，憲法9条が憲法本則に置かれていることからすれば，その法的効力を否定するのは妥当でないだろう。したがって，憲法9条には法的効力が認められるとする考え方が支配的である。

Check Points
□　憲法9条は，1項で戦争の放棄を，2項で戦力の不保持・交戦権の否認を定めている。
□　憲法9条には法的効力が認められる。

2　憲法9条と自衛隊

　自衛隊は，戦力の不保持を掲げる憲法9条に違反しないのか。

●●　①　学説の9条解釈　●●

▶▶憲法9条の規定

　前記のように，憲法9条は，戦争の放棄を定めた1項と，戦力の不保持と交戦権の否認を定めた2項からなる。まずは，9条の条文を見てみよう。

1項　日本国民は，正義と秩序を基調とする国際平和を誠実に希求し，国権の発動たる戦争と，武力による威嚇又は武力の行使は，国際紛争を解決する手段としては，永久にこれを放棄する。

2項　前項の目的を達成するため，陸海空軍その他の戦力は，これを保持しない。国の交戦権は，これを認めない。

　同じ条文を出発点としているにもかかわらず，学説では**自衛隊違憲論**が優勢であり，他方で，歴代の政府は**自衛隊合憲論**を展開してきた。両者はそれぞれ，どのような論理に基づいているのか。

▶▶多様な解釈学説

　まず，学説の9条解釈を見てみよう。9条解釈に関する学説は多様であるが，ここでは，議論の筋道がわかるように整理したい。

　学説の出発点は，1項である。1項は，「国権の発動たる戦争」（以下単に「戦争」という）および「武力による威嚇又は武力の行使」（以下単に「武力行使」という）を永久に放棄するとしているが，同時に「国際紛争を解決する手段としては」という条件を付けている。そこで，「国際紛争を解決する手段」の意味をどのように解するかによって，放棄の対象となる戦争や武力行使の範囲が異なってくる。

　まず，「国際紛争を解決する手段」には，侵略を目的とするものだけでなく，自衛を目的とするものも含まれると理解すれば，あらゆる戦争や武力行使が放棄される。これによると，2項で一切の戦力を保持しないと規定されるのも当然ということになる（戦争武力行使全面放棄・完全非武装説）。

　しかし，現在では，国際法上の用法に従って，「国際紛争を解決する手段」とは，もっぱら侵略を目的とするものを指し，自衛を目的とするものを含まないと理解するのが一般的である。これによれば，1項によっても自衛のための戦争や武力行使は放棄の対象とはならない。また，2項が否認する「戦力」についても自衛のためのものは除外されるのであり，したがって，自衛のための「戦力」の保持は禁止されない（戦争武力行使限定放棄・自衛戦力留保説）。

　これに対して，通説的見解は，1項については上記と同じ理解に立つが，2項が無条件に「戦力」を保持しないと定めていることから，結果的に自衛戦争を含むあらゆる戦争と武力行使が放棄されると説いている（戦争武力行使限定放棄・完全非武装説）。

　しかし，いずれの説も，国際協調主義を標榜する日本国憲法の解釈としては問題がある。国連憲章上は，「武力による威嚇又は武力の行使」自体が原則として禁止されており（武力行使禁止原則。2条4項），侵略戦争はおろか自衛戦争を行うことすら許されていない。これを踏まえると，9条1項の「戦争」を侵略戦争と自衛戦争とに分けて，前者は放棄するが，後者は放棄しないというのは，国際法の用法に照らしてそもそも妥当な解釈ではない。そこで，1項によっておよそ「戦争」についてはすべて放棄すること，そして2項によってその

125

ための「戦力」が否認されることは，当然の前提とされなければならない。そうすると，9条1項が放棄するのは，「国際紛争を解決する手段」としての武力行使，すなわち侵略を目的とする武力行使である。このような理解によれば，自衛のための武力行使は憲法上容認されており，したがって，自衛のための「武力」の保持も禁止されていない，ということになる（戦争全面放棄武力行使限定放棄・自衛武力留保説）。

●● ②　政府の9条解釈 ●●

▶▶国家固有の自衛権

　それでは，政府はどのような根拠に基づいて自衛隊を合憲と判断しているのか。政府解釈の根幹となっているのは，**国家固有の自衛権**という考え方である。これは，憲法のどこにも書かれていないが，日本が独立国である以上，当然に保有していると考えられる。つまり，外部からの武力攻撃によって，国民の生命，身体，財産が危険にさらされているときに，国がそれを放置してよいはずはなく，憲法もそのような帰結を想定しているとは考えられない，というのである。この立場は，9条がどのように解釈されるとしても，国家には固有の自衛権があると説明する。そして，そのような権利がある以上，国家は自衛のための必要最小限度の措置をとりうる。このような国家固有の自衛権という考え方は，最高裁の砂川事件判決（後述）にも見られる。

▶▶「戦力」の解釈

　このような政府の理解からすれば，国家に自衛権が認められる以上，国家は自衛のための措置をとることができるはずである。このような措置には，何らかの形での実力行使が含まれることになるが，そうすると，今度は9条2項が「戦力」の保持を禁じていることとの関係が問題になる。

　これについて政府は，日本に対する武力攻撃が発生した場合，これを排除するための必要最小限度の実力の行使は許され，また，そのための実力組織を持つことは当然に認められると理解している。そして，自衛隊は自衛のための必要最小限度の実力組織であるため，9条2項にいう「戦力」ではないとするのである。逆に言えば，自衛のための必要最小限度の実力を越える装備や編成が備われば，自衛隊は「戦力」に当たり，憲法に違反することになる。

　この政府解釈については，「必要最小限度」の意味は時代状況によって変化するので歯止めにならない，という批判が学説から向けられている。しかし，軍事技術の進展は目覚ましく，何が自衛のための必要最小限度の実力であるかも，時代に応じて異なってくるであろう。この点，政府見解で保有が禁止されているのは，たとえば，ICBM（大陸間弾道ミサイル）や攻撃型空母など攻撃的な兵器である。他方，防衛的な性格を有するものであれば，核兵器の保有も憲法上は禁止されない。「核兵器を持たず，つくらず，持ち込ませず」というスローガンで表される非核三原則は，単に政府や国会が行った政策決定にすぎず，憲法上の要請ではないとされている。

▶▶「交戦権の否認」の意味

　憲法9条2項後段は，「国の交戦権は，これを認めない」と規定している。これは，日本語から連想されるような，「国が戦争をする権利」を意味しない。これも国際法上の用法に基づいて，交戦国に対して国際法上認められる各種の権利の総体を指すものと考えられている。そのようなものとしては，相手国兵力の殺傷や破壊，相手国の領土の占領およびそこでの占領行政，また，中立国の船舶の臨検，敵の船舶の拿捕などを行うことである。そしてこの点についても，政府は，自衛のための必要最小限度の実力を行使する中で，敵国兵力の殺傷や破壊を行うことは認められると解している。

　以上見てきたように，政府解釈では，自衛のための必要最小限度の実力は「戦力」に該当せず，また，自衛のための行動をとることも憲法が禁止する「交戦権」に当たらないとされている。

Check Points
- □ 政府見解によると，憲法9条によっても，国家の自衛権は否定されていない。
- □ 自衛隊は，自衛のための必要最小限度の実力組織であるため，憲法9条が否認する「戦力」に当たらない。

3　憲法 9 条と安保条約

憲法 9 条の下で，なぜ外国軍隊の駐留が認められるのか。

●● ①　駐留米軍の合憲性 ●●

▶▶日米安全保障条約

　1952 年，日本はサンフランシスコ平和条約によって独立を回復したが，それと同時に発効したもう 1 つの条約がある。アメリカとの間で締結された日米安全保障条約（安保条約）である。この条約は，独立後の日本の防衛のために，引き続き米軍が駐留することを認めるために締結された。安保条約は当初，日本に一方的に基地の提供を求める片務的なものであったが，1960 年に新安保条約が締結されて現在に至っている。この条約において，アメリカは，日本が攻撃を受けたときに日本を防衛する義務を負うが，その代わり日本はアメリカに基地を提供し，それを米軍に使用させる義務を負うこととされた。これにより，日本国内への米軍の駐留が認められている。

▶▶砂川事件

　そこで問題となるのは，安保条約に基づいて米軍を日本国内に駐留させることが，憲法の平和主義に反しないかである。具体的には，駐留米軍が憲法 9 条 2 項の禁止する「戦力」に当たるのではないか，ということである。

　この問題が裁判で争われたのが砂川事件である。同事件は，米軍基地に侵入した行為の刑事責任が問われた事件であるが，その前提として，駐留米軍さらには安保条約が憲法 9 条に違反するかが争点となった。この事件について，1 審の東京地裁（東京地判昭和 34・3・30 下刑集 1 巻 3 号 776 頁）は，駐留米軍が憲法 9 条 2 項に違反するとした。しかし，最高裁は，憲法 9 条 2 項によって保持が禁止される戦力とは，日本が主体となって指揮権や管理権を行使できる戦力のことであり，外国の軍隊はそれに当たらないとした（最大判昭和 34・12・16 刑集 13 巻 13 号 3225 頁）。

　さらに，同判決で最高裁は，安保条約のような国の統治に関する高度の政治

性を有するものは,「一見極めて明白に違憲無効」であると認められない限り,裁判所は審査できないとの立場を示した。このような裁判所の考えは,学説では統治行為論と呼ばれている（Unit 10 参照）。

●●　②　集団的自衛権　●●

▶▶集団的自衛権とは何か

　安保条約では,日米両国が国連憲章の定める個別的または集団的自衛の固有の権利を有していることが確認されている。ここに言う集団的自衛権とは,自国と密接な関係を有する外国が攻撃されたときに,自国が直接攻撃されていないにもかかわらず,それを阻止する権利である。日本にとってこの場合の外国とはアメリカであるが,要するに,アメリカが他国から武力攻撃されたときに,日本には攻撃が及んでいない場合でも,その攻撃を阻止できるということである。

　集団的自衛権は,自国への攻撃を阻止する権利である個別的自衛権とともに,国連憲章においてすべての加盟国に認められた権利である。しかし,日本政府は,集団的自衛権について,国際法上は保有しているが自衛のための必要最小限度を超えるためにその行使は許されない,という立場を長年にわたり堅持してきた。

▶▶2014 年閣議決定

　ところが,2014 年 7 月 1 日の閣議決定において,政府は,日本をめぐる安全保障環境が変化したことを主たる理由に従来の憲法解釈を変更して,集団的自衛権の行使を一部容認する立場に転向した。「一部」というのは,集団的自衛権の「全部」を行使するわけではないという意味である。従来の政府解釈では,自国が攻撃されたとき（武力攻撃事態など）にしか自衛権発動は認められなかったが（個別的自衛権）,解釈変更後は,日本が攻撃されなくても,日本と密接な関係を有する他国に対する武力攻撃が発生し,これにより日本の存立が脅かされて,国民の生命,自由および幸福追求の権利が根底から覆される明白な危険がある場合にも,自衛権の発動が認められることになった。これが,集団的自衛権である。上記閣議決定を受けて 2015 年 9 月に改正された自衛隊法では,このような場合を存立危機事態と定義して,自衛隊による武力の行使が認

129

められることになった（76条1項，88条）。

　これに対して，学説の多数は，憲法9条の下で許されるのは個別的自衛権だけであり，集団的自衛権の行使容認は憲法違反であるとしている。

Check Points
- [ ] 最高裁によれば，安保条約によって駐留している米軍は，憲法9条2項が禁止する「戦力」には当たらない。
- [ ] 2014年7月の閣議決定によって，集団的自衛権の一部行使が認められるようになった。

4　自衛隊の国際貢献

　憲法は日本の国際貢献を認めていないのか。自衛隊は国際貢献の任務を行うことができるのか。

▶▶国際協調主義

　すでに見たように，自衛隊は自衛のための必要最小限度の実力組織である。このため，従来，自衛隊が海外に出かけていって他国の軍隊を支援することはもちろん，国際の平和と安全を維持するための活動に参加することについても，疑問が投げかけられてきた。

　しかし，国連は，「国際の平和及び安全を維持する」（国連憲章前文）ことを目的に掲げており，日本はその趣旨に同意して加盟している。また，日本国憲法前文は，「われらは，平和を維持し，専制と隷従，圧迫と偏狭を地上から永遠に除去しようと努めている国際社会において，名誉ある地位を占めたいと思う」，あるいは「いずれの国家も，自国のことのみに専念して他国を無視してはならない」と述べており，**国際協調主義**に立脚している。そこで，少なくとも国際社会が一致して取り組む事柄について，日本が積極的に参加することを憲法が否定しているとは考えられないであろう。

▶▶国連 PKO への参加

　国連が国際の平和と安全を維持するために行っている活動に，国連平和維持活動（PKO: Peacekeeping Operations）がある。これは，国連が停戦状態にある紛争地域に小規模の軍隊を派遣して，紛争当事者の同意を得て中立的な立場から停戦監視や選挙監視などを行い，紛争の平和的解決を図ろうとするものである。PKO は国連憲章上の根拠はなく，国連総会の決議に基づいて行われるものであるが，これまで多数の活動実績がある。

　日本では，1991 年の湾岸戦争後，1992 年に PKO 協力法が制定された。そして，同年にはその第 1 号として，カンボジアに自衛隊が派遣された。ただし，PKO であっても，憲法 9 条との関係で，自衛隊はすべての活動を行えるわけではない。自衛隊は自衛のための必要最小限度を超える武力行使を行うことができないからである。そこで，PKO 協力法では，自衛隊が国連 PKO へ参加するための条件（いわゆる「PKO 五原則」）が定められ，武器の使用は，参加する自衛隊員の生命などの防護のための必要最小限度の範囲に限られるとされた。

▶▶国際的な平和支援活動

　その後，2001 年 9 月 11 日のアメリカ同時多発テロ後のアフガニスタン攻撃ではテロ対策特別措置法が，また，イラク戦争後にはイラク復興支援特別措置法（2003 年）が制定されて，自衛隊の海外派遣が行われた。ただその際，他国軍の武力行使との一体化が認められれば，憲法 9 条が禁止する武力の行使に当たるため，自衛隊の活動は物資の補給や輸送などの「後方支援」に限定され，また，その活動範囲も現に戦闘が行われていないなどの「非戦闘地域」に限られるものとされた。

　これまで，他国軍への後方支援は，前記のような特別措置法の制定によってそのつど認められていたが，2015 年に恒久法として**国際平和支援法**が制定されたことで，今後は随時行えるようになった。また，PKO についても，自衛隊員の防護のためだけでなく，他国軍や NGO が危険にさらされている場面においても，武器の使用が認められる（いわゆる「駆けつけ警護」）。

131

Check Points

- ☐ 1992 年の PKO 協力法により，自衛隊の海外活動が初めて認められた。
- ☐ 2015 年の国際平和支援法によって，他国軍に対する後方支援が特別法を待つことなく，随時可能になった。

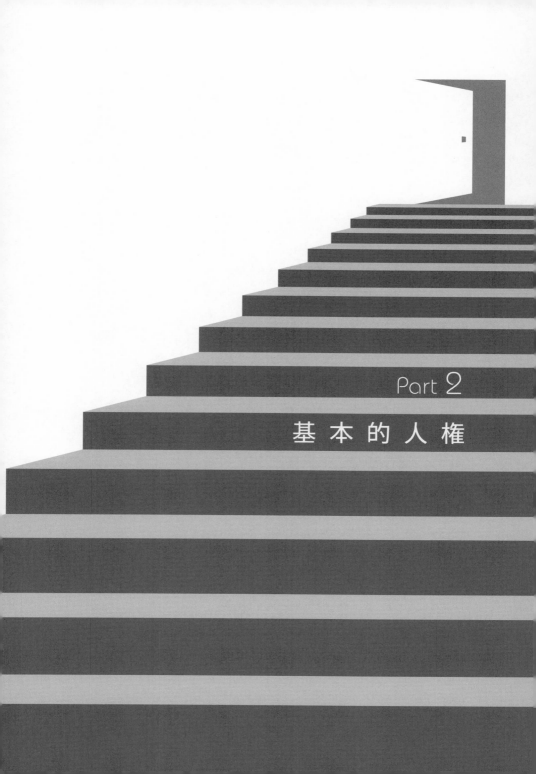

Part 2

基本的人権

Unit 13

人権保障の仕組み

■ Topics ■　基本的人権

　日本国憲法は，表現の自由や職業選択の自由など多くの基本的人権を列挙している。これらは，単に人権と呼ばれることもある。しかし，歴史的に見て人権が憲法で規定されるのは決して当たり前のことではなかった。そこに至るまでに，人々は様々な苦難や失敗を乗り越えなければならなかった。日本国憲法も認めるように，基本的人権は「人類の多年にわたる自由獲得の努力の成果」（97条）だったのである。

　たとえば，信教の自由（20条）は，ヨーロッパでのカトリックとプロテスタントの間で繰り広げられた凄惨な宗教戦争を教訓としていると考えられている。また，憲法は両性の本質的平等（24条）を規定しているが，これは，それ以前の日本社会では男女の平等が認められていなかったことを示している。

　このように，人権はこれまでの人類社会が獲得してきた叡智の結晶である。私たちはそれをどのように受け継いで，将来の世代に託すのか。この Unit からは，統治機構と並んで，憲法のもう 1 つの重要な部分である基本的人権について見ていくことにしたい。

1　人権とは何か

　人権とは，人が人であるがゆえに当然にもつ権利である。これには，どのような意味があるのか。

●● ①　人権の誕生 ●●

▶▶「人権」という言葉

　「人権」という言葉を知らない人はいないであろう。しかし，この言葉やそれに含まれる思想が人類史に与えた計り知れない影響をきちんと理解している人は，少ないのではないか。

　人権という日本語は，フランス語の「droits de l'homme」，英語の「human rights」の語に対応している。これらは，直訳するといずれも「人の権利」という意味である。しかし，これだけではこの言葉に込められた本来の意味を正しく汲（く）み取ることはできないであろう。そこで，憲法学では一般に，人権とは，人が人であるがゆえに当然にもつ権利であると説明される。

▶▶「身分の権利」から「人の権利」へ

　だが，この定義でもまだピンとこない人が多いのではないか。そこで，人権という言葉が登場した時代背景を考えてみよう。いまでこそ，人権が何人（なんびと）にも認められるのは当たり前だと考えられているが，人権という言葉が登場した時代には，必ずしもそうではなかった。近代以前の身分制社会において，権利は，人が「人であるがゆえに」もつのではなく，貴族の権利や聖職者の権利などのように，人が「特定の身分や団体に属するがゆえに」認められるものだったのである。このため，人権という言葉は，身分や属性に関係なく，ただ人間であることだけに基づいて権利が認められるべきことを言い表そうとするものであり，このことは，それまでの社会秩序に対する大きな挑戦であった。人権の思想は，人が身分や属性にかかわらず，根源において平等な存在であることを前提とするからである。

▶▶フランス人権宣言

　こうした人権の考え方は，近代社会の幕開けを告げる 1789 年の**フランス人権宣言**（正しくは「人及び市民の権利に関する宣言」）で明確に示された。同宣言は 1 条で「人は，自由かつ権利において平等なものとして生まれ，かつ，そうあり続ける」と規定し，それに続く条文で，表現の自由，人身の自由，所有権などの個別の権利や自由を人権（人の権利）として列挙している。ここに示された基本思想は，その後の西洋の憲法伝統に受け継がれるとともに，同宣言で

掲げられた権利は，各国憲法の人権の章の中に取り入れられることになった。

●● ②　日本国憲法と人権 ●●

▶▶「人」ではなく「国民」の権利？

　それでは，日本国憲法はどうだろうか。憲法13条は，「すべて国民は，個人として尊重される」と規定し，また同14条は「すべて国民は，法の下に平等であって，人種，信条，性別，社会的身分又は門地により，政治的，経済的又は社会的関係において，差別されない」と規定している。これらの規定から，日本国民は，あらゆる属性に関わりなく，個人として尊重され，平等に取り扱われるべきことが要請される。したがって，日本国憲法は，前記の人権思想を受け継いでいることがわかる。

　それでは，**外国人**はどうだろうか。日本国憲法は「国民の権利及び義務」（第3章の標題）と書かれており，日本国民だけ基本的人権の保障を受けるかのように見える。しかし，人権とは，人が人であるがゆえに当然にもつ権利であるという定義によれば，人権保障にとって，日本国民という属性も不要なはずである。

　判例は**マクリーン事件**（最大判昭和53・10・4民集32巻7号1223頁）において，権利の性質上日本国民のみを対象としているものを除き，在留する外国人にも基本的人権の保障が及ぶものとされ，外国人に政治活動の自由が基本的に保障されるとした。他方，判例によると，国家意思の形成に参画する参政権（選挙権や被選挙権）などは，日本国民のみに保障された権利であると考えられる。

▶▶人権と基本的人権

　日本国憲法では，「この憲法が国民に保障する基本的人権」（11条）というように，「人権」という言葉ではなく，「基本的人権」という言葉が用いられている。この「基本的人権」なる言葉は「人権」と同じなのか，それとも異なるのか。

　人権は，人が人であるがゆえに当然にもつ権利である以上，国家のあるなしに関わりなく認められるものである。むしろ，人権が，元来，人が生まれながらにしてもつ**自然権**から発展したことを考えれば，国家を前提としないところにその本来的な意義が認められるであろう。

　他方，憲法が規定するのはこの意味での人権に限られない。現在，多くの憲法は，選挙権や社会権など国家を前提とした権利も規定しており，それは日本国憲法も同じである。たとえば，選挙権は国の統治機構（国会や地方議会など）を前提としてその構成員を選ぶ権利であり，また，生存権とは国家に対して一定の給付（生活保護費など）を求める権利である。これらは，国家が存在しなければ認められない権利であるため，国家の存在を前提としない「人権」とは言えないが，人々が社会生活を行ううえで重要な権利である。そこで最近では，憲法が保障している権利のことを「人権」と区別して，「憲法上の権利」と呼ぶのが一般的である。

　それでは，日本国憲法上の「基本的人権」はどういう意味か。この用語は，一見すると，人権の中でも「基本的なもの」だけを指示する概念であるとも考えられるが，そうではない。むしろ，日本国憲法が定める権利を総称する概念として，上記の「憲法上の権利」という意味で理解しておくとよい。

●●　③　基本的人権の分類　●●

▶▶国家からの自由

　日本国憲法が定める基本的人権にはどのようなものがあるのか。日本国憲法は第3章で基本的人権を列挙している。それらは，国家と国民との関係に応じて，①**自由権**，②**国務請求権**，③**参政権**の3つの類型に分けられる。

　まず，①自由権は，国家が何もしないことによって確保される権利であり，思想・良心の自由（19条），信教の自由（20条），表現の自由（21条），職業選択の自由（22条）など，一般に「自由」と呼ばれるものがこれに当たる。この自由権は，国家を権利侵害者と見立てる点で，「**国家からの自由**」と言われることがある。

▶▶国家による自由

　逆に，②国務請求権は，国家が何かをすることによって確保される権利である。生存権（25条），教育を受ける権利（26条1項），裁判を受ける権利（32条）などはそれぞれ，国家が社会保障制度，教育制度，裁判制度を整備することで保障される権利である。それゆえ，国務請求権は，国家を権利保障者と見る点で，「**国家による自由**」と呼ばれることがある。

▶▶国家への自由

最後に，③参政権は，国民が国家の意思形成や運営に関与する権利である。このような権利としては，国会議員の選挙や，地方自治体の長や議会の選挙で投票できる権利としての選挙権（15条），さらには，憲法改正の際の国民投票権（96条）や，最高裁判所裁判官の国民審査権（79条2項）がある。この類型の権利は，国民が国家のあり方を決めることを可能にするので，「**国家への自由**」と言われている。

また，基本的人権の一般原則として，包括的権利を定めた13条と，平等原則を定めた14条がある。前者は，個別の条文で列挙されていない権利の受け皿となる規定である。たとえば，プライバシー権や環境権などの新しい権利は，13条の幸福追求権を根拠に主張されている。後者は，法的関係において差別的な取扱いを禁止する規定である。

●● ④　基本的人権は誰に対して主張できるのか ●●

前記のように，憲法の基本的人権の規定は，公権力（国および地方自治体）との関係で国民の権利や自由を保護するものであると考えられてきた。しかし，基本的人権が人権思想を基礎としているのならば，それは公権力との関係だけでなく，私人との関係でも尊重されるべきである。たとえば，大企業や労働組合などの私的団体は，個人から見れば大きな権力として現れるため，そうした**社会的権力**である私人との関係でも，憲法の基本的人権の効力を及ぼすべきではないのか。これが**人権の私人間効力**と呼ばれる問題である。

もし，憲法が私人間でも効力をもつとすると（直接効力説），私的な関係は当事者の意思によって決められるべきとする**私的自治の原則**を害してしまう。他方，まったく効力をもたないとすれば（無効力説），事実上弱い立場にある個人の権利侵害が見過ごされてしまう。判例は**三菱樹脂事件**（最大判昭和48・12・12民集27巻11号1536頁）において，私人間では基本的に私的自治の原則が妥当するため，憲法の規定は直接適用されないものの，社会的に許容される限度を超える自由や平等の侵害に対しては，民法1条，90条や不法行為に関する諸規定の解釈適用によって調整すべきであるとした。判例のこの考え方は，公序良俗を定める民法90条のような私法の一般条項を，憲法の趣旨を取り込んで

解釈・適用することによって間接的に私人間の行為を規制しようとするものである（間接効力説）。

　その後，判例は，定年年齢を男性 60 歳，女性 55 歳とする会社の就業規則について，法の下の平等を定める憲法 14 条 1 項の規定を参照しつつ，性別による不合理な差別であるとして民法 90 条により無効であるとした（最判昭和 56・3・24 民集 35 巻 2 号 300 頁〔日産自動車事件〕）。

Check Points
- [ ] 人権とは，人が人であるがゆえに当然にもつ権利である。
- [ ] 日本国憲法が定める基本的人権は，自由権，国務請求権，参政権に類型化できる。
- [ ] 判例によると，私人間では，憲法の人権規定の趣旨は，私法の一般条項を通じて間接的に及ぶとされる。

140

2　基本的人権を保障するのは誰か

　人権の保障は，誰によって担われてきたのか。

▶▶権利保障の担い手

　憲法典に人権が列挙されているからといって，直ちにその保障が実現されるとは限らない。それでは，誰が人権を保障するのか。

　現在，日本を含む多くの国では，違憲審査権を与えられている裁判所（最高裁判所または憲法裁判所）が人権保障の役割を果たしている。しかし，裁判所にそのような役割が認められたのは 20 世紀に入ってからであり（ただし，アメリカを除く），しかも一般に普及したのは第二次世界大戦後のことである。それでは，それ以前において，人権保障の役割は誰が担っていたのか。

▶▶議会による権利保障

　19 世紀では，議会が制定する法律による人権保障が一般的であった。それ

は，議会に対する信頼に基づいていた。国民の代表者である議会が国民の人権を侵害するとは考えられなかったのである。また，君主制国家では，議会は君主の権限を制限する役割を果たしていた。すなわち，国民の権利・義務に関する事項は君主単独では決定できず，議会の同意が必要とされたのである。ここでも，議会は君主から国民の人権を保障する機関であると考えられていた。このように，議会中心または法律中心の考え方が強かった19世紀では，**議会による権利保障**または**法律による権利保障**の方法が一般的であった。

▶▶裁判所による権利保障

　しかし，20世紀になって，議会は次第に信頼を失っていく。とりわけ，ドイツのナチス政権による議会立法を通じた人権侵害，さらには，戦前の日本でも，大日本帝国憲法下での治安維持法等の人権侵害立法は，それまでの法律による権利保障の限界を示すものであった。つまり，人権は，議会からも守られる必要が出てきたのである。それゆえ，第二次世界大戦後の憲法では，**裁判所による権利保障**または**法律からの権利保障**の方法が採用されるようになった。

▶▶違憲審査制

　そこで，戦後の憲法では，議会が憲法で保障された権利を侵害する法律を制定したとき，それを憲法違反で無効とする権限を新たに作り出し，それを裁判所にゆだねる方法がとられた。これが**違憲審査制**である。各国の憲法を見ると，憲法裁判所という特別の裁判所を設置してそれに違憲審査権をゆだねるシステム（憲法裁判所型）と，通常の司法裁判所（とりわけ，その頂点にある最高裁判所）にその権限を付与するシステム（司法裁判所型）の2つがある。前者はヨーロッパ諸国に多く見られるシステムであり，後者の代表格はアメリカである。日本国憲法は，「最高裁判所は，一切の法律，命令，規則又は処分が憲法に適合するかしないかを決定する権限を有する終審裁判所である」（81条）と規定しており，司法裁判所型の違憲審査制を採用している。最高裁が，「憲法の番人」，「人権保障の最後の砦」と言われるのは，このためである。

　このように，権利保障を裁判所にゆだねることには利点がある。裁判所は，組織上，政治部門から独立しており（裁判所の独立），また，「すべて裁判官は，その良心に従ひ独立してその職権を行ひ，この憲法及び法律にのみ拘束される」（76条3項）ため，個々の裁判官には職権行使の独立が認められている（裁

判官の独立)。このため，議会による権利保障とは言っても，実際は，政治的多数派による保障であったのに対して，裁判所による権利保障では，裁判官がその時々の政治勢力の意向に左右されずに，純粋に法的な視点から人権保障の役割を果たすことができる。

Check Points
□　人権はかつて議会が保障していたが，現在では，議会による人権侵害から守るために，裁判所が人権保障の役割を担うようになっている。

3　基本的人権の制約

基本的人権の制約が認められるのは，どのような場合か。

●●●　①　公共の福祉による人権の制約　●●

▶▶公共の福祉とは？

　基本的人権の保障は重要であるものの，それが無制約に保障されるわけではない。それは，**公共の福祉**による制約を受ける。憲法 12 条は，国民が「常に公共の福祉のために」権利を利用する責任を負うべきことを定めており，また，憲法 22 条 1 項は，職業選択の自由を保障するが，それが「公共の福祉に反しない限り」であるとの留保を付している。

　それでは，公共の福祉とは何か。この言葉を額面どおりに受け取ると，「社会全体の幸せ」という意味である。もう少し法律的に言えば，「社会全体の利益」と置き換えることも許されるであろう。もっとも，公共の福祉の概念をめぐっては，いまなお学説で争われている。しかし，ここでは，基本的人権が，社会全体の利益のために一定の制約を受ける場合があることがわかればよい。

▶▶公共の福祉による制約

そこで問題は，どのような場合に，公共の福祉による制約が認められるかである。基本的な考え方としては，ある法律等が基本的人権を侵害しているおそれがあるという場合，裁判所は，保障されるべき基本的人権と法律等が掲げる公共の福祉とを天秤にかけて，どちらが重視されるべきかを判断することになる。

たとえば，電柱へのビラ貼りを規制する条例を考えてみよう。ビラ貼りは言いたいことを多くの人に伝えようとする手段であり，表現の自由で保障される行為である。他方，街中の電柱にビラが貼られている様子は，景観として美しくない。そのため，ビラ貼りを規制する条例には，街の美観や風致を保護するという目的がある。この場合，裁判所は表現の自由と公共の福祉とをどのように調整して，条例の合憲・違憲を判断するのか。もっとも，両者を天秤にかけて見比べると言っても，それだけで直ちに答えが出てくるわけではない。また，そのような単純な判断方法では，裁判官の主観的な判断が混入しやすく，当事者にとっても予測不能である。それでは，裁判所は，どのように基本的人権の保障と制約を判断すべきなのか？

143

●● ② 裁判所の判断方法 ●●

▶▶二重の基準論の考え方

この点に関する考え方として，**二重の基準論**が提唱されている。同理論は，アメリカ憲法理論の影響を受けて学説で唱えられたものである。この理論は，憲法が保障する基本的人権を人間の精神活動に関する**精神的自由**と，経済活動に関する**経済的自由**の２つに分け，裁判所が違憲審査権を行使する際，精神的自由を制限する立法は，経済的自由を制限する立法よりも厳格な基準で審査されなければならない，と説くものである。すなわち，表現の自由などの精神的自由を規制する立法の違憲審査では，規制立法の目的がやむにやまれぬ利益の保護を目的とし，その手段も目的達成のために必要不可欠であることが要求される。他方，職業選択の自由等の経済的自由を規制する立法の場合は，立法目的が合理的で，その手段も目的との関係で合理性が認められればよいとされる。平たく言えば，裁判所は，精神的自由を制約する法律等については厳しく

審査すべきであり，経済的自由を制約する法律等については緩やかな審査でよい，ということになる。

▶▶二重の基準論の根拠

　それでは，このような二重の基準論の根拠は何なのか。それは，一般に2つあると考えられている。第1は，民主主義に着目する議論である。表現の自由，集会・結社の自由等の精神的自由や選挙権などは，民主的政治過程そのものを構成する権利・自由であり，これらの権利・自由が不当に制約されれば，民主的政治過程そのものが機能不全を起こしてしまいかねない。そこで精神的自由を制約する立法については，裁判所による積極的な介入が要請される。他方で，経済的自由については，民主的政治過程そのものを構成する権利・自由とは言えないため，それを制約する立法は，たとえ不当なものであっても，民主的政治過程が機能している限り是正されうる。そのため，よほど深刻でない限り裁判所は介入しない。

　第2は，裁判所の審査能力に着目する議論である。経済的自由を制約する立法は，一般に社会・経済政策に基づいて行われる。したがって，その立法の当否は，選挙で選ばれた代表者が決定すべきものであり，選挙を経ていない裁判官が判断することは適切ではない。また，裁判所は社会・経済政策に関する情報の収集やその分析・評価に適した機関でない。それゆえ，経済的自由の規制については，国会や内閣といった政治部門の判断を尊重すべきである。

　二重の基準論には，近時，様々な批判が投げかけられているが，それでも，裁判官の思考や判断に枠組みを与えるものとして，同理論には一定の効用が認められるであろう。

Check Points

- ☐ 基本的人権は，公共の福祉による制約を受ける。
- ☐ 二重の基準論とは，裁判所が違憲審査を行う際，精神的自由を制約する立法は経済的自由を制約する立法よりも厳格な基準で審査しなければならない，というものである。

Unit **14**

思想・良心の自由

■Topics■　入学式での「君が代」斉唱

　少し前まで，毎年春になると学校は「君が代」問題に揺れていた。卒業式や入学式などの式典において，国歌「君が代」の斉唱を何としても実施したい教育委員会や学校側と，それに抵抗する教師側との間で激しい対立が見られたからである。

　そのような状況の中，1999年4月に東京都の公立小学校で事件は起こった。同校に転任してきたばかりの音楽専科の教師は，入学式での「君が代」斉唱でピアノ伴奏を行うよう校長から命じられたが，自らの思想・信条に反するとして拒否した。このため，教師は職務命令に反したとして懲戒処分（戒告）を受けた。しかし，教師はピアノ伴奏を命じる職務命令が違法であるとして，懲戒処分の取消しを求める裁判を起こした。その際，教師は，校長の職務命令が憲法19条の思想・良心の自由を侵害すると主張したのだった。「ピアノ伴奏拒否事件」と呼ばれるこの事件は，社会的にも大きな注目を集めた。教師は最高裁まで争ったが，結局，その主張は認められなかった。

　この Unit では，思想・良心の自由とは何か，それはどのような場面で問題となるのかを見ていくことにしよう。

1　思想・良心の自由とは何か

　思想・良心の自由には，どのような意味があるか。それが保障する内容は何か。

●● ① 思想・良心の自由の意味 ●●

▶▶内心の自由としての思想・良心の自由

　憲法 19 条は,「思想及び良心の自由は,これを侵してはならない」と規定している。思想や良心とは,人が心の中で思っていることや,「思う」という行為そのものを意味する。したがって,思想・良心の自由は,ともに人の心の働きが自由であること,つまり内心の自由を保障するものである。

　それでは,憲法はなぜ内心の自由を保障しているのか。この点を理解するには,かつて国家や時の統治者によって,個人の内心が踏みにじられた歴史を思い起こす必要がある。キリスト教禁止令 (1613 年) が敷かれていた江戸時代には,キリスト教信者 (キリシタン) を発見するために,イエス・キリストや聖母マリアが彫られた板を踏ませる踏絵が行われた。これによって,信徒は内心の告白を強制されることになり,さらには信仰という内心に基づく差別につながっていった。もちろん,踏絵は信仰に関するものであるため,厳密には信教の自由の問題 (Unit 15) であるが,信仰も内心であるという点では同じなので,思想・良心の自由の問題でもある。

　また戦前には,治安維持法によって国体や私有財産制を否定する活動を禁圧するなどの思想統制が行われた (いわゆる思想犯,政治犯)。このような苦い経験を踏まえて,日本国憲法は,明治憲法には見られなかった思想・良心の自由を,基本的人権の 1 つとして規定したのである。

▶▶「思想・良心」とは何か

　「思想・良心」とは,何を意味するのか。この点は,内心の精神作用の中でも,思想は論理的側面に,良心は倫理的側面に関わると言われることがある。しかし,上記のように,憲法 19 条が内心の自由を保障するものであると理解するのであれば,思想と良心とを厳密に区別することに,あまり意味はないだろう。思想・良心の自由は一体的なものとして,内面の精神作用の自由を指すと理解しておけばよい。

　しかし,内面の精神活動であれば,どのようなものでもよいわけではない。憲法で保護されるものである以上,内心のうちでも一定の重要なものが対象となる。学説では従来,「良心」が何を意味するかについて宗教上の信仰に準ず

べき世界観や人生観など，個人の人格形成の核心を成すものに限定されるというものと（人格核心説），それよりも広く，事物の是非や善悪の価値判断も含む内心の作用とするもの（内心説）の2つの理解が示されていた。

▶▶謝罪広告事件

　判例で問題となったのは，謝罪広告の強制が思想・良心の自由の侵害に当たるかであった。民法723条は，他人の名誉を毀損した者に対して，裁判所が名誉を回復するのに適当な処分を命じることができるとし，その処分の1つとして，裁判所が加害者に対して新聞への謝罪広告の掲載を命じることがある。ここでは，本当の内心のいかんにかかわらず，加害者は謝罪することを強制される。しかし最高裁は，「単に事態の真相を告白し陳謝の意を表明するに止まる程度のもの」は憲法19条が規定する思想・良心に当たらず，謝罪広告の強制は，良心の自由を侵害しないとした（最大判昭和31・7・4民集10巻7号785頁〔謝罪広告事件〕）。

●●　②　思想・良心の自由を保障するとは？　●●

▶▶「侵してはならない」の意味

　憲法19条は，思想・良心を「侵してはならない」と定めている。しかし，どのような思想や良心を持っていても，それが内心にとどまっている限り，公権力によって侵害されるということは考えられない。たとえば，ある人が誰かを殺そうと心の中で思っていたとしても，そのことだけで刑罰を受けることはない。そもそも，人が心の中で「思う」ことそれ自体は，他人や社会に何の影響も及ぼさない。したがって，そのようなものを憲法で保障する意味はどこにあるのか，と疑問に思うかもしれない。そこで，思想・良心の自由の保障内容は，内心だけに着目するのではなく，思想・良心の現れとしての**外部的行為**も含めて考える必要がある。

▶▶保障の内容

　そうすると，思想・良心の自由の保障内容としては，次の3つが考えられるだろう。第1は，公権力によって内心を告白させられたり，推知されたりしないこと，第2に，内心によって不利益を受けないこと，第3に，内心に反する行為を強制されないこと，である。以下では，問題となった事例を取り上げな

がら，それらの内容を見ていくことにしよう。

Check Points
- [ ] 思想・良心の自由は，個人の内面的な精神活動に関する自由であり，内心の自由とも呼ばれる。
- [ ] 内心の自由としての思想・良心の自由の保障は，その現れとしての外部的行為を含めて考える必要がある。

2　思想・良心の自由が問題となる場面

> 思想・良心の自由が侵害されるのはどのような場合か。

●● ①　告白の強制 ●●

▶▶沈黙の自由

　自らの内心を誰にも知られないことは，内心の自由としての思想・良心の自由の最も重要な内容であろう。このため，内心の告白を強制されないこと，あるいは，内心を推知されないことが保障されなければならない。この自由は，**沈黙の自由**と呼ばれる。

　しかし，相手の本当の内心（本心）こそ，人が最も知りたいことである。普段は仲良くしゃべっているが，本当は自分のことをどう思っているのかは誰しも気になるところである。また，好きな人の気持ちを確かめるために，あの手この手を使った経験のある人もいるだろう。

　人の内心を知りたい，あるいは暴きたいと考えるのはこのような日常的な場面に限らない。むしろ，統治者が自らに都合の悪い思想をもつ者を排除するために，人々の内心を探索したり，個人に思想・信条の告白を強制させたりすることは，歴史上も，また国によっては現在においても行われている。日本では，前記のように踏絵が行われたり，思想犯が処罰されたりしたのだった。

▶▶内心の推知の禁止

　もちろん，現在の日本において，公権力が個人の思想・良心を探索し，把握することは許されない。また，公務員の採用の場面では，たとえ強制的な方法ではないとしても，思想・良心の推知に至るような事項を質問することも許されない。たとえば，過去の活動や団体への所属はもちろん，好みの作家や作品などの読書傾向を問うことも，禁止されるべきであろう。それにより，個人の思想的・政治的な傾向を把握できるからである。そして，そのような質問が行われた場合，思想・良心の自由の保障として，個人には沈黙の自由が認められる。もちろん，沈黙を理由とした不利益は許されない。また当然のことながら，思想・良心を理由として，採用を拒否することはできない。

▶▶三菱樹脂事件

　それでは，民間企業の採用に際して，企業は応募者の思想・良心を調査できるのか。この点が問題となったのが三菱樹脂事件である。この事件は，入社試験の際に，大学時代の学生運動歴の有無を問う質問項目に虚偽の回答をしたことによって，従業員が3か月の試用期間後の本採用を拒否されたというものである。問題となった従業員は，学生時代に，特定思想を持った大学自治会に幹部として所属し，日米安保条約改定の反対運動を推進するなど，積極的な政治活動を行っていた。企業側は，従業員が採用時にそうした事実を記載しなかったことを本採用拒否の直接的な理由としているが，そもそも，企業は応募者の思想・良心に関する事項を申告させることができるのかも問題となった。

　最高裁はまず，企業が憲法22条または29条で保障される契約締結の自由を有しているから，法律の制限がない限り，「いかなる者を雇い入れるか，いかなる条件でこれを雇うか」について自由に決定できるとした。そしてここから，企業が特定の思想・信条を有する者の採用を，そのことを理由として拒んでも違法ではないとし，そのための調査を行うことも違法でないとした（最大判昭和48・12・12民集27巻11号1536頁）。

　ただし，この事件では，採用する企業の側も私人であったため，私人（企業）対私人（従業員）の争いであったことに注意が必要である（憲法の私人間効力の問題）。この点，最高裁によると，私人間においては憲法の人権規定が直接適用されず，基本的な自由や平等の保護は，私的自治に対する一般的制限規定

149

である民法 1 条，90 条を通じて図られるという立場を示した（間接効力説）。

●●　②　内心に反する行為の強制　●●

▶▶「良心的兵役拒否」

　内心に反する行為を個人が強制される場面でも，思想・良心の自由の侵害が問題となる。すでに何度も言及している踏絵は，統治者が個人に対して内心の告白を強制するものであるが，それは同時に，キリスト教信者にとっては内心に反する行為を強制するものとなる。その内心がその人にとってかけがえのないものであればあるほど，それに反する行為の強制は耐えがたいであろう。

　そこで，内心に反する行為の強制とならないように，個人の思想・良心に配慮して，一定の公的義務を免除する措置が見られる。たとえば，ドイツでは良心の自由を保障する条文において，「何人も，その良心に反して，武器を伴う軍務を強制されてはならない」（ドイツ基本法 4 条 3 項）ことが規定されている。これは，良心を理由として兵役義務の免除を認めるものであり，**良心的兵役拒否**と呼ばれる（2011 年に徴兵制は停止）。

▶▶裁判員への選任拒否

　もちろん，日本には兵役義務がないので，ドイツのような良心的兵役拒否は問題とならない。しかし，同様の問題状況は，裁判員制度においても生じる。2009 年に導入された裁判員制度では，国民は裁判官とともに刑事裁判で有罪無罪の決定だけでなく，量刑の決定にも関与する。したがって，裁判員になれば，死刑判決に関わる可能性もある。このため，人を裁くべきでない，あるいは，いかなる理由があろうと人を殺すべきでないという良心をもつ者にとって，裁判員裁判への参加は良心の自由と衝突する可能性がある。そしてこのような事態を回避するために，ある宗教は信者に対して，裁判員の候補者になった場合には辞退の申し入れをすること，辞退が認められず裁判員に選任された場合には，過料を支払ってでも参加すべきでないという勧告を出している。裁判員裁判で死刑判決に関わる可能性がある以上，いかなる場合でも人を殺してはならないという良心をもつ者については，裁判員就任義務の免除が認められるべきであろう。

▶▶義務免除の問題

　もっとも，思想・良心を理由として，一般的に公的な義務の免除を認めることには問題がある。たとえば，無政府主義者であることを理由として納税義務の免除を認めればどうなるであろうか。もし，そのようなことを認めれば，私たちの社会は成り立たない。実際，ドイツでも，前記の良心的兵役拒否を選択する場合は，その代替役務として社会奉仕活動を行わなければならず，思想・良心を理由として公的義務そのものが免除されるわけではない。

> **Check Points**
> ☐ 思想・良心の自由には，内心の告白を強制されない，あるいは，内心を推知されないという沈黙の自由が含まれる。

3 　君が代訴訟

> 　君が代訴訟とはどのようなものか。この訴訟において，最高裁はどのような態度をとっているか。

　近年，思想・良心の自由に関して最も問題となっているのは，Topics で紹介したように，学校における君が代問題である。以下では，2 つの代表的な事件を取り上げることにしよう。いずれも内心に反する行為を強制されたという事案である。

●● ① ピアノ伴奏拒否事件 ●●

▶▶事件の概要

　音楽教師は，入学式において国歌「君が代」のピアノ伴奏を校長から命じられたにもかかわらず，それに従わなかった。このため，教師は職務命令違反として戒告処分を受けた。戒告とは，懲戒処分の中でも最も軽い処分であるが，

職員の責任を確認し，その将来を戒めるものである。音楽教師は，「君が代」のピアノ伴奏を命じる校長の職務命令が憲法 19 条の思想・良心の自由を侵害するとして，戒告処分の取消しを求めて訴えを提起した。

　音楽教師によると，「君が代」は日本の過去のアジア侵略と結びついており，これを公然と歌ったり，伴奏したりすることはできない。このため，「君が代」のピアノ伴奏を強制されることは思想・良心の自由を侵害すると主張した。

▶▶最高裁の判断

　最高裁は，校長の職務命令は憲法 19 条の思想・良心の自由を侵害しないとして，教師の主張を認めなかった（最判平成 19・2・27 民集 61 巻 1 号 291 頁）。その理由は，ピアノ伴奏を命じたとしても，教師に特定の思想をもつことを強制したり，禁止したりするものではないこと，また，特定の思想の告白を強要することにもならないことである。

　たしかに，卒業式で音楽教師が「君が代」のピアノ伴奏を行ったとしても，それを見ている人は，音楽教師があくまで職務としてピアノを伴奏しているだけであって，「君が代」に賛同しているから伴奏しているとは，普通は思わないであろう。また，オリンピックなど国際的なスポーツイベントの場面で「君が代」が国歌として歌われ，広く浸透していることも事実であり，「君が代」が特定の思想と結びついているとも，一般的には考えられていない。

　しかし，そもそも思想や良心はすぐれて個人的なものである。したがって，「君が代」について一般的にどのように考えられているかどうかということよりも，この教師にとってどのような意味があるのか，そのピアノ伴奏を命じられることによって教師にどのような精神的葛藤がもたらされるのかがもう少し考慮されるべきだったとも考えられる。それなのに，「君が代」について「あなた個人は特別な思いをもっているかもしれないが，一般的にはそうではありませんよ」と突き放す最高裁の態度は，思想・良心の自由が個人の基本的人権として保護されていることの意味を過小評価しているのかもしれない。

●●　② 　国歌起立斉唱事件　●●

▶▶事件の概要

　その後に起こった国歌起立斉唱事件では，最高裁はピアノ伴奏拒否事件とは

違った判断を行っている。この事件では，卒業式での国歌斉唱において，校長が教師に対して国旗に向かって起立し斉唱することを求めたが，教師がそれに従わなかったため，懲戒処分を受けたという事件である。ここでも，起立斉唱を命じる校長の職務命令が，教師の思想・良心の自由を侵害するかが争われた。

▶▶最高裁の判断

この事件で最高裁は，ピアノ伴奏拒否事件と同じく，校長の職務命令は思想・良心の自由を侵害しないという判断を下した（最判平成 23・5・30 民集 65 巻 4 号 1780 頁）。しかし，この判決において，最高裁はピアノ伴奏拒否事件とは異なる判断方法を用いている。

最高裁はまず，国歌斉唱の際の起立斉唱行為は，式典における慣例上の儀礼的な行為であって，教師の歴史観や世界観を否定するものではないため，思想・良心の自由を直接的に制約しないと判断した。

しかし，いくら起立斉唱行為が歴史観や世界観と結びつかないと言っても，当の教師個人にとっては，当該行為は自己の内心に反する行為であって耐えがたいものである。そして，この事件で最高裁は，起立斉唱行為によって，個人の歴史観や世界観とは異なる外部的行為を求められること，つまり，教師にとって否定的な評価の対象となっている「日の丸」や「君が代」に対する敬意の表明の要素を含む行為を求められることになり，これが思想・良心の自由に対する「**間接的な制約**」になる可能性があることを認めた。直接的制約と間接的制約との違いは必ずしも明確ではないが，最高裁が思想・良心の自由の問題について個人の内心を細かく捉えようとしたこと自体は，評価されるべきであろう。

153

Check Points
□　最高裁は，国歌の起立斉唱行為を命じる職務命令は，思想・良心の自由に対する直接的な制約にはならないが，間接的な制約になる可能性があることを認めた。

Unit **15**

信教の自由

■ Topics ■　ムスリムの子どもを受け入れる学校現場

　近年，日本で暮らす外国人が増える中，学校においてもムスリム（イスラム教徒）の子どもが増えている。ムスリムは，日常生活の中でも数々の戒律を守らなければならない。たとえば，1日5回の礼拝，豚肉の禁止や断食，また女子には頭髪を覆うためにスカーフ着用が求められるが，子どもたちを受け入れる学校では，信仰と学校生活が両立できるように様々な工夫が試みられている。

　しかし，ムスリムの中には，「楽器は悪魔の呼びかけ」である，絵や粘土の制作が「偶像礼拝の禁止」にあたるという考えもあり，そうした家庭の子どもは，音楽や図工の授業を受けることができない。このとき，学校は子どもに授業の参加を強制できるのか，それとも信仰に配慮して特別の措置を講じなければならないのか。

　憲法20条は，信教の自由を定めている。この Unit では，信教の自由の背景や内容を詳しく学ぶことによって，上記の問題をどのように解決すべきか考えてみよう。

1　憲法と宗教

　　憲法はなぜ「宗教」について定めているのか。

▶▶宗教に関する規定

　憲法20条は，信教の自由と政教分離原則を定めた規定であると言われる。前者は個人に保障される基本的人権であり，後者は公権力が守るべき原則であるという違いはあるが，いずれも「宗教」や「宗教団体」に関わっている点で

共通している。

　しかし，憲法はなぜ「宗教」について定めているのか。また，社会には様々な団体が存在しているのに，わざわざ「宗教団体」を取り上げて定めているのか。実は，「宗教」や「宗教団体」を憲法で規定しているのは日本だけではない。それらは，世界中のほとんどの憲法で規定されている。はたして，それはどうしてなのか。このことを理解するには，ヨーロッパの歴史をたどる必要がある。

▶▶宗教戦争の教訓

　ヨーロッパでは16世紀の宗教改革以降，キリスト教の内部においてカトリックとプロテスタントの両教派が激しく対立し，フランスではユグノー戦争（1562〜1598年）が，ドイツでは三十年戦争（1618〜1648年）が勃発した。これらの凄惨な**宗教戦争**によって，ヨーロッパ各国の国土は荒廃し，社会は大きく停滞した。

　その後，フランスでは，アンリ4世がナントの王令（1598年）を発布し，カルヴァン派プロテスタントの信教の自由が一部認められた。またドイツでは，アウクスブルクの宗教和議（1555年）でルター派の地位が認められたが，カルヴァン派は三十年戦争後のウェストファリア条約（1648年）において，ようやくその地位が認められた。このようにして，宗教戦争は旧来のカトリック教会が新興のプロテスタント勢力に信教の自由を認めたことで一応の終結を見た。

　この悲惨な経験から，ヨーロッパは政治社会のあり方に関する1つの教訓を得たのだった。それは，自らが信じるのとは相容れない価値観・世界観があることを認めて，受け容れることである。宗教は，世界の成り立ちや人生の意味に関して特定の解釈や見方を提示するものである。それらは宗教ごとに異なるだけでなく，根本的に対立することもある。そこで，様々な価値観を抱く人々で構成される社会で共存が成立するためには，自らと価値観の異なる宗教であってもそれを許し，それとして受け容れる態度が求められる。このような「宗教的寛容」の思想から，信教の自由の考え方は生まれたのだった。このように，旧来のカトリックと新興のプロテスタントとの間で起こった宗教戦争こそが，信教の自由の確立，さらには人権思想の発展に大きな影響を与えたのであった。このため，近代以後の憲法にはほとんど例外なく，信教の自由が規定さ

155

れている。

▶▶日本の場合

　それでは，日本はどうか。1613 年のキリスト教禁止令に見られるように，徳川時代には厳しい禁教政策がとられていた。具体的には，キリシタンの摘発のために踏絵や宗門改めが行われ，キリスト教に対して厳しい監視が行われていた。

　日本で最初の近代憲法である 1889 年の明治憲法は，「日本臣民ハ安寧秩序ヲ妨ケス及臣民タルノ義務ニ背カサル限ニ於テ信教ノ自由ヲ有ス」（28 条）と定めており，信教の自由を認めていた。しかしその後，皇室と縁が深い神社神道には優遇措置が認められるなど，他の宗教とは異なった取扱いがなされ，事実上国教としての地位を持つようになった。

　このような経緯を踏まえ，戦後の日本国憲法は，宗教に関して詳しい規定を設けている（20 条）。これは，他の人権規定と比べたときの大きな特徴である。その内容としては，冒頭で述べたように，次の 2 つに分けることができる。1 つは信教の自由に関するもので，もう 1 つは政教分離原則に関するものである。このうち後者は Unit 16 で取り上げることにして，以下では信教の自由の内容を詳しく見ていくことにしよう。

Check Points
- [ ] 憲法 20 条は，個人に保障される基本的人権としての信教の自由と，公権力が守るべき原則としての政教分離を定めている。
- [ ] 憲法が「宗教」について定めているのは，ヨーロッパでの宗教戦争の経験に基づいている。

2　内心における信仰の自由

信教の自由が保障する内容は何か。

▶▶信教の自由の３つの内容

　憲法 20 条１項は，「信教の自由は，何人に対してもこれを保障する」と定めている。「信教」とは，文字どおり理解すれば「宗教を信じること」であるが，現在では，信教の自由には，①内心における信仰の自由，②宗教的行為の自由，③宗教的結社の自由の３つの内容が含まれると考えられている。以下ではそれぞれの自由を詳しく見ていこう。

▶▶信仰の自由の内容

　１つ目は，内心における信仰の自由である。これは，特定の宗教を信じるか，信じないか，あるいは信じる宗教を選択し，変更することを，公権力（国および地方自治体）によって妨げられないことを意味する。信仰の対象となるのは，神道，仏教，キリスト教はもちろん，どのような宗教でもよい。また信仰の自由には，その裏返しとして，宗教を信じない自由，すなわち信仰をもたない自由も含まれる。このように，信仰の自由とは，信仰をもつことまたは信仰をもたないことを公権力から強制されないことである。

▶▶信仰を理由とする義務の免除

　しかし，信教の自由が定着した今日ではさすがに，「○○教を信じる者は処罰する」など，信仰を理由として個人が刑罰などの不利益を課されることは考えられない。むしろ，問題となるのは，信仰を理由として一般の人に課せられる義務の免除が認められるかである。

　たとえば，公立小学校では年に１度くらい日曜日に参観授業（日曜参観）が実施されることがあるだろう。通常，日曜日は休校日であるが，日曜参観の日は授業日に設定される。この場合，日曜日であるにもかかわらず，児童には出席義務がある。そして，日曜参観は，一般的には多くの保護者の参加が期待できる以上，不合理な行事であるというわけでもないであろう。ところが，児童が日曜日に教会学校に通うキリスト教徒であればどうであろうか。その児童に日曜日の出席義務が課されるとしたら，その代わりに教会学校を欠席しなければならないため，信仰の自由が犠牲にされてしまう。つまり，児童から見れば，あえて日曜日に授業を行うことは，自らの信仰に対する否定である。このとき，当該児童は，信仰の自由を理由として出席義務の免除を要求できるだろうか。たしかに，信仰の自由の観点からは，信者である児童に特別の配慮をす

157

べきなのかもしれない。しかし，宗教 A にとっては金曜日が，また宗教 B にとっては土曜日が特別の日であるとして，宗教ごとに特別の事情を認めるのであれば，およそ公教育の運営は成り立たなくなってしまう。

　裁判所は，日曜参観には公教育上の特別の必要性があること，それに対して児童が受ける不利益は「欠席扱い」という比較的軽微なものであることを理由に，児童の出席義務の免除を認めなかった（東京地判昭和 61・3・20 行集 37 巻 3 号 347 頁〔キリスト教徒日曜日参観欠席事件〕）。

▶▶剣道実技拒否事件

　同じく信仰に基づく公的義務の免除が問題となった事件として，エホバの証人剣道実技拒否事件がある。この事件は，エホバの証人の信者である学生が信仰を理由として剣道実技への参加を拒否したために体育科目の単位が認定されず，その結果として，公立の高等専門学校（高専）から留年処分，さらには退学処分を受けたというものである。学生は，学校側の留年・退学処分が信教の自由を侵害するとして，その取消しを求めて争った。エホバの証人の教義では，人と人とが打ち合ったりする格技が禁止されていた。このため，信者である学生は，宗教上，剣道を行うことができない。それゆえこの事件では，一般学生に課されている剣道実技の履修義務が，信者である学生については信仰を理由として免除されるのかどうかが問題となった。

　もちろん，学校は，エホバの証人の信仰を否定するために，学生に剣道実技の履修義務を課したわけではない。したがって，それは信教の自由を直接的に制約するものではないであろう。しかし，信者である学生にとっては，自らの信仰を裏切って剣道実技を履修するか，それとも留年や退学などの重大な不利益を甘受してでも信仰を貫くかという，究極の選択を迫られることになる。最高裁はこの状況を，「重大な不利益を避けるためには剣道実技の履修という自己の信仰上の教義に反する行動を採ることを余儀なくさせられる」ものであるとした。そして，学校側は，他の体育実技やレポート提出などの代替措置を講じることによって，学生の信仰に配慮すべきだったとした（最判平成 8・3・8 民集 50 巻 3 号 469 頁）。

> **Check Points**
> ☐ 信教の自由の内容には，①内心における信仰の自由，②宗教的行為
> 　の自由，③宗教的結社の自由の３つがある。
> ☐ 信仰の自由とは，信仰をもつこと，または信仰をもたないことを公
> 　権力から強制されないことである。

3　宗教的行為の自由

> 　宗教的行為として許される行為，あるいは許されない行為はどのようなもの
> か。

▶▶内　容

　信教の自由の内容の２つ目は，宗教的行為の自由である。これは，宗教上の
儀式や礼拝を行うことなどにより，自らの宗教を実践することについて，公権
力から干渉を受けないことを意味する。日常的に，イスラム教女性がスカーフ
を着用することや，キリスト教徒が十字架のペンダントを身につけるなどの宗
教的標章を着用することも，宗教的な実践としてこの自由の下で保障される。
また，この自由には，布教によって自らの信仰する宗教を広めることや，教義
に従った宗教教育を行うことも含まれる。

▶▶加持祈禱事件

　もちろん，宗教的行為であれば何をしても許されるというわけではない。個
人の内心での信仰とは異なり，外部的活動である宗教的行為は社会と関わるた
めに，公共の福祉による制約を受ける。たとえば，宗教を理由として人を殺し
たり，人を騙して金品を得たりしてよいはずはない。

　この点についての具体例として，精神障害の治療のための祈願として，高温
の線香を長時間患者の首元に押し当てた結果，ショック死してしまったという
古い事件がある。このとき，祈願をした宗教家の行為が傷害致死罪（刑205条）
に該当するか問題となるが，最高裁は，宗教的行為であっても，他人の生命や

159

身体に危害を及ぼすような「著しく反社会的なもの」は，「信教の自由の保障の限界を逸脱したもの」であると判断した（最大判昭和 38・5・15 刑集 17 巻 4 号 302 頁）。

▶▶牧会活動事件

　一方で，宗教的行為であることによって，犯罪に当たる行為が無罪となった事例もある。キリスト教会の牧師が，犯罪を行った高校生 2 名を約 1 週間 匿ったという事案である。犯罪者を匿う行為は，犯人蔵匿罪（刑 103 条）に当たる。したがって，この牧師の行為もこの罪に当たり，牧師は有罪になるはずである。しかし，牧師が高校生を匿ったのはその逃走を助けるためではなかった。牧師は宗教者である立場から，高校生に自らが行った犯罪を反省させ，心の落ち着きを取り戻させることによって，最終的には警察への自主的な出頭を促したのだった。裁判所は，このような牧師の行為が「全体として法秩序の理念に反するところがな」いとし，正当な業務行為（刑 35 条）として罪とならないと判断した（神戸簡判昭和 50・2・20 刑事裁判月報 7 巻 2 号 104 頁）。

160

Check Points
□　宗教的行為の自由とは，自らの宗教を実践する自由，自らの信仰する宗教を広める自由および宗教教育を行う自由を意味する。

4　宗教的結社の自由

宗教的結社の自由とは何か。

▶▶内　容

　信教の自由の内容の 3 つ目は，宗教的結社の自由である。これは，宗教団体を結成することについて，公権力による妨げを受けないことを意味する。これによって，信仰を同じくする者が集まって，団体を設立・運営することが認め

られる。団体の設立については，一般的には憲法 21 条の結社の自由の対象となるが（Unit 20 参照），宗教団体については憲法 20 条の信教の自由が根拠になると考えられている。

▶▶宗教法人法

宗教団体に関わる法律として，**宗教法人法**が制定されている。宗教団体は通常，礼拝のための施設，あるいは宗教儀式のための物品など多数の財産を保有している。寺社の広大な敷地や立派な建物を思い浮かべるとよい。それらを適切に維持したり，運用したりするには，宗教団体自体が宗教法人として独立の法的主体となったほうが，都合がよいであろう。

宗教法人法は，法人格を取得するための手続や，宗教法人の組織や運営に関する規定を定めている。この法律によって，宗教団体の活動が円滑になるのであれば，結果として，信教の自由を促進していると言えるであろう。そうすると，宗教法人法は，信教の自由を実質的に保障する役割を果たしていることになる。

▶▶内部自律権

宗教団体は多くの信者で構成されているが，人の団体であるからには，内部で紛争が生じるのは避けられない。しかし，他の団体と比べて宗教団体の内部紛争が特殊な点は，紛争の実質が宗教上の教義に関わることが多いことである。たとえば，宗教法人の代表は代表役員と呼ばれるが，多くの寺では，代表役員には住職が充てられる。これは，「充て職制」と呼ばれる。そうすると，代表役員という法律上の地位を確定するには，その前提として宗教団体の住職が誰であるのかが確定されなければならない。しかし，住職という宗教上の地位の存否の判断には，通常，宗教上の教義の解釈が不可欠である。このような紛争を持ち込まれた裁判所は，どのような態度をとればよいのか。

裁判所といえども国家権力であるから，もし，国家権力が宗教上の教義を解釈できるとすれば，それは国家の宗教に対する重大な干渉となり，宗教団体の自律的運営を大きく侵害するであろう。この点について最高裁は，「団体の内部関係に関する事項については原則として当該団体の自治権を尊重すべく，本来その自治によって決定すべき事項，殊に宗教上の教義にわたる事項のごときものについては，国の機関である裁判所がこれに立ち入って実体的な審理，判

断を施すべきものではない」とする基本的な考え方を述べて，宗教団体の**内部自律権**を尊重する態度を示している（最判昭和 55・4・10 判時 973 号 85 頁〔本門寺事件〕）。

▶▶オウム真理教解散命令事件

　宗教法人法は，宗教法人の設立とともに，解散についても規定している。もちろん，解散が宗教法人の自主的な決定によって行われる場合には問題はない。しかし同法は，宗教法人が，法令に違反して，著しく公共の福祉を害すると明らかに認められる行為などをした場合には，裁判所は宗教法人の解散を命令できるという制度を定めている（81 条）。宗教法人が解散されると，法人として土地・建物や宗教儀式のための物品を保有できなくなってしまうが，そうすると，信者にとっては普段行っている礼拝ができなくなるなど，宗教の実践に対する影響が生じてくる。そこで，同法に基づく解散命令が信教の自由に違反しないかが問題となる。

　この点が争われたのがオウム真理教解散命令事件である。宗教法人オウム真理教の幹部らが毒ガスであるサリンの生成を企てた行為が同法 81 条の解散事由である「法令に違反して，著しく公共の福祉を害すると明らかに認められる行為をしたこと」に該当するとして，東京地裁は，同宗教法人の解散を命じた（東京地決平成 7・10・30 判時 1544 号 43 頁）。その際，オウム真理教側は，解散命令が信者の信教の自由を侵害すると主張したのだった。

　しかし，解散命令によって宗教法人が解散しても，信者は法人格のないかたちでの宗教団体を存続させることができる。また，解散命令は信者の宗教的行為を禁止したり制限したりするわけでもない。最高裁は，本件解散命令が当該宗教法人の行為に対処するのに「必要でやむを得ない法的規制」であり，憲法 20 条 1 項に違反しないとした（最決平成 8・1・30 民集 50 巻 1 号 199 頁）。もちろん，事実上，信者には礼拝施設が利用できなくなるなどの支障が生じることになるが，それは，反社会的な行為を行った宗教団体の構成員が受ける不利益としては，やむを得ないということであろう。

> ## Check Points
> ☐ 宗教法人の組織・運営を定める法律として，宗教法人法が制定されている。
> ☐ 宗教団体は，組織のあり方や運営について内部自律権を有している。

Unit **16**

政教分離

■ Topics ■　震災復興と政教分離の壁

　2011年3月の東日本大震災では，住宅だけでなく，宗教施設や墓地も被害にあった。しかし，宅地や農地とは異なり，宗教施設や墓地の復興については，それらが宗教に関連するために様々な困難を伴う。被災地域の僧侶がヴォランティアで読経を行おうとしたが，遺体安置所や火葬場に立ち入ることができなかった。また，宅地に堆積した瓦礫については行政による撤去の対象となったが，寺社の敷地内の堆積物についてはそれが宗教施設内にあるという理由で撤去の対象外とされた。

　これらの困難の原因となっているのは，憲法の政教分離の原則である。この原則は，国や地方自治体などの公権力が特定の宗教と関係を持ってはならないというものである。しかし，上記のような場合にまで政教分離の原則は厳格に適用されるべきなのか，それはかえって，国民の宗教的感情に反することになってはいないか，という疑問も提起されている。

　この Unit では，政教分離の原則とは何か，裁判所においてその適否はどのように判断されているのか，さらに同原則が同じ条文で規定されている信教の自由とどのような関係にあるのかという問題を考えることにしたい。

1　国家と宗教との関係

　日本国憲法は，国家と宗教との関係をどのように定めているか。

●● ① 政教分離の原則とは何か ●●

▶▶政教分離とは

Unit 15 では，憲法 20 条が個人の**信教の自由**を保障していることを見た。ところで，同条は，宗教に関して別の事柄も定めている。それは，一方で，宗教団体に対しては，国から特権を受けたり，政治上の権力を行使してはならないことを（同条1項），他方で，国に対しては，宗教教育などいかなる宗教的活動もしてはならないことを（同条3項）求めている。これらの原則は合わせて，一般に**政教分離の原則**と呼ばれている。ここに言う「政」とは「政治」またはその担い手である「国家」のことを意味し，「教」とは「宗教」またはその担い手である「教会」のことを指す。そうすると，この原則は，政治と宗教とが分離されるべきことを，あるいは国家と教会（宗教団体）とが分離されるべきことを要求するものと言える。しかし，どうして憲法は，宗教に関しては，信教の自由に加えて，政教分離の原則を定めているのか。

▶▶信教の自由と政教分離の原則

信教の自由は，Unit 15 でも述べたように，近代における人権思想の基礎であり，いわば普遍的な原理として確立した人権である。このため，信教の自由は欧米の立憲民主主義諸国の憲法はもちろん，国際的な人権条約（国際人権規約の自由権規約や欧州人権条約など）においても規定されている。

これに対して，政教分離の原則は，世界共通の原則ではない。それは，国家と宗教との関係のあり方を示す1つの類型にすぎない。国家と宗教の関係は，それぞれの国の歴史的背景や社会状況に応じて異なっているため，両者の関係について定まった原則が存在するわけではない。

●● ② 国家と宗教の関係についての3つの類型 ●●

そこで，世界の憲法を見渡してみると，国家と宗教との関係は大きく分けて以下の3つの類型に分けられる。

▶▶国教制

第1は，**国教制**である。これは，国民の大多数の属する一宗教があり，それに対して国が特権的地位を保障する制度である。この国教制を採用する代表的

165

な国はイギリスである。世界史で習ったように，イギリスでは，ヘンリー8世の離婚問題を契機として，イングランド教会（イギリス国教会）がカトリックの総本山であるローマ教皇庁から独立し，国王を首長とする国教会体制が確立した。現在でも，イギリス国王（エリザベス2世）は教会の首長とされており，その戴冠式は同教会のウェストミンスター寺院で執り行われる。また，国は大主教などの聖職者の任命権を持っているなど，イングランド教会は国家と特別の関係にある。

▶▶公認宗教制

　第2に，**公認宗教制**とは，国教制のように1つではなく，複数の宗教団体を公的な性格をもつ団体であると承認し，それらに特別の法的地位を認める制度である。公認宗教制の代表的な国はドイツである。ドイツでは，カトリック，プロテスタント・ルター派，同・カルヴァン派，ユダヤ教などの主要な宗教が公認されている。これらの公認宗教は教会税を独自に徴収することができるほか，公立学校で自らの宗教についての教育を行うことが認められている。

▶▶政教分離制

　国家と宗教の関係についての第3の類型は，**政教分離制**である。上記2つの類型が1つまたは複数の宗教に特権を認めるものであるとすれば，政教分離制は，いかなる宗教にも特権的地位を認めない体制である。この制度の代表的な国は，アメリカとフランスである。アメリカでは，国教を樹立することが憲法で禁止されている（1791年アメリカ憲法修正1条）。また，フランスでは，カトリックの影響を政治から排除する目的で，20世紀初めに政教分離の原則が確立されており，現行憲法でもフランス国家が世俗的であるべきことが宣言されている（フランス憲法1条）。

▶▶信教の自由との関係

　もっとも，国教制，公認宗教制が特定の宗教を特別視するからといって，その他の宗教が迫害されたり圧迫されたりすることはない。Unit 15でも見たように，寛容の精神に基づく信教の自由は，少なくともヨーロッパ諸国においては普遍的な原則として確立されており，上記のいずれの国の憲法でも明記されている。このため，国教や公認宗教に属さない宗教の信者であっても，信仰の自由や宗教団体を設立する自由は広く認められている。また，政教分離制が

宗教そのものに敵対的なわけでもない。政教分離制は，個人に信教の自由が認められることを前提としつつも，あえて国家と宗教との分離を図ろうとする体制なのである。

●● ③ 日本の場合 ●●

　このように，国家と宗教との関係は国によって様々である。むしろ，前記3つの類型があることを知ると，なぜ日本国憲法が政教分離制を採用したのかという疑問が出てくるであろう。そして，この点については，わが国の政教関係史を振り返る必要がある。

　明治憲法は信教の自由を規定していたが（明憲28条），国家と宗教との関係については何も定めていなかった。しかしその後，神社神道は仏教やキリスト教から区別された。神社は公法人とされ，官公吏に対しては神社の公の儀式への参列が義務づけられたりした。こうして，国家と結びついた**国家神道**の体制が事実上の国教制として確立することになった。

　第二次世界大戦後，連合国軍総司令部（GHQ）は，戦前の国家神道体制が軍国主義や国家主義の宣伝に利用されたことから，国家と宗教を分離するためおよび宗教の政治利用を防止するために，神道に対する政府の支援や監督を廃止する指令（昭和20年のいわゆる神道指令）を発した。こうした歴史的経緯から，日本国憲法は，基本的人権としての信教の自由とは別に，国家と宗教の関係のあり方として政教分離の原則を採用したのだった。

167

Check Points
- [ ] 宗教について，日本国憲法は信教の自由とともに，政教分離の原則を定めている。
- [ ] 国家と宗教との関係には，国教制，公認宗教制，政教分離制の3つの類型がある。

2　政教分離の原則とは何か

> 　国家と宗教とを「分離する」とはどういうことか。そもそも，国家と宗教と
> を分離することは可能なのか。

▶▶国家の非宗教性

　それでは，政教分離の原則とは，いかなる原則なのだろうか。これには，2
つの考え方がある。

　1つの考え方は，およそ政治と宗教（国家と教会）とは分離されるべきで，国
家のあらゆる場面から宗教を追放するというものである。この考え方による
と，国家はおよそ宗教と関わってはならないことになる。これは，**国家の非宗
教性の原理**と呼ばれる。しかし，このような考え方をとると，いろいろと不都
合なことが生じる。国家が宗教と一切関わってはならないとすれば，宗教系の
私立学校に対する助成（いわゆる私学助成）や，社寺が保有する文化財保護のため
の補助金も認められないことになる。これらは，あくまで私立学校や文化財の
ための公的助成であり，宗教を直接の対象としているわけではない。しかし，
国家の非宗教性の原理からは，このような措置も許されないことになるだろう。

▶▶国家の宗教的中立性

　そこで，別の考え方は，現実の社会生活上，国家は宗教との関わり合いを持
たざるをえないが，その場合，国家は特定の宗教とだけ関わってはならないと
いうものである。つまり，国家は宗教と関わってもよいが，どの宗教とも平等
に関わらなければならない。これは，**国家の宗教的中立性の原理**，あるいは**宗
派平等の原理**と呼ばれる。たとえば，前記の私学助成を考えてみよう。同制度
は特定の宗教を優遇したり，排除したりするものではなく，キリスト教，仏
教，神道などの宗教を問わず，あらゆる私立学校を対象とするものである。こ
れだと国家は宗教的中立性を保っているため，宗教系の私立学校に対して助成
をしても政教分離の原則に違反しないことになる。

　もっとも，国家の非宗教性と宗教的中立性とを明確に区別することが困難な
ことも多い。次のような場合を考えてみよう。公立学校において生徒が自らの

信仰する宗教のシンボルを着用するときに，学校はそれをどう扱うべきか。具体的に言えば，フランスで問題となったように，イスラム教徒の女子中学生が学校で宗教的衣装であるスカーフを着用したときに，中学校はどう対処すべきなのか（1989年のイスラム・スカーフ事件）。この場合，学校はイスラム教に限らずすべての宗教の信者に対してそのシンボルの着用を認めることによって，宗教的中立性を保つことはできる。これは，「平等に認める」という考え方である。しかし逆に，すべての宗教シンボルの着用を禁止することによっても中立性を図ることはできるであろう。これは，「平等に認めない」考え方である。どちらも中立性の原理に沿うものであるが，後者は結果的に「非宗教性」と同じ効果をもつことになる。

Check Points
□ 政教分離の原則の理解としては，国家の非宗教性の原理と国家の宗教的中立性の原理（あるいは宗派平等の原理）の2つがある。

3 政教分離の判断方法——目的効果基準

憲法20条は，国は「いかなる宗教的活動もしてはならない」（3項）と規定しているが，文字どおり国は一切の「宗教的活動」が禁止されるのか。

●● ① 憲法が禁止する「宗教的活動」とは何か ●●

▶▶憲法20条3項

日本国憲法は，政教分離の原則という文言を用いているわけではない。したがって，同原則に違反するかどうかの判断は，実際は，憲法が用いている文言に照らして行われる。そこで憲法を見てみると，20条3項は，国は「いかなる宗教的活動もしてはならない」と規定している。常識的に考えて，この文言

からは，国家が特定の宗教に属する宗教行事を執り行うことはさすがに禁止されるであろう。それでは，それ以外の宗教的活動についてはどうなのか。

▶▶完全分離と限定分離

　この点については，同条が「いかなる」という絶対的な文言を用いているため，国家は宗教と一切かかわり合いをもてないと解釈することにも十分な理由がある。これは，完全な分離を求めるものである（完全分離説）。しかし，前記のとおり，このような理解は実際の場面で，様々な不都合を招くことになる。そこで，国家と宗教とのある程度のかかわり合いを認めざるをえない。したがって，分離は限定的なものにとどまる（限定分離説）。そこで問題は，この限定分離説によると，許されるかかわり合いと許されないかかわり合いとの線引きをどのように行うかである。

●● ② 目的効果基準とは何か ●●

▶▶津地鎮祭事件

　この点について最高裁が初めて判断を下したのが，**津地鎮祭事件**（最大判昭和 52・7・13 民集 31 巻 4 号 533 頁）である。この事件では，市の体育館の起工式のあり方が問題となった。起工式とは，建物の工事に着工する前に，施工主や工事関係者が集まって行われる式典である。起工式では通常，建設現場の土地の神を鎮め，工事の安全を祈る儀式として「地鎮祭」が行われる。この事件では，三重県津市が体育館の建設に際し，市が主催する起工式で神社の宮司 4 名によって神式の地鎮祭が行われ，その費用として 7663 円を市の公金から支出したことが憲法 20 条 3 項に違反するのではないかということが問題となった。

▶▶国家と宗教との関係

　この事件で最高裁は，まず国家と宗教との関係についての基本的な考え方を述べている。すなわち，憲法が政教分離の原則を掲げているからといって国家が宗教とのかかわり合いをもつことが一切許されないわけではない。許されないのは，わが国の社会的・文化的な諸条件に照らしてそのかかわり合いが「相当とされる限度」を超えると認められる場合である。

▶▶目的効果基準

　そこで問題は，「相当とされる限度」を超えるかどうかをどのように判断す

るかである。最高裁は，この判断を国家の行為の「目的」と「効果」に着目して行った。それは第1に，行われた国家の行為の目的が宗教的意義をもつこと，第2に，その行為の効果が宗教に対する援助，助長，促進または圧迫，干渉等になることである。そして，この2つの条件が満たされるとき，公権力が行った行為は憲法が禁止する「宗教的活動」に当たると判断される。これが，**目的効果基準**と呼ばれる判断方法である。

▶▶地鎮祭は社会的儀礼の範囲か

それでは，この事件で問題となった地鎮祭はどのように評価されたのか。地鎮祭は，神職が神社神道固有の祭式に則って行うものであるから，起工式を挙行することによって市が宗教（この場合は神道）とかかわり合いを持つことは否定できない。しかし，最高裁は，地鎮祭が土地の神を鎮め，工事の無事・安全を願うために行われる「慣習化した社会的儀礼」であり，その目的はもっぱら世俗的なものであると認定した。また，起工式で神社神道の祭式に則った地鎮祭が行われたとしても，一般人の意識から見て神道を援助，助長する等の効果は認められないとし，結論として，市の行為は憲法が禁止する「宗教的活動」には該当せず，憲法違反ではないと判断した。

▶▶社会的儀礼に当たらない場合

こうした最高裁の判断によると，社会的儀礼と認められる行為については，それが宗教的行為であったとしても，政教分離の原則に違反しないことになる。これに対して，県知事が靖国神社の宗教行事に際して玉ぐし料として公金を支出した行為は，社会的儀礼に当たらず政教分離の原則に違反すると判断された（愛媛県知事玉ぐし料奉納事件〔最大判平成9・4・2民集51巻4号1673頁〕）。

●● ③ 公有地の無償使用の問題 ●●

近年，宗教施設による公有地の無償使用が争われる裁判が目立っている。**空知太神社事件**（最大判平成22・1・20民集64巻1号1頁）では，市（北海道砂川市）が神社施設の敷地として公有地を無償で使用させていることが政教分離の原則に違反するのではないかが問題となった。最高裁は，目的効果基準を用いなかったが，市が長期間にわたって継続的に便宜を提供し続けていることは，市と神社とのかかわり合いが相当とされる限度を超えるとして，憲法89条の禁止

する公の財産の利用提供および憲法 20 条 1 項後段が禁止する宗教団体に対する特権の付与にあたるとして，違憲と判断した。

　また，**孔子廟事件**（最大判令和 3・2・24 判タ 1485 号 10 頁）では，市（沖縄県那覇市）が公立公園内に儒教の祖である孔子等を祀った霊廟の設置を許可し，公園使用料を全額免除していたことが問題となった。最高裁は，孔子廟の観光資源等としての意義や歴史的価値を考慮しても，公園使用料の免除は，一般人の目から見て，市が特定の宗教に対して特別の便益を提供し，これを援助していると評価されてもやむを得ないものであるとし，憲法 20 条 3 項の禁止する宗教的活動にあたると判断した。

Check Points

☐　最高裁は，目的効果基準を用いて，公権力の行為が政教分離の原則に違反するかを判断している。

☐　最高裁は，津地鎮祭事件において，市が行う地鎮祭は政教分離の原則に反しないとした。

☐　空知太神社事件および孔子廟事件では，宗教施設のために公有地を無償で利用させることが政教分離の原則に違反すると判断された。

4　政教分離の原則と信教の自由が衝突する場面

　政教分離の原則と信教の自由とはどのような関係にあるのか。両者が衝突することはないのか。

▶▶2 つの原則の関係

　それでは，憲法 20 条が定める信教の自由と政教分離の原則とは，どのような関係にあるのか。両者が衝突する場面は考えられないのか。この問題は結局のところ，信教の自由との関係で政教分離の原則をどのように理解するかにかかっている。

　この点について，最高裁は津地鎮祭事件において，政教分離は国と宗教との分離を制度として保障することにより，「間接的に信教の自由の保障を確保しようとするもの」と述べていた。これは，国家が特定の宗教と結びつけば，個人の信教の自由が失われるとの認識に基づいている。

▶▶2つの原則が衝突する場合

　他方，両者の衝突が問題となったのは，Unit 15で取り上げた**エホバの証人剣道実技拒否事件**（最判平成8・3・8民集50巻3号469頁）である。この事件では，エホバの証人を信仰する学生が信仰上の理由から剣道実技の履修を拒否したことで留年や退学という不利益処分を課されたことが問題となった。この事件では，一方において，学生の信教の自由が考慮されるべきである。しかし他方で，学校側が学生に配慮して代替措置を認めることは特定の宗教を特別扱いすることであるから，政教分離の原則に違反するのではないかとも考えられる。

▶▶最高裁の考え方

　最高裁は，学生の信仰は真摯なものであり剣道実技の履修拒否には正当な理由が認められるとし，学校側が当該宗教に配慮して代替措置を認めなかったことは妥当でないとして，学生の信教の自由の方を尊重した。

　こうした最高裁の態度は，政教分離の原則を絶対視するあまり，信教の自由への配慮を怠ってはならないというメッセージであると考えられる。そしてこのことは，政教分離の原則が「間接的に信教の自由の保障を確保しようとするもの」という最高裁の基本認識とも合致している。

　最高裁はその後の空知太神社事件（前記）で，市有地を神社に無償で利用させていたことは政教分離の原則に違反するとして違憲と判断したが，その帰結として，直接的に神社施設の撤去を求めることは，当該神社施設を利用して宗教的活動を行ってきた人たちの信教の自由に重大な不利益を及ぼすと指摘している。また，同じ日に出された富平神社事件（最大判平成22・1・20民集64巻1号128頁）では，違憲状態を解消するために，市が神社に無償で利用させていた市有地を当該神社に無償で譲与したとしても，「信教の自由の保障の確保という制度の根本目的」との関係で政教分離の原則に違反しないと判断された。

Check Points
- ☐ 政教分離の原則と信教の自由とは，衝突することがある。
- ☐ 最高裁によると，政教分離の原則は，間接的に信教の自由の保障を確保しようとするものである。

Unit 17

表現の自由 1
——表現の自由の重要性

■ Topics ■　携帯電話のフィルタリングは表現の自由を侵害する？

　高校生の頃，親に携帯電話（スマホ）を買ってもらう際，フィルタリングをつけられて，見たいウェブサイトを閲覧することができなかった経験がないだろうか。これは携帯電話会社が勝手にやっているわけではなく，青少年インターネット環境整備法という法律に基づいて行っているものである。本法により，携帯電話使用者が青少年の場合，フィルタリングを条件として提供することが携帯電話会社に義務づけられている。しかし，このような閲覧制限は知る権利を制限しており，表現の自由の問題となりそうである。

　表現の自由は，憲法学の世界では他の権利に優越する重要な権利と目されており，できるだけ制限をしてはならないと考えられている。ところが，現実には様々な規制が行われており，フィルタリングの例のように閲覧制限を課す例も少なくない。中には表現を公表することすらストップしてしまう規制もわずかながら存在する。

　しかし，公表制限や閲覧制限は表現の自由を大幅に制約することにならないのだろうか。ここでは，表現の自由の重要性を確認しながら，公権力が事前に表現内容をチェックすることの問題を考えることにする。

1　表現の自由の意義

　高校では，精神的自由権の代表である表現の自由は重要な権利なので，できる限り制約してはならないと習ったが，なぜ表現の自由はそこまで重視されるのだろうか。

●● ①　表現の自由の意義(1)──歴史的側面　●●

　高校では，人権の中でも表現の自由は特に重要であると習ったはずである。少し詳しい教科書になると，表現の自由は民主政に仕えるもので，その制限は必要最小限にしなければならないと書いてあったりする。表現の自由が重要だとする点は高校でも大学でも変わらない。

　では，なぜ表現の自由が重要なのか。大学では，この問題意識から出発して，表現の自由の内実や限界を考えていくことになる。表現の自由が重視される理由を考えるためには，歴史的にどのような過去があったのかという事実の分析と，表現の自由自体が持つ意義にはどのようなものがあるのかという法的分析を行う必要がある。このうち，歴史的経緯については，世界史や日本史の知識が大いに役立つ箇所である。

▶▶アレオパジティカと自由論

　まず，時代と場所は 17 世紀頃のイギリスまでさかのぼる。当時のイギリスは絶対君主の時代であり，国王は自分を批判する言論を封じ込めるために出版規制を行っていた。これに対し，ミルトンは 1644 年に『アレオパジティカ』〔原田純訳〕（岩波書店，2008 年）を頒布し，表現の自由（特に出版の自由）が著しく制約されている状況を批判した。議会政治が登場してからも，表現の自由を求める闘争は続く。19 世紀にはミルが『自由論』〔塩尻公明・木村健康訳〕（岩波書店，1971 年）の中で言論の自由について言及し，政府に対する反対意見の重要性を説いた。

　また，日本でも明治憲法時代には表現の自由が制限されていた。新聞紙条例や出版条例を代表とする表現規制が行われ，さらに悪名高い治安維持法でも思想表現の抑圧が行われていた。これらの法令により，出版物を事前に提出させたうえで，国が内容をチェックしたり出版を禁止したりする検閲が行われてきたのである。このような思想の自由な発表や交流が妨げられるに至った経験を踏まえて，憲法 21 条 2 項前段の規定は，検閲の禁止を定めたのである。

　このように，表現の自由は政府によって制約されてきた歴史があり，それは政府に対抗する権利として発展してきたといえる。

●● ②　表現の自由の意義(2)——表現の自由自体の意義　●●

　表現の自由自体が持つ意義について考えられるようになったのは，20世紀頃からアメリカの裁判所が表現の自由を保護し始めたことに起因する。たとえば，ホームズ判事は「思想の自由市場」を説いたことで有名であり，なぜ表現の自由が重要なのかについて検討されるきっかけとなった。日本の標準的な基本書によると，表現の自由が重要なのは次の4つの理由があるからだとされる。

▶▶表現の自由が重要な理由

　第1に，**自己実現**の価値である。憲法価値の最たるものである個人の尊重は，個人の人格を尊重することを要請する。人が自己の人格を形成する際，表現活動は欠かせない。よって，表現の自由は自己実現の価値に仕えるものであるという理由である。具体的にいえば，人は自分の考えていることを話したり，興味のある本を読んだり，他人の意見を聞いたりしながら，自分という人格を創り上げていくので，表現の自由は自己実現に直結するというわけである。

177

　第2に，**自己統治**の価値である。表現の自由は政治に参加するための重要な手段であり，民主政の実現に欠かせない。たとえば，選挙の際，立候補する者は演説等によって自らの政策をアピールし，投票者は政策について議論したり批判したりするわけだが，それには表現の自由が必要不可欠なのである。

　第3に，**真理の探究**である。真理といっても，何が真理なのか答えがないものが多い。その際，国が1つの答えを決めてしまうと，それが誤っている場合の修正が困難である。そのため，多くの者が真理を探究して，その真偽や是非について議論を交わし，それによって出た答えを真理とすべきである。つまり，自由に意見を交換させてその言論市場で勝ち残った意見を真理とするので，そうした思想の自由市場を確保するために表現の自由が必要になるのである。

　第4に，**社会の安定**である。社会に不満がたまりすぎると，革命や暴動という形で爆発してしまうおそれがある。そのため，表現の自由を保障しておくことで常にガス抜きしておき，不満の暴発によって社会が不安定化することを防

ぐのである。また，表現の自由には社会の変化に対応するという側面もあり，その意味でも社会の安定に寄与する。

　以上の理由に対しては批判もある。第1と第2の点については，表現の自由以外の他の権利も自己実現や自己統治に仕えるのではないか，などの批判がある。たとえば，どんな職業を選ぶか（職業選択の自由）という決定も人格形成にとって重要な決定となるはずであり，表現の自由の優越性を語る根拠にはならないのではないか，また民主政の実現には選挙権の重要性は言うまでもなく，投票価値の平等も要請されるところである。第3についても，そもそも真理の概念が曖昧であることに加え，言論市場に参加する場合にも強い発言力を持っている者とそうでない者とがいるはずであり，そうした市場が成り立つとはいえないとの批判がある。第4についても，社会の安定については，社会権の保障など表現の自由以外の権利の役割も重要ではないかとされる。そうなると，以上の4つの理由は表現の自由の保障根拠の1つにはなりそうであるが，決定的な理由とはいえないかもしれない。

▶▶萎縮効果論

　そこで近年では，表現の自由がもろくて傷つきやすい権利だからこそ，他の権利と比べて強い保障が必要であるとの理由が提示されている。規制の対象が曖昧だったり広い範囲に及んでいたりすると，本来許されるはずの表現活動さえも控えてしまうおそれがあり，いわゆる萎縮効果をもたらす可能性がある。そのため，表現の自由は規制の影響を受けやすいものであり，できるだけ規制されるべきではないというわけである。たしかに，表現の自由が制約されると萎縮効果によって，本来保護されるはずの表現にも影響を与える可能性がある。こうした要素も表現の自由の優越性を支える重要な根拠となるだろう。

Check Points
□　表現の自由は，①自己実現，②自己統治，③真理の探究，④社会の安定などに寄与することから重要であり，規制による萎縮効果を受けやすいため，その制限は慎重でなければならない。

2　検閲の禁止

憲法21条2項前段は「検閲は，これをしてはならない」と規定しているが，検閲とはいったい何だろうか。

以上の点を踏まえると，表現の自由は思想や情報を発表したり伝達したりすることでその効果を発揮できることから，表現の自由を保護するためには情報の自由な流通を維持することが重要になる。そうした情報の流通を図るためには，情報を発する側の権利だけでなく，情報を受け取る側の権利も保障されなければならない。そのため，表現の自由には知る権利も含まれると理解されている。

●●　① 事前抑制の禁止　●●

表現の自由が情報の流通過程を保障している以上，その流通過程を遮断してしまうことは表現の自由を大きく損なうことになる。特に，表現が外部に発表される前にストップをかけられてしまうと，情報が流通しなくなってしまい，表現の自由が機能しなくなってしまう。そのため，表現の**事前抑制**は原則として許されない。

もっとも，事前抑制一般が常に許されないわけではなく，例外的に許される場合もありうる。その例外的な例が裁判所による事前差止めである。たとえば，ある情報が公表されると公表された人の人格が著しく傷つけられるような重大な損害が生じる場合には厳格な要件の下に例外的に裁判所による差止めが許容される。この問題が争われたのが北方ジャーナル事件（最大判昭和61・6・11民集40巻4号872頁）であった。この事件は，選挙の立候補者が自らを中傷する内容の記事が掲載された出版物が発行されることを知り，裁判所に出版の差止めを求めたものである。最高裁は，名誉毀損的記事が掲載された出版物を差し止めることができるか否かにつき，表現内容が真実でなく，またはそれが公益を図る目的ではないことが明らかで，被害者が回復困難な重大な損害を被る場合には，例外的に事前差止めが認められるとした。しかし，これはあくま

で例外的に許容されるにすぎない。ここでは，公権力が積極的に表現物の事前抑制を行うのではなく，裁判所が私人の訴えの提起に基づいて，具体的かつ重要な対抗利益が存在することを判断するからこそ，許されるのである。

●● ② 検閲の禁止 ●●

　それでは，憲法21条2項が明示的に禁止する検閲とはどのような行為を指すのだろうか。そもそも事前抑制と検閲は何か違うのだろうか。検閲の概念について定義を示したのが税関検査事件（最大判昭和59・12・12民集38巻12号1308頁）であった。この事件では，法律に基づき輸入禁制品をチェックする税関検査が検閲に当たるか否かが問題となった。原告は外国で公刊されている図書を日本に持ち込もうとしたところ，当該図書にはわいせつな内容が含まれていることから風俗を害する書籍に該当し，輸入禁制品に当たるとの通知を受けた。これが表現の自由を侵害しないかどうかが裁判で争われることとなり，最高裁は検閲の定義を行った。最高裁は，行政権が思想内容等の表現物の発表の禁止を目的として，その内容を審査して不適当な表現物の発表を禁止することが検閲であるとした。

　事前抑制と大きく異なるのは，その主体である。検閲は，「行政権」が主体となって表現物の内容を審査してその発表を禁止することを指すのである。当事者の訴えに基づいて裁判所が行う差止めと異なり，行政権が一定の観点から表現内容を審査してその発表を禁止するという点において，検閲は事前抑制と異なり，それに該当する行為は例外なく禁止される。

　税関検査については，行政権が行うものであるものの，それは思想内容の審査を目的とするわけではなく，表現自体は海外ですでに発表済みであることから，検閲には当たらないとされた。たしかに，税関検査自体の目的は思想内容のチェックではないだろうが，その運用次第では検閲のようになってしまうおそれもあり，「公安又は風俗を害すべき書籍」という関税定率法の輸入禁止規定は広範過ぎるのではないかという問題が残る。

▶▶教科書検定の問題

　また，この定義に従うと，文部科学大臣の検定に合格しなければならない教科書検定制度は内容をチェックしているので，一見すると検閲に該当しそうで

ある。だが，この問題が裁判になった家永訴訟（最判平成 5・3・16 民集 47 巻 5 号 3483 頁）では，検定制度が思想審査を目的とするものではなく，一般図書として刊行可能なのであるから検閲には該当しないとの判断を示している。しかしながら，教科書類はそもそも一般図書としての体裁を備えているものではないことから，一般図書として刊行することは事実上困難であり，裁判所はこうした事実上の検閲の問題を十分認識していないのではないかとの批判が根強い。

▶▶有害図書指定の問題

　こうした事実上の検閲の問題が指摘される制度として，有害図書指定の問題もある。これは，地方公共団体が条例によって青少年の健全な育成にとって有害な図書を指定し，未成年者のアクセスを制限するというものである。制限方法には様々なものがあるが，たとえば自動販売機で有害図書の販売を認めると青少年が購入してしまうおそれがあることから，有害図書を自動販売機で売ることを禁止するという方法がある。この場合，成人は書店で当該図書を購入することができることから問題なさそうに見えるが，指定制度の運用次第では有害図書の指定が販売者に萎縮効果をもたらし，事実上書店からも当該図書が姿を消す可能性もある。

Check Points
□　事前抑制は表現物が世の中に出る前に止めてしまうことから原則として許されず，特に検閲は絶対に許されない。

3　青少年に対する閲覧制限の問題

　青少年に対して閲覧制限を行うことは情報の受け手に対する検閲にならないのだろうか。

●● ①　青少年に対するフィルタリング規制　●●

　税関検査や教科書検定は，表現物を出す前にチェックされることが問題とされた事案であり，発表者側の自由の問題であった。しかし，表現の自由が受け手の自由をも保障しているとすれば，発表された後であっても検閲に似た問題が生じる可能性がある。つまり，発表自体は自由であっても，受け手に対する制限を行った場合には知る権利との関係で問題になるということである。

▶▶フィルタリング規制の内容

　その例が青少年に対するフィルタリングの問題である。フィルタリングとは，インターネット上の情報を選別して有害情報の閲覧を制限することを言い，青少年が有害情報に触れないようにするものである。インターネット利用者が増えるにつれ，ネット上を様々な情報が飛び交うようになった。そこで有害情報から青少年を守るためにフィルタリングをつける必要性が指摘されるようになり，2008年に青少年インターネット環境整備法が制定された。

　この法律は，青少年がインターネットに接続できる携帯電話やスマートフォンなどを契約する場合に，携帯電話事業者は有害情報のフィルタリングサービスを条件として提供しなければならないとしている。また，携帯電話に限らず，インターネット接続事業者も接続をする者からの求めに応じてフィルタリングサービスを提供しなければならないことになっている。本法の言う有害情報とは，犯罪や自殺を誘因する情報，わいせつ的情報，残虐な内容の情報などである。

●● ②　青少年保護と表現の自由　●●

　それでは，こうした規制は表現の自由を侵害しないのだろうか。表現の自由が情報の自由な流通を保障していることからすれば，国家が特定の情報を不適切と判断して閲覧を制限してしまうことは表現の自由を大きく制約するものである。たとえ公表が許されているとしても，その情報を受け取ることができなければ，情報の自由な流通が成り立たない。閲覧制限は検閲そのものではないが，国家が一定の観点から情報の流通にストップをかける以上，検閲的要素を含むものであり，それは原則として許されないはずである。

▶▶青少年保護の理由

　ただし，青少年については，その健全な成長を阻害するおそれのある有害情報を遮断することが許されると考えられている。なぜなら，未成年者が成熟した判断を欠く行動をして，健全な成長を著しく損なってしまわないように，本人を守るために一定の行為を制約することを認める必要があるからである（限定されたパターナリスティックな制約：Unit 28 の 3 を参照）。実際，岐阜県青少年保護育成条例事件（最判平成元・9・19刑集 43 巻 8 号 785 頁）は，青少年の健全な成長を阻害する有害図書を自動販売機に収納することを禁止しても憲法 21 条には違反しないとしている。

　しかしながら，そうした制約が認められるとしても，それは当該図書が青少年の健全な成長を損なうことと関係がなければならない。フィルタリングのケースで言えば，犯罪や自殺を誘因する情報，わいせつ的情報，残虐な内容の情報が，どういう意味で，いかなる害悪を青少年にもたらすのかを明らかにする必要がある。

▶▶『はだしのゲン』問題

　何が青少年にとって有害なのかを具体的に考える素材として，2013 年の漫画『はだしのゲン』閲覧制限問題が挙げられる。事の発端は 2012 年にさかのぼる。2012 年，『はだしのゲン』における君が代批判などの内容が，誤った歴史認識を子どもに植えつけるとして一部の市民から学校図書館から撤去してほしい旨の要請が松江市議会にあった。これについて，松江市議会は議会が立ち入るべき問題ではないとして不採択の決議を行った。ところが，これに不満を持った一部議員が市教育委員会に適切に対応すべきとの発言をしたことから，教育委員会が『はだしのゲン』を閲覧禁止にするように各公立学校に要請した。

　『はだしのゲン』は，原爆投下前後の広島を舞台に，少年の生き様を中心に描写したものである。その中に暴力的シーン等があることから，発達過程の子どもに悪影響を及ぼすとして，教育委員会は閲覧禁止要請を行ったのである。しかし，当該書籍の内容は平和教育に必要であるとの意見も出ており，このことが報じられると全国的な注目を集めることになった。

　教育委員会における再検討の会議では，一部に過激な描写があるものの，物

語全体に影響するものではないとの意見も出され，教育委員会の事務局だけで撤去要請をしていたことからその判断過程に不備があったことが明らかにされて，最終的には各学校の判断にゆだねるべきとの結論になり，制限の撤回をした。

　これまで，有害か否かの問題を具体的に検討する事案はあまり見られなかったことから，この問題は1つの参考例になる。そもそも暴力的表現が一部にあることを理由に閲覧制限をすることが青少年の健全な発達にリンクするのか，またそれが有害だとしてもストーリー全体から見て一部にすぎないような場合にどう考えるのかなどの検討課題が浮かび上がってきたからである。

　青少年保護という規制目的は，その正当性を主張しやすいことから，特に条例で多用される傾向にある。たしかに青少年保護は重要な目的であるが，他方で表現の自由もそれに劣らず重要な権利である。両者の兼ね合いにつき，個別のケースごとに慎重な検討が必要であろう。

Check Points

□　Topics にも出てくるように，青少年に対しては閲覧制限がかけられやすい傾向にあるが，表現の自由との関係を考える必要がある。

Unit 18

表現の自由２
──表現の自由の規制

■ Topics ■　学校の掲示板と表現の自由

　　Unit 17 で表現の自由の重要性を勉強した。表現の自由の視点から見ると，普段，あまり気に留めていなかった規制も「本当に規制されていいのか？」と思うようになる場面が出てくる。

　　たとえば，学校の掲示板使用について考えてみよう。掲示板を使用する際，「学校を批判する内容の掲示はできません」という条件がつけられていたとする。これは，表現の内容を直接規制するものであるため，表現の自由に対する侵害の程度が強いように思える。この規制を正当化するためには，どのような理由が必要になるだろうか。

　　あるいは，表現の内容の規制ではなく，「掲示板を使う場合は事前に申し込みをすること」というルールがあったとしよう。たしかに，掲示板は限られたスペースしかないので，事前に申し込みをさせて調整することが必要である。これは表現の中身に着目しているのではなく，「掲示板を使う」という表現行為を一律に制限しようとするものであることから，表現の自由を直接規制するものではない。とすると，「調整の必要性」という理由で，十分その規制は正当化できそうである。

　　しかし，実は掲示物の内容に問題があることから掲載を認めなかった場合はどうなるだろうか。たとえば，許可されている掲示物はいずれも「校内美化」や「ルールを守ろう」といった学校側の意に適ったものばかりで，学校の方針にそわない内容の場合はいつも「スペースの余裕がない」として断られた場合，本当に表現の自由を制約していないといえるだろうか。

　　この Unit では，表現の自由に対する規制方法に着目しながら，表現の内容に基づく規制と表現の内容に基づかない規制の区別について，その区別をするとどうなるのか，そもそもこうした区別が可能なのかについて考える。

1　表現の自由と内容規制

> 表現の内容に基づく規制にはどのようなものがあるだろうか。

●● ①　内容規制の問題 ●●

　Unit 17 では，表現の自由の重要性を考えながら原則として事前抑制が禁止されることを学んだ。この Unit では，表現された後の問題，つまり表現の自由を事後的に規制する場合の問題を見ていくことにしよう。

　表現の自由の規制には，表現の内容に基づいて規制する内容規制と，表現の内容とは関係なく規制する内容中立規制の 2 種類がある。**内容規制**は，表現の中身に着目して規制するものであるため，表現の自由の制約が強い。なぜなら，政府にとって都合のよい内容の表現だけを許し，都合の悪い表現を取り締まることになるおそれがあるからである。これまでの歴史を見ても，政府を批判する内容の表現を規制したことが専制国家や全体主義的国家につながることがあった。たとえば，明治憲法時代，日本では新聞紙条例や讒謗律によって政府批判が取り締まられ，全体主義的国家につながってしまったという経験がある。また，内容規制は多様な見解を集約するはずの民主政の過程そのものを歪めてしまったり，思想の自由市場を損なってしまったりするおそれがあり，表現の自由の価値を傷つけることになりかねない（Unit 17 を参照）。そのため，裁判所は内容規制の合憲性について厳しい目でチェックすることが要請される。

●● ②　内容規制の種類 ●●

　内容規制には，観点規制と主題規制の 2 つがある。特に，特定の見解に基づく規制（**観点規制**）は，多数派の見解を押し付けることになり，少数派の意見や考えを封殺してしまうおそれが強い。たとえば，「軍国主義を批判することを禁止する」という規制は，それに反対する意見を持つことを禁止するに等しく，少数派の意見は守られないことになってしまう。また，観点規制と似たも

のに，表現の題材に基づく規制（**主題規制**）がある。これは特定のテーマにそった規制のことを言い，宗教に関する表現規制や生命に関する表現規制などといったものを指す。主題規制も，方法次第では少数派の言論を抑え込んでしまうおそれがある。たとえば，「戦争に関する議論を禁止する」という規制は，「戦争」というテーマについて規制するものであり，主題規制といえる。テーマ自体を規制するのだから，一見すると中立的に見えるが，多数派の現状を変更させないために行われてしまう危険性がある。

　観点規制と主題規制の区別はつきにくいかもしれないが，Topics の例で言えば，「学校の批判」という特定の見解を規制する場合は観点規制となる。一方，もっと広く，「学校に関する意見を禁止する」という場合には，特定の見解ではなく，テーマを規制しているので主題規制となる。

●● ③　現実に存在する内容規制　●●

　内容規制は表現に対する重大な制約となるので，例外的でなければならない。やむをえず規制する場合であっても，どうしても保護すべき重要な利益が存在する必要がある。

187

　たとえば，満員電車の中で突然「火事だ」（嘘）と叫んだり，空港で「テロだ」（嘘）と叫んだりして，周りをパニックに陥らせてしまうような自由を認めてしまうと，そのような発言によって大混乱が生じ，怪我人を出してしまうおそれがある。そのため，他者の生命や身体など重要な利益を守るためには，特定の場面におけるそうした表現内容を規制することが許される。また，他者の人格を傷つけるような表現も制約されることがある。つまり，表現の自由といえども他者の権利利益を侵害する場合には，制約を受ける場合がある。

　そのため，現在もいくつかの内容規制が存在する。その代表例として，せん動的表現（破壊活動防止法4条2項など），名誉毀損的表現（刑230条，民723条），わいせつ表現（刑175条），などが挙げられる。

●● ④　せん動的表現　●●

　実際に存在する内容規制のうち，せん動罪は主に文書や言動で人の感情に訴えて，違法な破壊活動を起こすように仕向けることを規制対象としている。た

とえば，日比谷公園等で沖縄返還協定批准阻止のための武装闘争を訴えて「機動隊をせん滅しよう」などの演説をしたことが破壊活動防止法に違反するとして起訴された事件があり，最高裁は有罪判決を下している（最判平成2・9・28刑集44巻6号463頁）。このように，暴力的破壊活動をあおることがせん動罪の対象になる。暴力的破壊活動は多くの人の生命や財産が侵害されることが予想されるため，やむをえない規制と言えるが，運用方法次第では表現行為を萎縮させてしまうおそれもある。そのため，せん動罪を適用する際には明らかに差し迫った危険が生じているような場合に限定すべきであると指摘されている。

●●　⑤　名誉毀損的表現　●●

次に，個人の人格に損害を与える名誉毀損的表現を見てみよう。名誉毀損的表現の保護する利益は個人の人格であり，重要な利益と言える。とはいえ，名誉毀損的表現は人の社会的評価を下げる表現が対象となるため，批判的意見と紙一重のところがあり，さらに刑事罰も用意されていることを考えると，名誉毀損的表現であっても場合によっては保護する必要がある。そこで刑法230条の2は名誉毀損の免責について定めており，その表現が，①公共の利害に関する事実に係り，②もっぱら公益を図ることが目的で，③内容が真実であることの証明があったときは免責されるとしている。ここでは，③の真実性の証明が重要となるが，判例は真実と信じるに足る相当の理由が証明されればよいとしている（夕刊和歌山時事事件〔最大判昭和44・6・25刑集23巻7号975頁〕）。

●●　⑥　わいせつ表現　●●

せん動罪は生命や財産，名誉毀損罪は人格，という重要な利益を守るために存在しているため，やむをえない内容規制といえるが，内容規制の中には必ずしも守るべき利益がはっきりしない規制もある。それがわいせつ表現の規制である。

刑法175条は，わいせつな表現物を配布したり人目につく場所に並べたてたりすることを禁止している。判例（チャタレー事件〔最大判昭和32・3・13刑集11巻3号997頁〕）によれば，そこで守ろうとしている利益（**保護法益**）は，性道徳や性秩序の維持だとされる。要するに，アダルト作品や過激な性表現が巷にあ

ふれてしまうと，社会的道徳が崩れてしまうというわけである。

　一般的感覚からすると，わいせつ表現を規制することは必要であると考える人が多いかもしれない。しかし，憲法の観点からすれば，内容規制を正当化するためにはきわめて重要な利益が必要であるにもかかわらず，このような抽象的利益によって規制がなされてしまうことは表現の自由に対する大きな問題として受け止められることになる。

▶▶カテゴリカルアプローチ

　そのため，この規制を正当化するためには，別の特殊事情を提示しなければならない。それが，カテゴリカルアプローチと呼ばれる考え方である。それは，せん動的表現や名誉毀損的表現，そしてわいせつ表現などの一定のカテゴリーの表現は価値の低いものであり，表現の自由として保護されないと考えるアプローチである。価値の低い表現とは，自己統治をはじめとする表現の自由の諸価値に寄与しない表現のことを指す。表現価値が低ければ，表現の自由として保護する必要性は少なく，規制に一定の合理性さえあれば，規制してもかまわないと考えるのである。

　ただし，このアプローチによってわいせつ表現の規制を正当化するのであれば，わいせつ表現の定義をしておかなければならない。なぜなら，性表現の中には芸術的表現などもあり，性表現一般の価値が低いわけではないため，わいせつの定義をきちんとしておかないと保護されるべき表現まで規制してしまうおそれがでてくるからである。たとえば，美術の中にはミロのヴィーナスやダビデ像のように裸身を彫刻するものがあるが，それはわいせつ表現ではなく，芸術表現として理解されている。そのため，芸術的な性表現までもがわいせつ表現として規制されないように，わいせつの定義をしておく必要がある。この点について，最高裁は，①通常人の性的羞恥心を害し，②性欲を興奮させ，③善良な性的道義観念に反するものがわいせつに当たると定義しているが，作品全体が好色的興味に訴えるものであるかどうかなどを総合的に考慮して判断するとしている（最判昭和 55・11・28 刑集 34 巻 6 号 433 頁など）。

●●　⑦　ヘイトスピーチの問題　●●

　最近，ヘイトスピーチを規制すべきではないかという議論があり，内容規制

189

のカテゴリーが増える可能性がある。**ヘイトスピーチ**とは，特定の個人や集団に対して，それを嫌悪（hate）する目的をもって行う表現のことをいう。多くの場合，民族，人種，信条など，特定の属性や価値観に着目して行われる。その際の表現手段は多様であり，言論はもちろんのこと，デモなどの集団行進や排除的意味を含む象徴的表現等がある。たとえば，「○○民族は出ていけ」というプラカードを掲げて集団行進したり，歴史的に迫害されてきた集団に過去の苦い体験を思い起こさせるようなフレーズや図画などを送りつけたりする行為が挙げられる。

このような行為はたとえ表現活動の一環であるとしても，嫌がらせにきわめて近い行為であることから，規制されるべきとの議論がある。実際，ヨーロッパやカナダではヘイトスピーチが規制されている。他方で，アメリカでは，ヘイトスピーチといえども言論であることに変わりなく，わいせつ表現などと同様に表現の自由の保護から除外されることにはならないとしている。

ヘイトスピーチについても，一般的感覚からすれば規制されてしかるべきと考える人が多いかもしれないが，ヘイトスピーチを規制することは内容規制になるので，表現の自由に対する大きな制約となる。とりわけ，ヘイトスピーチには一定の価値観が反映することが多いため，それを公権力が規制することは表現の自由に対する制約の度合いが大きい。

日本では特定の民族や集団に対する差別的言動が問題となり，ヘイトスピーチを含む示威活動が違法と判断されたケースがある（京都地判平成 25・10・7 判時 2208 号 74 頁）。この事件は特定の学校の前で拡声器等を用いて「出ていけ」などの示威活動を行い，その様子を撮影したものを後日インターネット上に掲載したことが業務妨害や名誉毀損に当たるとして裁判になったものである。裁判所は，ヘイトスピーチそのものを取り上げなかったものの，「本件活動に伴う業務妨害と名誉毀損は，民法 709 条所定の不法行為に該当すると同時に，人種差別に該当する違法性を帯びている」として，名誉毀損に基づく損害賠償責任を認めた（なお，2014 年に最高裁が被告側の上告を退け，判決は確定している）。ヘイトスピーチの社会問題化を踏まえ，国会は 2016 年にヘイトスピーチ解消法（本邦外出身者に対する不当な差別的言動の解消に向けた取組の推進に関する法律）を制定し，本邦外出身者に対する不当な差別的言動の解消に向けた取組みを推

進している。

> ## Check Points
> ☐　内容規制は表現の自由を強く制約するので原則として許されない。
> ☐　内容規制が行われる場合は，規制される表現がそもそも表現の自由
> 　　の保護に値しない事柄であることが多い。

2　内容中立規制

> 　表現の内容に基づいて規制しなければ，表現の自由を侵害することにはなら
> ないのだろうか。

　デモ活動，ビラの配布活動，ポスターや広告を貼る活動などの表現行為は，
交通の往来を阻害したり，美観を損ねたりするなど，他者の利益や公益と衝突
しやすい。そのため，公益上の観点から，それらの活動に対して，時間を設定
したり，場所を限定したり，方法を特定したりして規制をかける必要がある。
このような規制を内容中立規制という。

　一般人の利益という公益は抽象的な利益にすぎないものの，電車や道路の利
用を妨げるような表現活動は許されないというのは，おそらく一般的感覚に適
ったものである。裁判所もそのように解しており，内容中立規制に対してはあ
まり強い正当化理由を求めていない。

　たとえば，判例は，美観風致の維持という目的のために屋外でのビラ貼りを
規制することは必要かつ合理的な制限であるとしている（大阪市屋外広告物条例
事件〔最大判昭和 43・12・18 刑集 22 巻 13 号 1549 頁〕，大分県屋外広告物条例事件〔最
判昭和 62・3・3 刑集 41 巻 2 号 15 頁〕）。ここでは，目的と手段の関係が合理的で
あることが要求されている。また，駅構内でのビラ配布規制の合憲性につい
て，判例は，表現の自由は他人の財産権や管理権を侵害してまで許されるもの
ではないとだけ述べて簡単に合憲性を認めている（吉祥寺事件〔最判昭和 59・

12・18 刑集 38 巻 12 号 3026 頁〕）。このように，内容中立規制に対する合憲性の
チェックはあまり強くなく，規制枠組みによほど大きな欠陥がなければ合憲に
なると推測される。

> ### Check Points
> □　時・場所・方法に着目して規制することを内容中立規制といい，表
> 　　現内容を規制するものではないことから，目的と手段との間に合理
> 　　的関連性があれば合憲とされる。

3　内容規制と内容中立規制の間

> 　内容中立規制が内容規制のように運用されている場合，それは実質的に内容
> 規制になるのではないだろうか。

●● ①　内容中立規制が内容規制のように運用されてしまう場合 ●●

　内容規制と内容中立規制について，明確に区分できる場合はいいが，しか
し，その運用次第では内容中立規制が内容規制になってしまう場合がある。そ
の代表例がビラの配布である。たとえば，他人の家にビラ等を無断貼付すると
軽犯罪法 1 条 33 号に違反する。また，表現行為を直接規制するものではない
が，場合によっては表現行為を内容中立的に規制することになることもある。
ビラの例で言えば，住居侵入罪がそれに当たる。居住者が拒否しているにもか
かわらず，勝手に他人の家に立ち入ってビラを配布することは許されず，場合
によっては刑法 130 条の住居侵入罪に当たるおそれがある。

　これらの規制は表現内容に基づいて規制しているわけではないので，内容中
立規制である。しかし，公権力が一定の内容のビラを配布するときだけ，これ
を規制する場合はどうなるだろうか。つまり，外見上は内容中立規制である
が，運用上は内容規制になっている場合である。

　Topics の掲示板の例でいえば，表向きは内容中立であるが，実際には掲載許可をするにあたり内容で選んでいるといった場合である。特に，政府が管理者の場合，政府の見解に親和的な意見ばかりを取り上げ，政府に批判的な意見は取り上げないといったような運用がなされるおそれがある。

●● ②　ビラ配布事件の顛末　●●

　そのリーディングケースが建物内でのビラの配布である。刑法 130 条の住居侵入罪は，建物の敷地内に立ち入った場合にも適用されるものであるが，通常，敷地内にあるポストにビラや広告物を投函してもこの罪に問われることはない。自宅のポストを見ると，毎日のように広告物が入っていてうんざりすることもあるが，それによって誰かが逮捕されたという事件はあまり聞かない。

　しかし，建物の管理者または居住者が立ち入りを拒否していたにもかかわらず，それでもなおビラを配り続けた場合にどうなるかという問題がある。立川ビラ配布事件（最判平成 20・4・11 刑集 62 巻 5 号 1217 頁）ではこのことが問題となった。立川ビラ配布事件は，自衛隊のイラク派遣に反対する者が立川市の自衛官宿舎に立ち入って，イラク派遣に反対する内容のビラを配布したことが問題となった。以前から配布禁止の立札を設置していた管理者は警察に被害届を提出し，警察は配布者を住居侵入罪の容疑で逮捕した。これについて最高裁は，ビラ配布行為が表現の自由として保障されることを確認しながらも，その手段が他人の権利を侵害してまで許されるわけではないとする。そのうえで，本件逮捕は表現内容に基づいて行われたわけではなく，その手段の是非が問われた事案であり，管理者の意思に反して立ち入ることは管理権を侵害し，平穏な私生活を侵害するものであるとして，有罪の判断を下した。

　住居侵入罪自体は内容中立規制であるが，その運用次第では内容規制になりうる可能性があることに目を向けさせる事案であるといえよう。

Check Points
□　内容中立規制であっても，その運用次第で内容規制になってしまうおそれがあることに注意しなければならない。

Unit 19
表現の自由 3 —— 知る権利

■ Topics ■　知る権利

　2018 年，ある国有地の売却をめぐり，公文書の改ざんを指示された公務員が，その経緯を記したメモを残して自殺した。国は後に公文書の改ざんがあったことを認めたが，メモの存在はかたくなに認めなかった（その後，メモの存在も認めた）。

　「知る権利」という言葉は，高校までの学習でもしばしば耳にしたことだろう。われわれは様々な情報を吟味したうえで意思を決定するのであって，様々な情報を知るということは，われわれが社会生活を営むうえでも，民主政を機能させるうえでも大変重要である。上のメモも，国の違法な活動はなぜ行われたのかをわれわれが知る重要な手がかりである。

　このような「知る権利」は，日本国憲法上，明文で規定されているわけではない。けれども，憲法 21 条が表現の自由を保障していることから，憲法 21 条を根拠として認められると考えられている。ただし，憲法 21 条から知る権利を導くためには，「表現の自由」という文言の意味を少しだけ拡げて理解する必要がある。その際に重要となるキーワードは，これまでの Unit でも登場した「情報の自由な流通」である。この Unit では，表現の自由を情報の自由な流通と把握しなおすことによって見えてくる様々な問題を検討しよう。

1　マスメディアと表現の自由

●●　①　報道の自由　●●

> 憲法 21 条が保障する「表現」には，思想や意見の表明以外にも，事実の報道が含まれると考えられるだろうか。

▶▶知る権利

Unit 17 ですでに学習したように，憲法が表現の自由を保障する根拠として，表現の自由には**自己実現**や**自己統治**といった価値があることが挙げられる。このうち自己実現の価値とは，人は自分の考えていることを誰かに話したり，興味のある本を読んだり，他人の意見に耳を傾けたりすることを通じて自分の人格を発展させるのであって，それゆえに表現の自由が大切なのだ，という考え方を指す。また，自己統治の価値とは，表現の自由が保障されなければ，たとえば政治家が自由に演説したり，それを聴いて公衆が議論したりできないのであって，健全な民主政は実現されないという考え方を指す。このような自己実現や自己統治は，人々の表現行為によって様々な情報が豊かに相互にやりとりされるからこそ成立する（「**情報の自由な流通**」）。

▶▶報道の自由

このような考え方に立つと，人々がその人なりの意見を形成したり，政治的なテーマについて判断を下したりする場合には，様々な情報を広く受け取ることが重要であろう。そこで，一般に，表現の自由は，国民の「**知る権利**」をも保障していると考えられている。

このような「知る権利」が十分に保障されるためには，国民に様々な事実を知らせる「報道」が，表現の自由の下で保護される必要がある。たとえば，大規模な原子力発電所の事故についてきちんとした報道がなされなければ，被害の実態を知ることも，今後の原子力政策の是非も議論できない。「表現」と言うと，思想や意見といった個人の精神活動に密接に関わる内容だけであって，事実を伝える「報道」は表現とは言えないと思われるかもしれないが，報道も

195

また憲法 21 条の保障の下に置かれていると考えるべきであろう。

　最高裁は，**博多駅フィルム提出事件**（最大決昭和 44・11・26 刑集 23 巻 11 号 1490 頁）において，「報道機関の報道は，民主主義社会において，国民が国政に関与するにつき，重要な判断の資料を提供し，国民の『知る権利』に奉仕するものである。したがって，思想の表明の自由とならんで，事実の報道の自由は，表現の自由を規定した憲法 21 条の保障のもとにある」と述べている。

●● ② 取材の自由 ●●

> メディアやジャーナリストは，ニュースを発信するために，様々な取材活動をしている。取材活動は，憲法 21 条によって保障されるだろうか。

▶▶取材の自由

　さらに，政府が政策決定を行う背景にどのような事情が存在したかを知ることは，国民の自己統治にとって不可欠である。そのような背景事情は，通常，政府統制権を持ち，公開討論の場としての機能を持つ国会において調査・審議され，国民の目に触れることになるはずである。けれども，国会が十分な機能を果たせないこともありうるし，国会とは異なる観点から背景事情を探求することが必要な場合もあろう。わが国においても，沖縄返還に関して，日米間の密約の存在（いわゆる沖縄密約問題）が報道されたことがある。また，私たちが自分たちの社会を良くするために知るべきことは，国政にまつわる事柄だけではない。企業の不正だって社会的影響は大きいが，企業が不正を正直に告白しない可能性は高い。

　このように考えると，表現の自由には，国民の情報収集活動が公権力によって妨げられないことが含まれていると解するべきだろう。特に，われわれが政府の活動について様々な情報を知ることができるのは，新聞やラジオ・テレビといったメディアやジャーナリストが精力的に取材し，報道するからであり，取材が公権力によって妨げられてはならない（**取材の自由**）。つまり，表現の自由は，ただ表現することのみを保障するのではなく，その前提となる様々な素材を集めること（＝取材）の自由を含んでいると言うべきである。最高裁も，先に見た博多駅フィルム提出事件決定において，取材の自由を「憲法 21 条の

精神に照らし，十分尊重に値いする」としている。ただし，行き過ぎた取材活動はときに他者の権利や利益を傷つけることもある（いわゆるメディア・スクラムの問題）。したがって，取材の自由が憲法 21 条で保障されるとしても，表現を行うこと（つまり情報提供行為）に比べて，それに対する制約が正当化される可能性が大きいと言うことができるだろう。

▶▶取材の自由の限界

　このような取材の自由が問題となった例として，ここでは特に，いわゆる外務省機密漏えい事件（最決昭和 53・5・31 刑集 32 巻 3 号 457 頁）を取り上げておこう。これは，沖縄返還交渉を取材していた新聞社の政治部記者が，親密な関係になった外務省事務官に沖縄返還交渉等の書類の持ち出しを依頼したことが問題となった事件であり，山崎豊子の小説『運命の人』のモデルともなったことでよく知られている。

　国家公務員法は，「職員は，職務上知ることのできた秘密を漏らしてはならない」（100 条 1 項）としていわゆる守秘義務を課し，この義務に反した職員を処罰すること（109 条 12 号）を定めるとともに，これをそそのかした者についても処罰することを定めている（111 条）。新聞社の記者は，外務省事務官をそそのかしたとして，国家公務員法 111 条等違反を理由に起訴された。

　この事件において，最高裁は，次のように判示し，処罰されるべき取材行為を限定して考えることによって，取材の自由に一定の配慮を見せている。

　まず，国家公務員法 109 条 12 号，100 条 1 項に言う「秘密」について，「非公知の事実であって，実質的にもそれを秘密として保護するに値すると認められるもの」であるとする。

　そして，これに続けて，最高裁は，博多駅フィルム提出事件決定を引きつつ，「取材の自由もまた，憲法 21 条の精神に照らし，十分尊重に値する」ことを示したうえで，報道機関が取材の目的で公務員に対し秘密を漏示するようにそそのかしたからといって，そのことだけで，直ちに違法だと言うのではなく，取材が真に報道のために行われていて，その手段や方法が社会観念上，認められるものである限りは，正当な業務行為だとした。このような考え方からすると，そのような正当な取材は，たとえ国家公務員法に反するものであっても処罰されないことになる。

　つまり，最高裁によれば，①公務員が職務上知りえた秘密について取材をする場合でも，その秘密がすでに広く知られている場合や，実質的に秘密として保護に値するわけではない場合には，処罰の対象とならず，②実質的に秘密として保護されるべき事柄を取材する場合であっても，その取材が，報道のために，社会的に相当な手段で行われる限りは，処罰されないということになる。

　もっとも，最高裁は，本件の記者が，事務官と情を通じたことを利用して文書を入手したことが，事務官の「人格の尊厳を著しく蹂躙したもの」であるとして，「社会観念上，到底是認することのできない不相当なものである」と断じてはいる。それでも，最高裁の考え方からすれば，通常の取材活動であれば，国家秘密を入手しようとしても処罰されないことになる。

Check Points

☐　表現の自由とは，情報の自由な流通に関わる人々の活動が公権力によって妨害されないことを意味すると考えられる。

☐　憲法 21 条に言う「表現」には，思想や意見の表明のみならず，事実の報道なども含まれると考えられる。

☐　表現の自由には，取材の自由も含まれていると考えられる。

☐　取材の自由は，他者の人権や公益と衝突することがあり，一定程度制約されることがやむをえない場合もあるが，その場合でも，慎重な配慮が必要とされる。

2　情報の受け取り手と表現の自由——情報受領権

　展覧会の絵を見に行くことが禁じられた場合には，表現の自由の問題にならないだろうか。また，新聞の購読が禁じられた場合はどうか。

●● ① 情報受領権 ●●

▶▶情報の受け手の自由

　情報の自由な流通という考え方の 2 つ目の含意は，憲法 21 条は，思想や事実といった様々な情報の提供だけではなく，その**受領**についても保障していると解するべきであるという点である（**情報受領権**）。このことも，表現の自由が保障される趣旨が，個人の自己実現や国民の自己統治にあるという観点から説明できる。

　この点を，個人の自己実現という側面から考えてみよう。たとえば，「原発を爆破せよ」のような過激な歌詞で物議を醸しているロック歌手がいるとする。そのような楽曲を作成し，演奏することを禁じたり制約したりすることは，当然に表現の自由の問題がある（Unit 18 を踏まえて考えてみよう）。では，このロック歌手の楽曲を購入したり，ライブに行ったりすることを禁ずるのはどうだろうか。このような規制の下では，ロック・バンドの楽曲制作や演奏自体は禁じられていない。けれども，広く聴かれることのない楽曲の制作や聴衆のいないライブなど，何の意味も持たないだろう。ここからも理解されるように，表現の自由を保障するためには，単に表現行為だけでなく，その受領なども含めて考える必要がある。

　また，情報の受領は，表現する側（上述の例で言えばロック歌手）だけでなく，表現の受け取り手（楽曲を聴き，ライブに参加するファン）にとっても重要である。これまでの人生でつらかったときに勇気づけられた歌や，人生の意味について考えさせられた書物や映画があるという人も多いだろう。様々な情報に触れることは，個人の人格の維持・発展・形成にとって大きな意義を持つ。

　同様に，国民の自己統治という観点からも，国民が様々な情報を受領することは，重要な意義を持つ。たとえば，政府が用意しようとする法律案の問題点は，ふつう多くの人々が相互にこれを議論し論評することによって明らかになる。このような議論が成立するためには，自分の見解の公表が妨げられないことだけでなく，他人の見解を知ることが自由にできなくてはならないだろう。

▶▶よど号ハイジャック記事抹消事件

　したがって，憲法 21 条が表現の自由を保障すると言うからには，誰かが提

199

供する情報の受領を公権力によって妨げられないことも，当然に保障されていると考えるべきである。このような意味での情報の受領が問題となった一つの例が，いわゆる**よど号ハイジャック記事抹消事件**（最大判昭和 58・6・22 民集 37 巻 5 号 793 頁）である。この事件では，拘置所内に収容された者が私費で購入した新聞の一部記事を拘置所が塗りつぶしたことの是非が争われた。この事件で，最高裁は，結論的には，塗りつぶしは合憲だとしたものの，表現の自由が持つ自己実現や自己統治の価値に鑑みると，「これらの意見，知識，情報の伝達の媒体である新聞紙，図書等の閲読の自由が憲法上保障されるべきことは，思想及び良心の自由の不可侵を定めた憲法 19 条の規定や，表現の自由を保障した憲法 21 条の規定の趣旨，目的から，いわばその派生原理として当然に導かれるところ」だと説いている。

●●　②　政府情報開示請求権と情報公開法　●●

▶▶政府情報の開示

　政府が行動する際の基礎となっている情報を知ることも，国民の自己統治という観点から見ると重要である。けれども，そのような情報がすべて国民に提供されるとは限らず，様々な理由に基づいて公開されないことがある。たとえば，2010 年に尖閣諸島沖で，海上保安庁の巡視船が外国の漁船に体当たりされるという事件が発生した（尖閣諸島中国漁船衝突事件）。このとき，海上保安庁の巡視船は，事件の一部始終をビデオで録画していたが，事件発生直後は，一部の国会議員に限ってのみ公開され，広く国民に公開されることはなかった。この映像は後にインターネットの動画投稿サイトに流出し，広く国民の目にするところとなったが，このようなことがなければ，国民は事件の真相を十分に知ることができなかったかもしれない。また，政府の行動が疑われるとき，丁寧に事情を説明する義務が政府にはある。しかし，しばしば，政府は，「批判はあたらない」とか，「問題だとは思わない」と言うばかりで事態の真相をきちんと明らかにしないこともある。

　情報を知ろうとするジャーナリストの活動が公権力によって妨害されてはならないことはすでに見たが，さらにこの考え方を進めて，一般の国民もまた，政府の保有する情報の開示を求めることが認められるべきではないだろうか。

すなわち，国民には，政府に情報開示を請求する権利（政府情報開示請求権）が
あり，これに対応する形で，政府には情報を開示する義務があるのではない
か，というわけである。

▶▶情報公開法

　ただ，そのように考えるとしても，政府の保有する情報の中には，個人のプラ
イバシーに関わるものや，国の安全に関わる情報などもある。したがって，
政府保有情報のすべてが開示されればよいというわけではなく，どこまでを開
示し，どこまでを非開示とするかの基準を法律によって定める必要があるとい
うことになろう。つまり，政府情報開示請求権ないし狭義の知る権利が憲法上
認められると考える場合でも，その実現には，法律による具体化が必要だとい
える。

　このような考え方を背景に，様々な地方公共団体において順次，情報公開条
例が制定され，1999年には，国レベルでも**情報公開法**（「行政機関の保有する情
報の公開に関する法律」）が制定されるに至った。この法律は，「何人も，この法
律の定めるところにより，行政機関の長……に対し，当該行政機関の保有する
行政文書の開示を請求することができる」（3条）と定めるとともに，開示すべ
き情報に関する基準を設定している（5条）。

　なお，これに関連して，2013年に制定された「特定秘密の保護に関する法
律」（**特定秘密保護法**）についても触れておこう。この法律は，わが国の安全保
障に関する情報の中で特に秘匿することが必要なもの（特定秘密）を保護する
ため，特定秘密の指定や解除，特定秘密の漏えいを防止するための適性評価や
罰則などを定める。特定秘密に該当するような情報が存在することや，それら
が一定の程度，秘密とされることの必要性は否定できないが，他方で，必要以
上の情報が特定秘密に指定されるおそれはないのか，適正な制度運用をどのよ
うに確保するか，情報が秘匿されたままで，どのように政策決定の正しさを国
民が検証できるようにするかなど，課題も多い。

Check Points

☐　表現の自由が，情報の自由な流通に関わる権利だとすると，そこには，誰かが提供する情報を受領することが公権力によって妨げられないことも含まれる。

☐　憲法 21 条が政府情報開示請求権の根拠とされることがある。

☐　政府情報開示請求権は，情報公開法や情報公開条例によって具体化されている。

Unit 20

集会・結社の自由

203

■ Topics ■　脱原発デモ

　2011 年の福島第一原発事故の発生後，原発の再稼働をめぐり首相官邸前では毎週，脱原発デモが繰り広げられた。デモに参加する人々は，自分たちの主張を書いたプラカードやのぼりを掲げて，シュプレヒコールとともに周辺道路を行進する。また海外において，労働者が待遇改善を求めたり，政府の方針に反対するために大規模なデモが行われたりするのを，テレビなどで見たことがあるだろう。選挙が重要な意味をもつ民主主義社会にあっても，デモ活動は，特定のメッセージを社会に伝えたり，政治に働きかけたりするのに有効な手段である。

　多くの人が集まって行動すると，1 人で行うよりも大きな効果を期待できるというプラスの側面がある。しかし他方で，多数人での行動は，1 人での行動よりも社会に及ぼす影響や危険も大きくなるというマイナス面もある。

　憲法は集団活動の自由として集会・結社の自由を規定しているが，これらが他の基本的人権と比較してどのような特徴をもっているのかを，この Unit では見ていくことにしよう。

1　集会・結社の自由の位置づけ

　集会・結社の自由は表現の自由と同じ 21 条で保障されている。集会・結社の自由には，表現の自由とは異なる独自の意味があるのか。

▶▶集団活動の自由

　これまでの Unit では，精神的自由に分類される様々な自由を見てきた。それらは，個人の内面の精神活動に関わるもの（思想・良心の自由，学問の自由，

信教の自由など）と，その外部への表出に関わるもの（表現の自由など）であった。

　さらに，後者の外面的活動は，個人的に行われるものだけではない。多くの人々が集まって集会を開いたり，街頭でデモ行進をしたりすることで，自分たちの意見や主張を世間にアピールすることもあるだろう。また，考え方を同じくする人たちが団体を結成して，目的の実現のため組織的・継続的に活動する方法もある。そして，このような多数人による集団活動の自由を保障するのが，集会・結社の自由である。

▶▶表現の手段としての集会・結社

　日本国憲法 21 条 1 項は，「集会，結社及び言論，出版その他一切の表現の自由は，これを保障する」と定めており，集会・結社の自由が，表現の自由と同じ条項に置かれている。これは，集会や結社が表現の手段としての意味を持っているからである。実際，集会やデモ行進は，特定の意見や主義主張を表明するために行われることが多い。また最高裁も，デモ行進には「表現の自由として憲法上保障されるべき要素を有する」と述べたことがある（最大判昭和 50・9・10 刑集 29 巻 8 号 489 頁〔徳島市公安条例事件〕）。このような理解によると，集会・結社の自由は，究極的には表現の自由に仕えるものにすぎないであろう。

▶▶「集会」「結社」の独自性

　しかし，集会や結社がいつも表現のために行われるわけではない。たとえば，共通の趣味を持っている人たちが集まったり，同窓会やクラブなどの親睦的な団体を結成して活動したりすることがあるが，このような場合は，集会や結社が表現の自由のために行われているのではない。むしろ，集団活動を通じた個人の自己実現や他者との連帯が目的であろう。また，NPO などの団体が慈善活動やヴォランティア活動などの社会的活動を行うことは，社会や国家にとっても有益である。このように，集会・結社の自由には，表現の自由に還元されない独自の価値が認められる。

▶▶集団活動の特殊性

　他方，集会や結社が多数人による集団活動であることにも目を向ける必要がある。共通の関心を持つ人々が多数集まると，個人だけの活動では考えられないようなことが起こるおそれがある。たとえば，海外のデモでは，最初は平穏

に行われていたにもかかわらず，何かの拍子に集団が暴徒と化して，周辺の家屋や店舗への破壊行動に出るといった事態が見られる。また，個人が団体に所属すると，組織の一員として行動することが求められる。大学のクラブやサークルでの活動を考えてみてほしい。クラブの構成員は，自らの意思に背いてでもクラブの決定に従って行動すべきことがあるかもしれない。さらには，1995年の地下鉄サリン事件のように，個人ではできないようなことが，組織の一員としてならできるという場合もある。このように見ると，集会・結社の自由には個人の自由の場合とは違った考慮が必要であることがわかるだろう。

Check Points
☐　集会・結社の自由には，表現の手段という側面があるだけでなく，集団活動の自由としての独自の価値も認められる。

2　集会の自由

> 集会の自由の保障には，どのような特徴があるか。

●●　①　集会の自由の保障内容　●●

▶▶集会とは

　集会の自由とは，文字どおり理解すれば，集会をすることが公権力によって妨げられないことである。ではここに言う「集会」とは何か。「集会」とは，多数人が共通の目的のために一定の場所に集合することを意味する。このような集会としてまずイメージするのは，何かを要求したり主張したりするために，集会場や市民会館に大勢の人が集まっている様子であろう。そこでは，壇上で代表者やゲストの演説が行われたり，場合によっては，結束を示すために全員で掛け声をあげたりするだろう。毎年，5月のメーデーには，労働者が結

束して地位の向上や待遇の改善を訴えるために，各地で集会が行われている。
このような集会が，集会の自由の保障を受けることに疑いはない。

▶▶「デモ行進」は保障されるか？

　他方で，多数の人が横断幕やのぼりを掲げて一般の道路を練り歩いている映像をテレビで見たことがあるかもしれない。それは集団行進またはデモ行進と呼ばれるが，これは集会の自由で保障されないのか。集団行進は動き回るものであるため，「一定の場所」に集合するという集会の定義を満たしていない。しかし，表現の手段としての集会の役割を考えると，屋内の閉鎖的な空間で行われる仲間内の集会よりも，公の場で広く社会に主義主張や意見を訴えかける集団行進こそ，本来保護に値する行為であると言える。そこで一般に，集団行進はいわば**「動く集会」**として，集会の自由で保障されると考えられている。

●● ②　集会の自由と「場所」の問題 ●●

▶▶集会の自由と「場所」の確保

　前記のように，集会とは，多数の人々が一定の「場所」に集合することである。逆に言えば，「場所」が確保できなければ，集会を開催することはできない。集会や集団行進を行う場所として考えられるのは，公民館，公園，道路などであるが，それらの公共施設は国や地方自治体によって設置され，管理される。そうすると，たとえ公権力が集会自体には干渉しないとしても，集会開催のために公共施設を利用させないのであれば，集会の自由は実質的に否定されたのと同じである。そこで，集会の自由にとって，公共施設を利用できるか否かには重要な意味がある。

▶▶一般的な公共施設

　しかし，公共施設にはそれが設けられた本来の目的があり，それを集会のためにいつでも自由に利用できるわけではない。このことは特に，集会のために設けられたのでない一般的な公共施設について当てはまる。たとえば，公園は，個人としてならいつでも使用できる施設であるが，それを集会のために使用するには，地方自治体の許可を受けなければならない。公園は本来，市民の休息，運動，遊戯を目的として設けられる施設である。もちろん，市民が集会のために公園を利用することが許されないわけではない。しかし，公園で多数

の人が場所を占拠して騒がしくすると，市民の憩いの場としての公園の本来の機能が果たされなくなってしまう。そこで，国や地方自治体は，集会のために公園を使用したい旨の申請がなされても，施設の適切な管理のために許可を与えないことができる。そして，このこと自体は，集会の自由に対する不当な制約には当たらないと考えられている（最大判昭和 28・12・23 民集 7 巻 13 号 1561 頁〔皇居前広場使用不許可事件〕）。

▶▶集会用の公共施設

　それでは，市民会館や公民館などの集会のために設けられた施設はどうだろうか。市民会館ではコンサートやイベントが行われ，公民館では各種講習や会合が行われるなど，いずれも多数の人が集まることが予定されている。これらは，住民のために地方自治体が設置する公の施設であるが，これについては，地方自治法で，地方自治体は「正当な理由」がない限り，住民による利用を拒んではならないことになっている（244 条 2 項）。それでは，どのような場合に「正当な理由」があるとされるのか。

　まず，利用の希望が競合する場合に，ある希望者の利用が認められることで，その他の希望者が利用できないのは仕方がない。また，施設の本来の目的以外での利用が予定されている場合や，定員超過など施設の規模や設備の関係で受け入れが難しい場合も，施設の適正な管理のために，利用を拒否できると考えられる。

▶▶管理権者の責任

　それでは，混乱やトラブルが起こりそうだからという理由で，施設の利用を拒否することはできるのか。たとえば，激しいグループ間対立が存在し，一方のグループの集会のために市民会館の利用を認めれば，対立するグループが押しかけてきて，市民会館や付近道路において暴力行為などの発生が懸念されるという場合を考えてみよう。このとき，単に対立グループの妨害活動が起こるかもしれないという理由だけでは，施設利用を拒否する「正当な理由」には当たらない。妨害する側の事情で合法的な集会が実現しないのは，明らかにおかしい。さらに，市民会館が集会のために設けられた施設である以上，その目的達成のために適切な警備を整えることは，本来，施設管理権者が果たすべき責任でもある。

▶▶泉佐野市民会館事件

　それでは,「正当な理由」が認められるのは, どのような場合か。この点の判断を示したのが, **泉佐野市民会館事件**（最判平成7・3・7民集49巻3号687頁）である。最高裁は, 市民会館の利用を拒否するには, 集会の開催によって単に人権侵害の発生の危険があるというだけでは足りず,「明らかな差し迫った危険」の発生が具体的に予見できることが必要である, という基準を示した。この基準は, 人権侵害の発生がほぼ確実な場合でない限り, 市民会館の利用を拒否できないというものであり, 集会の自由の重要性に配慮した基準であると考えられる。

▶▶デモ行進の場合

　集団行進（デモ行進）のためには, 通常, 道路（公道）が利用される。このため, デモ行進をするには, 道路使用の許可を受ける必要がある（道交77条1項4号）。また, 道路でのデモ行進は, 公共の安寧（公安）の維持に危険を及ぼすことがある。そこで, 地方自治体はいわゆる**公安条例**を制定して, 集団行進について一定の規制を設けている。この規制については, 単なる届出という意味を超えて, 許可するかどうかを公安委員会の裁量にゆだねるような一般的許可制であれば, 憲法違反になると考えられている（最大判昭和29・11・24刑集8巻11号1866頁〔新潟県公安条例事件〕）。

Check Points
- ☐ 集会の自由が実質的に保障されるには, 集会のための場所や施設が利用できなければならない。
- ☐ 地方自治体が住民に公の施設の利用を拒否できるのは,「正当な理由」がある場合に限られる。

3　結社の自由

結社の自由とは，どのような基本的人権か。

●● ①　「結社」とは何か ●●

▶▶人の結合体としての結社

憲法は結社の自由を規定しているが（21条1項），そもそも「結社」とは何であるのか。「結社」とは，多数の人が共通の目的を達成するために合意によって組織する継続的な団体であると定義される。一言で言えば，共通の目的をもった「人の結合体」である。集会と結社とは人の集団的な活動である点で共通するが，集会が一時的な活動であるのに対して，結社は団体というかたちをとった継続的な活動である点で，両者は異なっている。

▶▶「結社」には何があるか

結社に当たる身近な存在としては，大学でのクラブ，サークル，同好会などがある。他方，読者の多くは家族という人の結合体に属しているだろうが，家族は合意によって結びついているわけではないので，結社でない。また，会社にも多数の人がいるが，構成員への利益の分配を目的とする営利団体は，経済活動の自由（憲22条または29条）の対象であり，憲法21条の結社には含まれないと考えられている。それゆえ，憲法が規定する結社とは，利益分配を目的としない非営利の団体である。

また，憲法は宗教団体（20条），労働組合（28条）など特別の団体の存在を予定しており，これらと結社との関係が問題となる。もちろん，これらの団体も非営利団体であるため，憲法21条の結社に当たる。それに加えて，それぞれの団体の根拠となる個別の権利（信教の自由，団結権など）による特別の保護を受けると考えられている。

▶▶「結社」を意味する他の法律用語

ところで，「結社」とは日常的に耳慣れない言葉であるが，実のところ，それは法律の世界でも同じである。憲法上の用語であるにもかかわらず，法律に

おいて「結社」という言葉が用いられることはあまりない。人の結合体をあらわす用語として，民事法では「社団」や「法人」（民法，一般社団・財団法人法など），刑事法では単に「団体」（組織犯罪処罰法，破壊活動防止法など）の言葉が用いられている。しかし，いずれの用語も人の結合体を表すという点では同じである。したがって，法律で社団や団体という言葉に接したら，それが憲法の結社の自由と関係があるかもしれないこと，さらには当該団体に関する法制度が結社の自由と緊張関係に立つかもしれないことを意識してほしい。

●● ②　結社の自由の保障内容 ●●

▶▶結社の自由の2つの側面

　結社の自由の保障内容は，2つの側面に分けられる。第1は，**個人の自由としての側面**である。つまり，個人が団体を設立したり，団体に新たに加入したり，団体から脱退することが，公権力によって妨げられないことである。ここから，団体を設立する個人に刑罰を科すこと（結社罪）や，団体の設立にあたって許可制を定めることは禁止される。

　第2は，**団体の自由としての側面**である。これは，設立された団体が，公権力の干渉を受けることなく，活動や運営を自由に行うことができることを意味する。ここから，団体内部の問題は団体の自治的な解決にゆだねられるべきであるという団体自治権が承認される。

▶▶結社の自由と法人制度

　団体が団体として活動するためには，事務所を構え，独自の財産を保有し，売買などの取引を行う必要がある。そして，そのためには，団体自体に法人格が認められて，構成員から独立した権利義務の主体になることが便利である。そこで，団体に法人格を認めるのが法人制度である。これによって，団体が団体の名において，取引を行うことができるようになり，団体の活動範囲は大きく広がることになる。

　日本では長年，非営利団体に関する一般的な法人制度がなかったために，慈善団体やヴォランティア団体は行政の許可を得なければ，法人として活動することができなかった。ところが，1995年の阪神・淡路大震災を契機として市民による公益活動や非営利活動の役割に注目が集まったことで，1998年に**特**

定非営利活動促進法（いわゆる NPO 法）が制定され，一般の非営利団体に法人格取得の途が開かれた。さらに，2006 年の公益法人制度改革の一環として一般社団法人制度が導入されたことにより（一般社団・財団法人法），非営利団体は設立の登記という簡便な方法で法人格を取得することが可能となった（準則主義）。憲法学では従来，法人格や法人制度と結社の自由とは関係がないと考えられてきたが，非営利団体が法人になることでその活動の幅は大きく広がる。このような観点からすれば，新たに導入された一般社団法人制度は，結社の自由を実質的に保障する制度として位置づけることができる。

Check Points
- [ ] 集会が一時的な人の活動であるのに対して，結社は継続的な人の活動である。
- [ ] 結社の自由には，個人の自由と団体の自由の 2 つの側面がある。
- [ ] 私法上の一般社団法人制度は，団体の活動を拡充・促進する点で，結社の自由の保障と関係する制度である。

Unit 21

職業選択の自由

■ Topics ■　パティシエになりたい！

　料理をしたり，お菓子を作ったりするのが好きだという人も多いだろう。中には，将来，自分のお店を出して，たくさんの人に自分の料理を楽しんでもらいたいと考えている人もいるのではないだろうか。日本国憲法22条が保障する職業選択の自由には，飲食店開業の自由も含まれる。

　ところが，飲食店を開業する際には，行政への届出や許可が必要になる。たとえば，飲食店の営業については，食品衛生法上の許可が必要となるし，自分でお菓子を製造してテイクアウトもできるようにしようとすれば，別の許可が必要となることもある。つまり，本来であれば自由に行えるはずの飲食店の営業は，一定の規制を受けているのである。

　もちろん，食中毒の防止とか犯罪の抑止といった観点からは，このような規制もある程度，必要なものであるかもしれない。しかし，規制がどこまでも認められるのであれば，職業選択の自由を保障する意味はなくなってしまう。この Unit では，経済的自由のうち，特に職業選択の自由を題材に取り上げ考えてみよう。

1　経済的自由

　日本国憲法は，居住・移転の自由，職業選択の自由，財産権の不可侵を保障しており，これらは経済的自由権と呼ばれる。なぜ経済活動の自由は人権として保障されなければならないのだろうか。

▶▶経済的自由

　日本国憲法は経済的自由を保障している。何をいまさら，という人もそうで

ない人も，きちんと六法を引いて文言を確認しておこう。まず，憲法は，22条１項で，「何人も，公共の福祉に反しない限り，居住，移転及び職業選択の自由を有する」として居住・移転の自由と職業選択の自由を保障している。また，財産権については，29条で「財産権は，これを侵してはならない」(1項)，「財産権の内容は，公共の福祉に適合するやうに，法律でこれを定める」(2項)，「私有財産は，正当な補償の下に，これを公共のために用ひることができる」(3項)と定められている。これらは，その内容に着目して，**経済的自由**に分類されている。

▶▶経済的自由とその修正

　経済的自由は，精神的自由や人身の自由と並んで，近代憲法の中核をなす権利であった。経済的自由は，個人の自由な経済活動を活発にし，資本主義社会の発達に貢献した。しかし，20世紀に入ると，国民の間に貧富の差が広がり，各種の矛盾と対立が明らかになった。

　高校の政治・経済では，経済的自由は，上述のような歴史的展開の中で説明されている。この点は，多くの憲法の教科書も同じである。私たちも，少し詳しく歴史を振り返っておこう。

▶▶近代市民社会の成立と経済的自由

　経済的自由権は，精神的自由や人身の自由と並んで，近代立憲主義における人権保障の中核を構成してきた。たとえば，**ジョン・ロック**は，『**統治二論**』(Two Treatises of Government, 1689) の中で，すべての人は，生まれながらに**生命・自由・財産への自然権**を持っていると述べた。このようなロックの思想は，アメリカ独立革命の中で「全ての人は生まれながらにして等しく自由で独立しており，一定の生来の権利を有している。……すなわち，財産を獲得して所有し，幸福と安全を追求し獲得する手段と共に生命と自由を享受する権利である」とする**バージニア権利章典１条**や，**アメリカ独立宣言**における「すべての人間は平等につくられている。創造主によって，生存，自由そして幸福の追求を含むある侵すべからざる権利を与えられている」といった文言，所有権の神聖不可侵性をうたう**フランス人権宣言17条**などに結実した。

▶▶資本主義の進展

　所有権をはじめとする財産権や職業選択の自由が高度に保障されるというこ

213

とは，これらの経済的自由を基礎として成立する自由市場経済に対する国家の干渉が最小限に抑えられたことを意味する（消極国家）。『諸国民の富』（アダム・スミス）に代表されるような，自由放任（レッセ＝フェール）の経済思想や産業革命の影響もあって，経済活動はますます活発になり，**資本主義**が進展していった。

　しかし，資本主義は，資本家と労働者との間の貧富の差を拡大した。劣悪な労働条件で働かされるだけ働かされていた労働者たちは，次第に資本主義や自由主義を攻撃するようになり，経済活動の自由や私有財産の権利を制限して全体の福祉をはかろうとする**社会主義思想**が生まれた。

▶▶社会国家の誕生と近代立憲主義の変容

　社会主義思想は，ソビエトのような共産主義国家を生み出した。ロシア革命が革命といわれるのは，それまでの憲法体制の根本的転換だったからでもある。そこまでいかなくとも，多くの国々で，政府による積極的な産業基盤の整備，最低賃金・労働時間規制法，各種の社会的保障などが導入された（福祉国家または社会国家）。ここに至って，経済的自由の保障とそれを基礎とする自由市場経済は，大幅に修正されることになった。つまり，近代立憲主義は大転機を迎えたのである。ドイツで1919年に制定された**ワイマール憲法**が「経済生活の秩序は，全てのものに人たるに値する生存を保障することを目指す正義の諸原則に適合するものでなければならない。各人の経済的自由は，この限界内において確保するものとする」（151条1項）とか「所有権は義務を伴う。その行使は，同時に公共の福祉に役立つべきである」（153項3項）と規定するのは，もはや経済的自由であっても社会国家的な制約を受けることを明らかにしたものであった。

　日本国憲法が定める経済的自由の保障とその限界も，このような歴史的背景を踏まえて理解されなければならない。すなわち，日本国憲法が保障する居住・移転の自由や職業選択の自由，財産権は，いまなお基本的人権として重要な意義を有しているが，しかし，精神的自由や人身の自由と同程度の厳格な保障が及ぶのではなく，一定の社会政策的観点からも制約されうるのである。

Check Points
□　経済的自由は，近代憲法の中核をなす自由だと考えられていた。
□　資本主義の進展に伴って，経済的自由には一定の修正が必要だと考えられた。
□　経済的自由権は，今日，社会政策的な観点から一定の制約を受けうると考えられる。

2　職業選択の自由

職業の選択は，経済的自由の 1 つに数えられる。職業の選択は，われわれの人生にとって，どのような意味を持つだろうか。

●●　① 職業選択の意味　●●

▶▶職業選択と自己実現

憲法 22 条 1 項は，何人にも，公共の福祉に反しない限り，職業選択の自由を保障する。

小さい子どもに，「将来のゆめ」を聞いてみると，パイロット，サッカー選手，研究者，お医者さん，パティシエ，YouTuber などなど，様々な答えが返ってくる。職業は，それを通じて生計を立てるという意味で経済的な側面があるのは当然であるが，子どもたちが将来のゆめを語る際に込められているのは，それ以上に，自分の人生のあり方への希望であり，言い換えれば「自己実現」の願いである。職業の選択には，このような自己実現の側面があることを忘れてはならない。

ところで，職業選択と聞いて，多くの人が「就活」を思い浮かべるのではないだろうか。会社員として企業に勤めることもここに言う職業選択に含まれるが，職業選択の自由を理解するには，自分で事業を起こすといった場面を念頭に置くとイメージしやすい。

▶▶職業選択の自由と職業活動の自由

職業選択の自由は，各人が自己の選択した職業に就くこと（あるいは，継続，廃止すること）を国家から妨げられないこと（**職業選択の自由**）と，選択した職業の遂行（職業活動の内容，態様）を国家から妨げられないことを内容とする（**職業活動の自由**）。

たこ焼き屋を開業し，一定の場所で営み，やむなく閉店するのは前者の職業の選択の自由である。対して，たこ焼きを一皿いくらで売るか，配達をするか，営業時間を何時から何時までにするか，定休日をいつにするかなどは，後者の職業活動の自由である。職業の選択の自由と職業活動の自由は切り離すことができないから，憲法22条1項の職業選択には当然に両者が含まれると解される。たこ焼き屋を開店したにもかかわらず，値段を自分で決められないといったことになれば，たこ焼き屋を開いている意味はない。

判例も，「職業は，ひとりその選択，すなわち職業の開始，継続，廃止において自由であるばかりでなく，選択した職業の遂行自体，すなわちその職業活動の内容，態様においても，原則として自由であることが要請されるのであり，したがって，右規定〔憲22条1項〕は，狭義における職業選択の自由のみならず，職業活動の自由の保障をも包含しているものと解すべき」であるとしている（最大判昭和50・4・30民集29巻4号572頁〔薬局距離制限事件上告審判決〕）。

▶▶職業とは何か

以上の説明を踏まえて，身の回りの事柄が職業選択の自由の保障範囲に含まれているかを考えてみよう。アルバイトで働くことはどうだろうか。医者になることはどうだろうか。飲食店でお酒を提供することはどうだろうか。その際，大切なのは，直感で答えることではなく，ここまでに勉強した定義や考え方をきちんと使うことである。たとえば，飲食店における酒類の提供は，職業の選択ではなく，職業活動である。憲法22条1項は，「職業選択」というが，職業の選択と活動を切り離して考えることはできないから，憲法22条1項は，職業活動の自由も保障していると解される。したがって，飲食店で酒類を提供することも憲法22条1項の保障の範囲に含まれる。

●● ②　様々な職業規制 ●●

　現在のわが国では，職業の選択や職業活動に対する規制はたくさんある。**規制緩和**という言葉をニュースで聞いたこともあるだろうが，このような議論があるということからも，規制の多さと複雑さをうかがい知ることができる。そこで，いくつかの規制の例を確認しておこう。なお，それぞれについて，できるだけ法律にあたってどのような規定になっているか確認しておくようにしてほしい。

　（1）　特定の職業の全面禁止　　まず，特定の職業に就くことが禁止される例がある。たとえば，「自己の占有し，若しくは管理する場所又は自己の指定する場所に居住させ，これに売春をさせること」を業とすること（管理売春）は，売春防止法によって全面的に禁止されており，刑事罰の対象となる（売春12条）。

　（2）　国家独占　　紙幣の印刷，貨幣の製造，かつてのたばこ事業や郵便事業などのように，特定の事業が国家によって独占されている場合には，私人はこれらを業として行うことができない。

　（3）　公企業特許　　さらに，電気・ガスなどの公共企業は，私人が国家によってそれを営む権利を認定してもらってはじめてなしうる。この場合にも特許をもらえない私人は事業を行いえない。

　（4）　専門職の免許制・資格制　　医師，薬剤師，看護師，弁護士，司法書士等は，その専門性，公共性に鑑みて，その能力を担保するために免許制度や資格試験制度が採られており，免許や資格がなければその職には就けない。

　（5）　営業許可制　　また，本来であれば自由に行いうるはずの事柄でも，生命や安全等に関わることから許可を受けなければ営業できないものもある（古物商，質屋，旅館，飲食店など）。善良な風俗の保持のために，キャバレー，ナイトクラブ，ディスコ，クラブ，バー，雀荘，パチンコ屋，ゲームセンターなども許可制となっている。また，酒類の販売のように，酒税徴収目的で免許制が採用されている場合もある。

　（6）　営業活動に対する規制　　一般消費者の利益を確保するため，私的独占・不当な取引方法や取引制限を禁止すること（独占禁止法）や，風俗営業法

217

に見られる営業時間の規制など，営業活動に対する規制もある。新型コロナ感染症の拡大に伴って飲食店の営業時間が規制されたが，これも営業活動に対する規制といえる。

●●　③　合憲性の判断基準　●●

▶▶公共の福祉

　これらの規制は，どれも多かれ少なかれ職業選択の自由を制約している。たとえば，ブラック・ジャックであっても，医師免許を持っていなければ，医師として治療に当たることはできない。また，いくら感染症対策だからといっても，ワインバーが酒の提供を禁じられたら素直に納得できないのも無理はない。問題は，そのような規制が，憲法 22 条 1 項に反するといえるか，である。

　憲法 22 条 1 項は，職業選択の自由が「公共の福祉に反しない限り」で保障されるとする。すでに何度も勉強してきたように，**公共の福祉**とは，基本的人権の制約根拠を意味している。つまり，職業選択の自由は，公共の福祉を根拠とする制約を受けるのである。

　ところで，人間の外部的な行動は他者との調整を必要とするのであって，憲法 20 条で保障される信教の自由にせよ，21 条で保障される表現の自由にせよ，明文で触れられていないが，公共の福祉に基づく制約がありうると考えられている。そうだとすれば，職業選択の自由が公共の福祉による制約を受けることも当然のことであって，わざわざ条文に明記するまでもないとも言える。にもかかわらず，憲法 22 条 1 項にこの文言が挿入されているのはどのような意味があるだろうか。

　日本国憲法を全体的に見てみると，「公共の福祉」が登場するのは，12 条，13 条のほか，22 条 1 項と 29 条 2 項しかない。個別的な基本権としては，経済的自由権に関わるものばかりである。ということは，憲法は，経済的自由については，特に，公共の福祉との関わり合いを注意したと見ることも可能であろう。そして，それは 1 で確認したように，経済的自由がもはや古典的な強い保障を受ける自由ではなく，様々な社会的要請に配慮せざるをえなくなったことと無関係ではないと考えられる。このように考えることは，日本国憲法が，経済的自由と並んで，社会権や労働基本権といった 20 世紀的な社会国家の思

想を受け継いだ規定を用意しているという点とも整合的である。

▶▶小売市場事件

　判例も，職業選択の自由が公共の福祉に基づく制約を受けることの意味を次のように理解している。

　「個人の経済活動に対する法的規制は，個人の自由な経済活動からもたらされる諸々の弊害が社会公共の安全と秩序の維持の見地から看過することができないような場合に，消極的に，かような弊害を除去ないし緩和するために必要かつ合理的な規制である限りにおいて許されるべきことはいうまでもない。のみならず，憲法の他の条項をあわせ考察すると，憲法は，全体として，福祉国家的理想のもとに，社会経済の均衡のとれた調和的発展を企図しており，その見地から，すべての国民にいわゆる生存権を保障し，その一環として，国民の勤労権を保障する等，経済的劣位に立つ者に対する適切な保護政策を要請していることは明らかである。このような点を総合的に考察すると，憲法は，国の責務として積極的な社会経済政策の実施を予定しているものということができ，個人の経済活動の自由に関する限り，個人の精神的自由等に関する場合と異なって，右社会経済政策の実施の一手段として，これに一定の合理的規制措置を講ずることは，もともと，憲法が予定し，かつ，許容するところと解するのが相当」である（最大判昭和 47・11・22 刑集 26 巻 9 号 586 頁〔小売市場事件上告審判決〕）。

▶▶二重の基準論

　このような考え方は，経済的自由と精神的自由等との間で憲法上許容される制約が異なりうることを示しており，一般に「二重の基準論」を受け入れたものと理解されている。

　もっとも，公共の福祉が基本的人権の制約根拠となりうるからといって，公共の福祉に基づく制約が常に正当化されるわけではない。たとえば，犯罪を防ぐというのは公共の福祉に適うと思われるが，犯罪に使われることが多いからといって，包丁やナイフの販売を一切禁止するというのは，明らかにやりすぎだろう。そこで制約を受けている利益の性質や規制の態様などを踏まえつつ，さらに考察される必要がある。

219

▶▶規制目的二分論

　そこで，従来，職業選択の自由に対する規制の合憲性を判断するための大きな方向性として，**規制目的二分論**という考え方が提唱されてきた。これは，職業選択の自由に対する規制を(ア)国民の生命・身体の安全の確保などの観点から行われる消極的警察的目的に出たもの（**消極目的規制**）と(イ)中小商店のような，市場において弱い立場にあるものの保護のための規制など，社会・経済政策の観点から行われる積極的政策的目的に出たもの（**積極目的規制**）とに区別し，それぞれに対応した審査を行おうというものである。

　このような区分を前提に，積極目的規制については，規制措置が著しく不合理であることの明白である場合に限って違憲となる（**明白性の原則**。小売市場事件上告審参照）のに対し，消極目的規制の場合には，積極目的規制の場合よりも，より丁寧に規制の必要性や合理性を審査するべきだ（**厳格な合理性の審査**。薬局距離制限事件上告審参照），とされてきた。

　この規制目的二分論は，職業選択の自由に対する制約の審査に関する基本的な考え方としておさえておくべきものである。最高裁も，職業選択の自由に関わる事件については，同じような考え方を採用しているとも指摘される。たとえば，先に見た規制の具体例のうち，古物商や質屋などの営業許可制は，消極目的規制として理解される。他方，独占禁止法による取引方法の規制などは積極目的規制といえよう。

　もっとも，規制の中には，消極目的とも積極目的とも分類できないものやどちらの目的もあわせ持つものもある。また，同じ消極目的規制だと考えられるものについても，許可制を採用しているか，営業活動を規制しているかでは，規制のインパクトも異なるはずである。このような点を捉えて，規制目的二分論を修正すべきだという見解もある。近年の基本書では，このような問題意識を踏まえつつ，判例を分析し，その著者なりの見解を述べているものも多いので，ぜひ読み比べて，検討してほしい。

> ## Check Points
> ☐　職業選択の自由には，職業活動の自由も含まれる。
> ☐　職業選択の自由は，今日，社会・経済政策的な観点からも一定の制
> 　　約を受けうると考えられる。
> ☐　職業規制の合憲性について，規制の目的によって，どの程度の規制
> 　　が合憲と考えられるかが異なるという考え方がある。

Unit 22

財 産 権

■ Topics ■ 空き家問題

　通学や散歩の途中に，長年放置されて荒れ放題になっている空き家や空き工場があるという人も多いのではないだろうか。近年，人口減少や高齢化の進展等により管理されていない空き家などが増加していることが指摘されている。そのような空き家に不審者が住み着けば，防犯上大きな問題となるだろうし，雑草が生い茂り，ゴミの不法投棄が行われれば衛生上の問題にもなるし，景観上もよろしくない。また火災や倒壊のおそれもある。

　そこで，各公共団体は，これに対処しようとしている。また，国のレベルでも「空家等対策の推進に関する特別措置法」が制定された。もっとも，このような規制には，憲法上の問題がないわけではない。憲法 29 条は財産権を保障している。現在住んでいない空き家であっても，誰かの所有物である限り，所有者には所有権がある。所有権は，物を自由に使用・収益・処分する権利であるから，条例によって，空き家の撤去が義務づけられたり，あるいは，行政が代わりに撤去してしまったりすれば，所有権を制限してしまうことになる。

　財産権は，かつて，「神聖不可侵」の自然権だとまで言われてきた。しかし，空き家問題などに代表されるように，現代では，財産権をただ保障するだけでは，社会問題に上手に対応することはできないと考えられている。そこで，財産権と公共の福祉の調整をどのように図るかが問題となるのである。

　この Unit では，日本国憲法が定める財産権の保障とその限界について学んでいこう。

1 「財産権」とは何か

　かつて財産権は自然権の 1 つとまで言われた。現在でも，多くの国の憲法

で財産権は保障されている。では，財産権はなぜ保障されるべきなのだろうか。また，そこで保障される財産権とは何だろうか。

●● ①　経済社会生活の基礎としての財産権 ●●

▶▶経済社会生活の基礎としての財産権

　日本国憲法は，29条で財産権を保障している。個人が正当に取得し保有する財産やそれを使用・収益・処分するための財産権は，われわれの経済社会生活の基礎なのであって，それが公権力によって勝手に奪われれば，自由な経済活動はできないし，われわれの暮らしも成り立たない。憲法が財産権を保障していることそれ自体の意義は，直感的に理解しやすいだろう。

▶▶財産と財産権

　問題は，むしろ，その先にある。憲法29条をよく見てみよう。29条は，1項で「財産権は，これを侵してはならない」と定め，2項で「財産権の内容は，公共の福祉に適合するように，法律でこれを定める」としている。これらの条文で保障するとしているのは，財産ではなく，財産“権”である。財産と財産“権”とは何が異なるのであろうか。なぜ財産ではなく，財産“権”の保障が言われているのであろうか。

　この点を考えるために，あなたが手にするこの本があなたの財産だと言えるのはなぜかを考えてみよう。そもそも，ある物が「あなたのものである」というのはどういうことだろうか。あなたが実際手に持っているからだろうか。そうだとすると，友達に借りたシャープペンシルは，あなたが手にしたとたんにあなたのものになってしまうのだろうか。それとも，あなたの名前が書いてあるからだろうか。それでは，お店から盗んできたものであっても，名前を書いてしまえばあなたのものになるのだろうか。

▶▶財産権と法制度

　少し法律を勉強した人ならば，このような問題を処理するために，人間は**民法**をはじめとする私法という複雑で豊かな法システムを構築してきたのだ，と答えるだろう。ある物がある人のものであるかどうかを考える際に基準となるのはそのような経済生活を成り立たせているルール（の集まり），すなわち**法制**

223

度である。われわれは，あまりにも当たり前のように，モノを自分で所有したり，取り引きしたりしているので，なかなか気がつかないかもしれないが，われわれが経済活動を行えるのは，それを支える経済活動に関する法制度が存在しているからである。

　たとえば，あなたが手にしている本があなたのものであるというのは，あなたがこの本の所有権を有しているということである（民法206条を見てみよう）。所有権があるからこそ，あなたは誰からもとがめられずに，この本を好きな時に読むことができるし，読み終えれば，古紙回収に出すことも古本屋に売ることもできるのである。

　このように考えてみると，われわれの生活にとって大切なのは，本そのものもさることながら，本を自分のものとして使用・収益・処分できること，そのような権利が正当に保護されていることなのだということが理解できるだろう。だから，憲法29条は，財産"権"の保障を掲げているのである。

●● ②　財産権は法律によって生み出され，侵害される？　●●

▶▶財産権と法律

　ところで，憲法29条2項は，財産権の内容を法律で定めることを求めている。そして現在のわが国において，所有権などの財産権は，民法をはじめとした法律によって定められている。したがって，普通に考えれば，憲法29条1項が保障する財産権とは，そのような法律によって認められた財産権ということになる。

　けれども，このような考え方は少し謎めいている。第1に，これでは，憲法29条2項と1項とは，ほとんど同じことを言っていることになって，わざわざ条文を2つに分けている意味がない。もっとも，この点は，財産権が大切な権利だから，わざわざ重ねて規定を用意したという理解もできなくはないので，そこまで大きな問題ではないかもしれない。

　しかし，第2の問題はいっそう深刻である。もし，財産権を「法律によって定められたもの」と理解するのであれば，財産権が何であるかは，法律が制定されてはじめて明らかになる。法律は，必要があれば改正することも，廃止することもできる。だとすると，以前は財産権とされていなかったものが，新た

な法律によって財産権とされたり，逆に以前は財産権とされていたものが，あるとき急に財産権とされなくなったりすることもありうることになる。

　そのような立法が，経済社会を成り立たせ，維持するのに必要であるならかまわない。しかし，立法が何らかの理由で，経済社会を成り立たせるのに当然だと考えられるルールを定めていなかったり，それとは大きく異なるルールを制定していたりすることもありうるのではないだろうか。そうだとすると，憲法 29 条 1 項が保障する財産権は，ただ「法律によって認められたもの」と理解するだけで本当によいのだろうか。

▶▶法律でも制限できない財産権

　そこで，憲法 29 条 1 項が独自の意味を持つ，言い換えれば，憲法 29 条 1 項は法律でも変えることのできない何かを保障している，と考えるべきであろう。それでは，そのような憲法 29 条 1 項が保障する財産権とは何であろうか。この点は，学説にも様々なものがあり，各論者の憲法観をも映し出す憲法学の花形の論点でもある。その詳細は，基本書や論文集などで確認してもらうことにして，ここでは，おおむね，①**各人が現に有している具体的な財産権**と並んで，②**財産制度**が，憲法 29 条 1 項が保障する財産権の内実だと考えられているということを覚えておこう。

225

　たとえば，「本の所有権」のルールがある日突然変わり，あなたが所有する本であっても，古本屋に売れないということになったら，やはり困るだろう。だから，憲法 29 条 1 項は，まず，各人が現に具体的に有している財産権が，合理的な理由もなく変更されないよう保障していると考えるべきである。また，われわれの社会は，自由な市場取引を前提として成り立っているはずである。したがって，そのような自由な市場取引を根本的に否定する法律は存在してはならないはずであるし，仮に何らかの理由で，それを部分的に修正するのであれば，そのときには，そのような法律の必要性がきちんと説明されるべきである。①**各人が現に有している具体的な財産権**と②**財産制度**とが，憲法 29 条 1 項が保障する財産権の内実だと考えられているのは，このような考え方による。

　最高裁判所も，**森林法違憲判決**（最大判昭和 62・4・22 民集 41 巻 3 号 408 頁。*2* ③も参照）の中で，憲法 29 条が，「私有財産制度を保障しているのみでなく，

社会的経済的活動の基礎をなす国民の個々の財産権につきこれを基本的人権として保障する」ものであると判示している。

Check Points

☐ 財産権が保障されなければ，われわれの経済活動が成り立たない。
☐ 財産権とは，財産の使用・収益・処分に関するルールのことである。
☐ 憲法 29 条 1 項は，各人が現に有している具体的な財産権と財産制度を保障している。

2　財産権の制限とその正当化

> かつて，財産権は神聖不可侵の権利だと言われたことがある。本当に，財産権は絶対に保障されるべきなのだろうか。

●● ①　財産権は本当に神聖不可侵か？　●●

前に見たように，憲法 29 条 1 項は，各人が現に有している具体的な財産権と財産制度を保障している。けれども，そのような具体的な財産権と財産制度は絶対的に保障されているわけではない。というのも，憲法 29 条 2 項は，そのような財産権の内容を「**公共の福祉**に適合するように」定めることを求めているからである。つまり，各人の具体的な財産権と財産制度は，「公共の福祉」の要請に基づいて，制約され，変更されうるのである。

すでに職業選択の自由の箇所で学習したように，現代社会における経済活動は，かつてのように，ただ自由に行われさえすればよいとは考えられていない。このことは財産権についても当てはまる。たとえば，京都の祇園の歴史的な街並みの中に，自分の土地を持っているからといって，巨大な塔を建ててよいかと言われれば，多くの人が否定的な意見を持つだろう。また，いくら自分

の土地だからといって，構造上危険な建物を建ててよいとも思われない。つまり，景観の保護や人々の安全のために（＝公共の福祉），土地の利用や建築物の構造を制限すること（＝財産権の制限）はありうると考えるべきである。その意味で，かつてのように，財産権が「神聖不可侵」だとは言えないのである。

　この点，判例も，公共の福祉の観点から，財産上の権利が制約されうることを認めている（最大判昭和 35・6・15 民集 14 巻 8 号 1376 頁）。

●● ②　財産権の制約が許されるのはどのような場合か？ ●●

　問題は，どのような場合に公共の福祉に反すると言えるかである。以下，具体的な事案を素材にいくつか考えてみよう。

▶▶空き家規制

　あなたの隣の家が長らく空き家になっていたとする。あるとき，台風が来て，隣家の壁がいまにも崩れそうな状態になった。このようなときにも，隣家の所有者は，自分に所有権があることを理由として，隣家の撤去を拒むことができるだろうか。このような場合には，空き家の持ち主は，自分の財産権のことだけでなく，周辺住民の安全などにも配慮すべきだと言えるのではないだろうか。

　実際，このような場合には，建築基準法が，法の定める手続に従って，建築物の撤去を命じうることを定めている。近年では，これに加え，各自治体で空き家対策条例が制定されているほか，2014 年には，「空家等対策の推進に関する特別措置法」が制定・公布されている。これは，財産権が保障されているとはいっても，公共の福祉の観点から制限がなされうる場合があることを示しているといえよう。

▶▶奈良県ため池条例事件

　少し事案は違うが，最高裁も，**奈良県ため池条例事件**（最大判昭和 38・6・26 刑集 17 巻 5 号 521 頁）で，災害予防の観点からなされた財産権制限を合憲だと認めたことがある。この事案では，奈良県がため池の破損，決壊等による災害を未然に防止するために，ため池の堤とうに農作物を植えることなどを禁止する条例を制定したところ，以前からその堤とうで農作物を栽培していた Y が，条例違反を理由に起訴された事案である。この事案で，最高裁は，当該条例

227

は，財産上の権利に著しい制限を加えるものであるが，「憲法，民法の保障する財産権の行使の埓外〈らちがい〉」であって，「公共の福祉のため，当然これを受忍しなければならない」と判示した。このように，災害によって他者の生命にまで危険が及ぶことが予想される場合には，規制が認められると理解されている。

●● ③　財産制度の保障と森林法違憲判決　●●

▶▶財産制度の保障

②では，各人が現に有している具体的な財産権が法令により制限される事例をいくつか検討した。憲法 29 条は，そのような各人が現に有している具体的な財産権だけでなく，財産制度をも保障している。しかし，財産制度も法律によってできている以上，法律の改正・制定などによって，これが変更されることもあるし，また，複雑な法制度の中には，財産制度とは矛盾する法令も存在するかもしれない。このような場合にも憲法 29 条違反が問題となる。

▶▶単独所有と共有

このような事案が争われたのが，先に若干言及した森林法違憲判決である。この判例を理解するには，民法の知識が必要なので，簡単に説明しておこう。

民法では，何かの物を所有するのは誰か 1 人というのが普通の形態だと考えられている。お昼のパンが A 子さんと B 子さん 2 人のものというのは，考えられなくもないが，やはりかなり例外的な事態であろう。民法は，単独所有を原則としているわけである。

けれども取得に高額な費用がかかる土地などについて，たとえば親子がお金を出し合って取得し，2 人のものとするということは日常よくあることである。民法で勉強するように，このような 1 つの所有権が 2 人以上の人に帰属している状態のことを，共有という。民法は 249 条以下で，共有のルールを定める。たとえば，各共有者は，共有物の全部について，その持分に応じた使用をすることができる（249 条）とか，各共有者は，他の共有者の同意を得なければ，共有物に変更を加えることができない（251 条）とか，各共有者は，いつでも共有物の分割を請求することができる（256 条 1 項）などのルールがそれである。

▶▶森林法違憲判決

　ところが，かつての森林法 186 条は，森林の細分化を防止することによって森林経営の安定を図り，森林の保持や森林の生産力を図るために，民法 256 条 1 項の適用を排除し，共有物分割請求権を否定していた。

　このような状況の下で，父から贈与された森林を兄 Y と 2 分の 1 ずつ共有していた X が，自己の持分を分割請求できないのは，憲法 29 条等に反するものだとして訴えた，というのが森林法違憲判決の事案の概要である。

　この事案は，②で検討したもろもろの事案とは異なって，X の財産権ははじめから共有分割請求のできないものであったという点に特徴がある。すなわち，X の財産権は，はじめは共有分割請求ができたのに，のちの法令によって，それが妨げられるようになったわけではない。本件が，違憲判決が下されたというだけでなく，財産制度の保障が問題となった事案として注目されるのは，このような事案の性質があるからである。

　本件で，最高裁は，このような事案も，財産権に対して制約が加わっているのだという理解に立ったうえで，民法の共有物分割請求権は，持分権の処分の自由とともに，共有の本質的属性であるから，そのような分割請求権を共有者に否定するかつての森林法 186 条は，憲法上の財産権の制限に該当し，そのような制限は，立法目的との間に合理的な関連性がないと判断し，違憲だと結論づけた。

Check Points

- ☐ 財産権は，公共の福祉の観点から制限される。
- ☐ 最高裁は，奈良県ため池条例事件で，災害予防の観点からなされた財産権制限を合憲だと認めたことがある。
- ☐ 最高裁は，森林法違憲判決で，民法とは異なって共有物分割請求権を否定したかつての森林法 186 条を違憲と判断した。

3　財産価値の保障

●●　① 財産権の保障と財産価値の保障　●●

> 憲法 29 条 1 項が財産権や財産制度を保障しているとすると，財産の価値
> そのものは保障されないのだろうか。

▶▶財産価値の保障

　これまで，憲法 29 条 1 項は，所有権をはじめとした財産権を保障していることを確認してきた。憲法 29 条 1 項が保障しているのは，基本的には，ネックレスや指輪や本や自動車や家や土地といった財産そのものではなく，あなたがそれに対して有するところの権利やそれを実効的なものにする制度である。でも，このように言われると少し不思議な気持ちになるのではないだろうか。自分の物が自分のものでない，とされるときと同様か，あるいはそれ以上に，自分の物が壊されたり取り上げられたりすれば，人は不当に自分の財産を傷つけられたと感じるのではないだろうか。

▶▶公用収用

　国や地方公共団体は，たとえば，道路・空港の建設や拡張，ダムの建設といった公益事業を行うことがある。このようなときに，国や地方公共団体は，ある特定の場所のある特定の所有者に所有されている土地を入手する必要がある。この場合，原則としては，たとえば契約などを用いた市場取引で取得されるべきである。でも，これでは，時間もかかるし費用も膨らんでしまうだろう。そこで，公益上の必要があれば，強制的にそれらの土地を取り上げることも許されるはずである（公用収用）。もっとも，そうだからといって，国や地方公共団体が，勝手に都合よく取り上げることができるというのであれば，困ったことになるだろう。そこで，一般的には，公用収用には，①法律の根拠があること，②収用が公共のために行われること，③被収用者の財産上の価値の喪失に対して補償が行われることを要すると考えられている。憲法 29 条 3 項は，このような考え方に立ったうえで，②と③を憲法上の要件として定めている。

●●　②　公用収用制度　●●

> 憲法 29 条 3 項は，どのような場合に公用収用を認めているだろうか。

▶▶「公共のために用いる」の意義

　29 条 3 項は，公用収用の発動要件として，収用財産を「公共のために用いる」ことを定める（なお，土地収用法参照）。ここに言う「公共のため」とは，たとえば，自衛隊の基地を作るとか，道路や空港を建設するといった場合が代表的な例である。

▶▶補償の要否

　ところで，29 条 2 項に基づく（合憲的な）財産権の制約と 3 項に定める公用収用との関係が問題となる。

　公用収用の場合，補償が必要となるのは，あくまでも特定の個人の犠牲（特別の犠牲）のうえに，社会公共が利益を得る場合であると考えられている。すなわち，特定の私人に対してのみ犠牲を課すものであって（形式的基準），かつ，財産権侵害の強度が，受忍すべき限度を超えるものである場合には補償が必要である（前掲奈良県ため池条例事件，河川附近地制限令事件〔最大判昭和 43・11・27 刑集 22 巻 12 号 1402 頁〕など参照）。

　なお，どの程度の補償が行われれば，「正当な補償」と言えるかについても議論がある。

Check Points
□　憲法 29 条 3 項は，個別の財産の収用を，公共のために用いるために補償が行われることを条件として認めている。

Unit 23
刑事手続上の権利

■ Topics ■ 冤罪

　誘拐や殺人などの凶悪事件が起こると，社会は突如として不安になる。できるだけ早く犯人が捕まって，厳正な処罰が下されてほしいと誰もが願っているだろう。そのような時，ニュースで犯人逮捕の一報が流れると，私たちはそれであたかも事件が解決したような気持ちにならないだろうか。

　しかし，警察の捕まえた人が，本当の犯人であるとは限らない。近年，冤罪被害が相次いで報告されているが，無実の者が捕まるようなことは絶対にあってはならない。もし，あなたが今日にでも誤って逮捕されて，それから何日もあるいは何年も自由がないまま刑事施設に閉じ込められたらと考えると，背筋が寒くなるのではないか。

　犯罪の捜査は，逮捕や拘留など強制的に身柄を拘束したり，家宅捜索など個人の私生活を脅かしたりするなど，個人の権利や自由が最も脅かされる局面である。そこで，この Unit では，犯罪の捜査を含めた刑事手続について，憲法がどのような原理やルールを定めているのかを見ていくことにしたい。

1　憲法と刑事手続

　日本国憲法は，なぜ刑事手続上の権利を規定しているのだろうか。

▶▶国家の刑罰権

　犯罪者を処罰することは，国家の重要な責務である。もし，国家が犯罪者を処罰してくれなかったら，他人から生命，身体，財産を奪われる危険に常に怯えることになり，私たちは日常生活を安心して送ることはできないであろう。またその場合は，犯罪への予防や対処も自ら行わなければならず，そうなる

と，弱肉強食の論理によって，強い者が支配する世の中になるであろう。そこで，近代憲法では，犯罪に対しては，個人による**私的制裁**（私刑）を禁止するとともに，国家に対して独占的に刑罰権を行使させることにしている。

▶▶刑罰権の脅威

しかし，いかに国家の刑罰権が必然的なものであるからといって，国家はそれを思いのままに（恣意的に）行使してよいわけではない。死刑，禁錮，懲役，罰金などの刑罰は，個人の生命，身体，財産に対して重大な侵害をもたらすものである。また，犯罪の捜査のために，不当な逮捕，監禁，拷問が行われれば，個人の身体の自由は踏みにじられることにもなる。犯罪者の処罰が国家の責務であるとしても，それが行き過ぎれば，今度は国家による刑罰権の行使に怯えて，人々は安心して生活できないであろう。したがって，個人の権利・自由を守るために，国家の刑罰権の発動は厳格に制限される必要がある。

▶▶詳細な憲法規定

日本国憲法は，刑事手続上の権利に関する規定を置いている。刑事手続とは，国家の刑罰権行使のための手続である。刑事手続は①犯罪の捜査と②裁判所での審理（公判）の2つの段階から構成されており，その具体的な内容は**刑事訴訟法**という法律が規定している。このうち，日本国憲法は，刑事手続の一般的な原理を定めるとともに（31条），①と②のそれぞれの手続に関係する基本的な権利を規定している。

憲法は，刑事手続に関する規定を31条から40条にわたり10か条も置いている。これは，外国の憲法と比べて多いというだけでなく，全部で103か条しかない日本国憲法においても，大きな割合を占めている。このことは，日本国憲法が，国家による恣意的な刑罰権の行使こそが最大の人権侵害である，という考え方に立脚していることを示すものだろう。

▶▶人身の自由

刑事手続に関する憲法31条以下の規定は，**人身の自由**に関する規定であると考えられている。人身の自由とは，正当な理由なくその身体を拘束されない権利である。人の身体が自由であることは，あらゆる人間活動の前提条件であるということができる。これまでのUnitで見てきた精神的自由も経済的自由も，そもそも身体が自由でなければほとんど意味がないであろう。あなたの身

233

柄が国家によって拘束されているという状況を想定してみよう。好きな本を自由に読むことも，会いたい人に自由に会いに行くこともできず，行動の自由は大きく制約される。このような状況で自由があるなどとは，到底言えないだろう。その意味で，人身の自由が確保されていることは，あらゆる基本的人権の前提と言うことができる。

Check Points
- [ ] 国家の刑罰権の行使は，厳格に制限されなければならない。
- [ ] 日本国憲法は，人身の自由および刑事手続上の権利を詳細に定めている。
- [ ] 人身の自由は，あらゆる基本的人権の前提となる人権である。

2　刑事手続上の基本原理

刑事手続にはどのような基本原理があるのだろうか。

① 適正手続原理

▶▶手続の法定

　刑事手続の基本原理については，憲法 31 条が規定している。それによると，「何人も，法律の定める手続によらなければ，生命若しくは自由を奪はれ，又はその他の刑罰を科せられない」とされている。この条文は，書かれているとおりに理解すれば，刑罰を科すための「手続」が法律で定められることを規定したものである（**法定手続の保障**）。もちろん，国民の生命や自由を奪う刑事手続が国民の代表者が制定する法律で定められるべきことは，重要な要請である。しかし，法律で定められてさえいれば，どのような手続であってもよいというわけではない。むしろ，人権保障の観点からは，法律で定められていることと同じくらい，あるいはむしろそれ以上に，手続の内容が正しいものである

ことが重要であろう。このため，憲法 31 条は，手続の法定だけでなく，**手続の適正も要求している**と考えられている。

▶▶手続の「適正」とは？

　それでは，何が「適正な手続」であるかが問われることになる。最高裁は，適正な手続とは，国家によって刑罰が科される場合に，事前にその内容が告知され，弁解と防御の機会が与えられることであると述べた（最大判昭和 37・11・28 刑集 16 巻 11 号 1593 頁〔第三者所有物没収事件〕）。これは，**告知と聴聞**（notice and hearing）を受ける権利と呼ばれる。犯罪行為であっても，あらゆる行為には理由があるはずであるし，事実に誤りがあればそれを正す機会が与えられなければならない。したがって，刑罰を科される個人に対して，どのような理由で刑罰を科そうとしているのかを伝えて，それに対する反論や弁解の機会を与えることは，国家が刑罰権を行使するための最低限度の要求である。

●● ②　罪刑法定主義 ●●

▶▶実体の法定・適正

　前記のように，憲法 31 条は，「法律の定める手続」によらなければ，刑罰を科されないと述べている。しかし，「手続」の法定と適正さえ満たされていれば，刑罰を科すのに十分かといえばそうではない。たとえば，どのような行為を行えば犯罪になるのかについては，法律で定められなくてもよいのだろうか。さらに，法律で定めさえすれば，どのような行為を犯罪とすることも，それにどのような刑罰を与えることも，立法者の自由なのだろうか。先生に，「こんにちは」と挨拶をすべきなのは礼儀やマナーであるかもしれないが，その違反を犯罪として違反者に罰金を科すというのは，いくら何でも行き過ぎであろう。

　このように，何が犯罪であり，それにいかなる刑罰を科すのかが法律で定められておらず，また，その内容も妥当でなければ，国家の刑罰権は恣意的なものになり，国民の権利・自由は大きく損なわれてしまう。そうすると，実は，刑罰法規の「実体」（内容のこと）は，前記の「手続」よりも重要な問題であると言える。そこで，現在の学説では，憲法 31 条は，刑罰法規そのもの（実体）の法定と適正も要求していると考えられている。

▶▶罪刑法定主義とは？

　このうち，実体の法定を要求する原理は，**罪刑法定主義**と呼ばれている。これは，「**法律なければ犯罪なし**」，「**法律なければ刑罰なし**」と言われるもので，犯罪と刑罰はあらかじめ法律で定められていなければならないという原理である。この原理は，2つの要請から導かれている。第1に，何を犯罪とするか，それにいかなる刑罰を科すかは，国民の代表者である国会において民主的に決められるべきだとの考え方である（**民主主義の要請**）。これは，国家の刑罰権の発動は，最終的に私たち国民の意思に求められることを意味している。第2に，罪刑が法定されていることは，個人の人権保障のためにも意味がある（**自由主義の要請**）。つまり，何が犯罪であり，それを犯した時にどのような刑罰を科されるのかがあらかじめわかっていないと，私たちはいつ犯罪者として処罰されるのかの予測がつかなくなり，どのような行動をとるべきかがわからなくなる。その意味で，罪刑（犯罪と刑罰）の法定は，何をすれば犯罪となり刑罰を科されるかを国民に告知することで，国民の自由を守る役割を果たす（**告知機能**）。

▶▶罪刑の均衡

　しかし，手続の場合と同様に，法律で定められてさえいれば，犯罪と刑罰がどのような内容でもよいわけではない。そこで，実体についても適正さが要求される。まず第1に，行われた犯罪の重大性と科される刑罰の重さとは比例していなければならない。これは，**罪刑均衡の原則**と呼ばれる。たとえば，他人の自転車を盗んだだけで死刑になるというのは，あまりにも行き過ぎである。この例からもわかるように，罪刑がただ法律で定まっていればよいというわけでもない。

▶▶刑罰法規の明確性

　第2は，刑罰を定める法律規定は，明確でなければならない。文言が曖昧であったり，漠然としていたりすれば，告知機能を果たさないだけでなく，国家の恣意的な刑罰権の行使を許してしまうことになる。しかし，そうは言っても，処罰すべきあらゆる行為を法律に書き込むわけにはいかないため，法律の文言は，ある程度は一般的・抽象的なものにならざるをえない。そこで，明確であるか不明確であるかの基準は何かが問われることになる。この点につい

て，最高裁は，「通常の判断能力を有する一般人の理解」において，禁止される行為とそうでない行為とを識別することが可能かどうかが基準になるとしている（最大判昭和50・9・10刑集29巻8号489頁〔徳島市公安条例事件〕）。これは要するに，普通の大人が読んで理解できることである。そうすると，難解だと思われがちな法律用語も，実は，日常用語や国民感覚と無関係ではありえないことになる。

●● ③　その他の原理 ●●

▶▶事後法の禁止

このほか，罪刑法定主義からは，**事後法の禁止**の原理が導かれる。事後法の禁止とは，行為後に制定された刑罰法規によって有罪とされないことである。行為の時に適法であると信じていたのに，後になって犯罪とされるのであれば，人々は安心して行動することができなくなる。たとえば，期末試験に六法を持ち込んでもよいとされていたのに，その後に変更された規則によってさかのぼって不正行為であるとされれば，あなたは何を信じて行動すればよいのかわからなくなるであろう。憲法は，「何人も，実行の時に適法であった行為」については「刑事上の責任を問はれない」と定めており（39条），この原理を認めている。

▶▶一事不再理・二重処罰の禁止

また，一度無罪とされた行為や，一度犯罪として責任を問われた行為について再度刑事責任を問うことも，適正な刑罰権の行使ではない。憲法は，「既に無罪とされた行為については，刑事上の責任を問はれない」と規定して**一事不再理**の原理を定めるとともに，「同一の犯罪について，重ねて刑事上の責任を問はれない」ことを保障し，**二重処罰の禁止**の原理を規定している（39条）。

▶▶拷問・残虐な刑罰の禁止

憲法はまた，「公務員による拷問……は，絶対にこれを禁ずる」と定めている（36条）。「拷問」とは，肉体的苦痛を与えて自白を強制することである。残念なことに，人類の歴史には，罪を白状させるために，犯人を殴ったり蹴ったり，爪を剝がしたりする残酷な方法が見られた。これは，単なる身柄の拘束にとどまらない，人身の自由に対する強度の侵害であり，絶対的に禁止されるべ

237

きものである。捜査における取調べの方法として拷問が禁止されることは当然であり，憲法は，拷問によって得られた証言は，裁判における証拠として利用できないことを規定している（38条2項）。

　さらに，憲法は「残虐な刑罰」が絶対的に禁止されることも定めている（36条）。ここで問題となるのは，日本の死刑制度である。この点，最高裁は古い判例で，死刑制度が憲法に違反しないこと，そして死刑の執行方法としての絞首刑が「残虐な刑罰」に当たらないと判断したことがある（最大判昭和23・3・12刑集2巻3号191頁）。たしかに，憲法31条を見れば，刑罰として生命が奪われることを否定しておらず，死刑制度を違憲と断じるのは難しい。しかし，国連で死刑廃止条約（1989年）が採択されたり，EU（欧州連合）の加盟条件として死刑廃止が掲げられたりするなど，死刑廃止が国際的な潮流となる中で，それでもなお日本が今後も死刑制度を維持するかどうかは，あらためて議論すべきなのかもしれない。

Check Points
- [ ] 憲法は，刑事手続の法定・適正だけでなく，刑罰規定の法定・適正も要求している。
- [ ] 犯罪と刑罰はあらかじめ法律で定められていなければならないという考え方を，罪刑法定主義という。

3　具体的な刑事手続上の権利

　刑事手続上の権利として，具体的にはどのようなものがあるのだろうか。

　憲法が定める刑事手続上の権利は，前記のように，①犯罪の捜査に関するものと，②裁判所での審理（公判）に関するものとに分けられる。ここでは，それぞれの場面における代表的な権利・自由を見ておこう。

●● ①　捜査過程における手続保障 ●●

▶▶不当な逮捕からの自由

　犯罪捜査については，逃亡や証拠隠滅を防止するために，罪を犯したと疑われる者（被疑者）を捕まえて，一定の場所に留め置くことが必要な場合がある。しかし，身柄の拘束は，まさに人身の自由に対する制約であるので，慎重になされなくてはならない。この点について，憲法は，①権限を有する司法官憲（裁判官のこと）が発し，②理由となっている犯罪を明示する令状によらなければ，逮捕されないとしている（33条）。この原則は，**令状主義**と呼ばれている。令状主義は，捜査機関が恣意的に権限を行使することや，また別件逮捕などの不当逮捕を抑制することを目的としている。

▶▶現行犯逮捕の場合

　他方，憲法は，「現行犯として逮捕される場合」には，令状主義が適用されないとしている。現行犯とは，現に行っているか，または現に行い終わった犯罪のことを言う（刑訴212条1項）。この場合は，令状の発付を待つ時間的な余裕がないこともあるが，犯罪と犯人が明らかであるため，恣意的な逮捕が行われる可能性が低いと考えられるからである。なお，現行犯逮捕は，捜査機関に限らず，誰でも行うことができる（刑訴213条）。

●● ②　刑事裁判における手続保障 ●●

▶▶公平で迅速な公開裁判を受ける権利

　検察官によって公訴が提起されると（これを起訴という），手続は刑事裁判に移行することになる。ここでは，捜査機関ではなく，裁判官を中心として手続が進められる。そして，この場面では，犯罪の嫌疑を受けて検察官から訴えられた者（被告人）が**公平で迅速な公開裁判**を受けられるかどうかが焦点となる。この点，憲法は，一般的に裁判を受ける権利（32条）を規定したうえで，さらに刑事事件については，「被告人は，公平な裁判所の迅速な公開裁判を受ける権利を有する」（37条1項）ことをあらためて規定している。そこで，どのようにすれば公平で迅速な裁判が実現できるかが問題となるが，そのために憲法はいくつかの点について，被告人の基本的な権利を定めている。

239

▶▶弁護人依頼権

　被告人が1人で，強大な国家権力を有し，かつ法律の専門家である検察官を相手として裁判に臨むのは難しい。このような被告人の地位を考慮して，憲法は，「刑事被告人は，いかなる場合にも，資格を有する弁護人を依頼することができる」と規定し，**弁護人依頼権**を認めており，また，被告人が自ら依頼することができないときは，国が弁護人を選任する（37条3項）。これが，国選弁護制度である。このように，被告人が弁護人を得られることは，被告人の重要な権利であると位置づけられている。

▶▶証人審問権

　裁判において，証人の証言は重要な意味を持つ。とはいえ，証人の証言が必ず正しいというわけではなく，また，証言のすべてが正しいというわけでもない。人間の記憶が万能でない以上，証言に誤りや勘違いが紛れ込むのは避けられないであろう。しかし，誤りや勘違いに基づいて被告人を有罪とするのは，公正な裁判とは言えない。そこで，被告人には，すべての証人に対して審問する機会が与えられる（37条2項）。また，被告人には，自己のための証人を求める権利も認められている（同項）。

▶▶自白に関する原則

　「自白は証拠の女王」と言われるように，被告人の自白は，他の証拠と比べて，証拠としての価値や信用性が抜群に高いと考えられてきた。捜査機関が何としても自白を得ようとするのは，自白にこのような特徴が認められるからである。しかし，このことは，被告人に対して自白を強要する危険や，また，自白を得るために不法な手段が用いられる危険があることを意味する。このため，憲法は，自白に関するルールをわざわざ明文で規定している。まず，強制，拷問，脅迫による自白，あるいは不当に長く身柄を拘束された後の自白は，証拠とすることができないとされる（38条2項）。これは，強要された自白の証拠能力（証拠として使用できる法的資格）を否定するものであり，**自白排除の法則**と呼ばれる。他方，自己に不利益な唯一の証拠が自白である場合には，有罪にできないとも規定している（同条3項）。これは，有罪と認定するには自白以外の客観的な証拠を要求するものであり，**補強証拠の法則**と呼ばれている。これらはいずれも，捜査機関や裁判所が安易に自白に頼らないようにし

て，**自白偏重の危険**を避けることを狙いとしている。

Check Points

☐　裁判官が発し，理由となっている犯罪が明示された令状によらなければ逮捕されないという原則を，令状主義と言う。

☐　刑事裁判において，被告人は公平で迅速な公開裁判を受ける権利を有する。

☐　憲法は，自白排除の法則や補強証拠の法則という，自白に関する諸原則を定めている。

Unit 24

生存権

■ Topics ■ 水際作戦

　生活保護を受けたいという人に対して，申請書を交付せず，「相談」扱いとして帰した結果，その人が亡くなるという事件があった。このような行政の対応は，「水際作戦」と呼ばれ，強く非難されたが，このような例はいまも後を絶たないと言われている。

　日本国憲法は 25 条 1 項で「健康で文化的な最低限度の生活」を権利として保障している。このことを知らない人はいないだろう。そして，憲法 25 条の下で，わが国は，生活保護のほか，公的年金，医療・介護保険，子育て支援や児童福祉，高齢者支援など，様々な社会保障制度を構築してきた。けれども，長引く不況と進展する少子高齢化の中で，年金や医療などの費用はもちろんのこと，生活保護の受給世帯数や生活保護に関連する費用も年々増加している。一方で，不況による歳入の落ち込みや，社会保障費の大幅な負担増に対する国民的な合意がなかなか得られていない状況がある。その結果，十分な財源の手当てができず，社会保障制度の持続可能性が強く疑われる事態に陥っている。

　このように憲法 25 条が高らかにうたう健康で文化的な最低限度の生活の保障を実現するには，裁判所が権利の実現を図るだけでなく，わが国の社会保障制度を維持し，財政面で支えていくという国民的な合意が必要となる。

　この Unit では，このような側面にも注目しつつ，憲法 25 条の規定について理解を深めよう。

1 社 会 権

●● ① 「国家からの自由」から「国家による自由」へ ●●

憲法25条から28条までは，社会権として総称されることも多い。これまで，社会権について，「国家による自由」とか「20世紀的権利」といった用語とともに勉強した人も多いだろう。社会権が「国家による自由」とか「20世紀的権利」と呼ばれるのはなぜだろうか。

財産権や職業選択の自由といった経済的自由は，資本主義的ないし自由市場主義的経済を発達させた。しかしながら，そのような資本主義経済は，20世紀に入ると貧困や失業といった様々な社会的問題を構造的に生み出した。このような社会的問題への対処は，自由な経済活動にのみ任せたのでは解決できず，国家による政策的な介入が必要とされた。高校までに学習したように，この点を憲法上の規定にまで高めたのが，**ワイマール憲法**であった。日本国憲法も，20世紀以後の多くの国の憲法同様，経済的自由に対して，一定の社会政策的な観点からの制約を許容している（Unit 21 参照）。また，憲法27条や28条が保障する**労働に関する基本権**も，本来であれば，雇用する企業と雇用される労働者の間で自由に交渉・締結できる雇用契約について，労働者の立場の脆弱さに鑑み，一定の制約を課すという側面がある（Unit 26 参照）。さらに，日本国憲法は，これに加えて，**生存権**（25条）や**教育を受ける権利**（26条）といった国家に対して積極的な行為を求める請求権をも保障している。この点は，高校までで，「『国家からの自由』から『国家による自由』へ」，とか，「20世紀的権利」といった用語とともに学習したところだろう。

243

●● ② 社会権の意義 ●●

▶▶**基本原理としての個人の尊重**

暴力的な市場経済の中で生じた社会的弱者を，国家が積極的に救済する必要性を認識し，それを憲法レベルの問題にまで引き上げたのは，20世紀の立憲

主義の大きな成果である。けれども，この点を考えるにあたっては，日本国憲法は，経済的自由権を全面的に放棄するまでには至らなかったという点も踏まえる必要がある。

　日本国憲法が，なお経済的自由権を保障しているのは，それが**個人の尊重**という日本国憲法が依拠する基本的な理念（Unit 13 参照）と密接に結びついているからである。たしかに，財産や職業は，個人が生計を立てる手段として必要なものである。しかし，単に財産や職業が与えられさえすれば，人間らしく生きていけるかと言うと，そうとは限らない。あなたの職業が生まれたときにすでに決定されていて，どんなに努力をしても，別の職業には就けないとしたら，それは充実した人生とは言えないだろう。ここからも理解されるように，個人が個人として自分の力で人生を切り拓くこと（＝自律的生を送ること）は，それ自体に固有の価値が認められるのである。そして，日本国憲法が経済的自由を保障するのは，経済活動の面でも，個々人が自律的生を送ることを重視するからにほかならない。

▶▶個人の尊重と社会権

　生存権や教育を受ける権利の保障もまた，同様の考え方を踏まえて理解されるべきである。たしかに，個人が個人として自分の力で人生を切り拓くためには，自らの意思で決定できる自由が最大限尊重されていることが望ましい。しかしながら，実際の人生においては，具体的な生活の場面で病気や失業といった様々な困難に直面する。また，人生を切り拓くためには，教育を通じて，様々な知恵を身につける必要があるが，状況によっては十分な教育が受けられないこともある。このような場合には，もはや誰かの手助けなしには，生きていくこともままならなくなるのであって，いたずらに自由が保障されていることを強調しても無意味である。たとえば，近年では，親の貧困が，子の教育水準の低下を招き，それが子の将来の貧困へとつながるという貧困の連鎖が指摘されている。これを断ち切るためには，親が貧困から脱却する手助けをするとともに，子の教育や発達を支える様々な社会的な手当てが必要とされる。このように，それぞれの人が，自律的な存在として自らの生を全うするためには，状況に応じた適正な支えが必要なのであり，そのような支えは，社会全体が連帯して提供するべきなのである。

　生存権をはじめとした社会権は，ともすると，国家からの経済的な援助を与えるという点のみが強調されがちである。けれども，上に述べたようなことを踏まえれば，これはいささか一面的にすぎる。社会権を保障する日本国憲法は，国民をただ保護すべきか弱い存在として捉えたのではない。そうではなくて，憲法は，個人が主体的に自らの生き方を追求することに重きを置き，そのような個人を支援するための条件整備とそれを求める権利を保障したと解すべきである。

Check Points
- [ ] 社会権は，資本主義的経済の下で生み出された構造的な社会問題への対処として展開してきた。
- [ ] 社会権には，生存権や教育を受ける権利といった国家に対して一定のサービスの給付を求める権利も含まれる。
- [ ] 日本国憲法が社会権を保障するのは，個人が主体的に生を追求するのを支援するための条件整備が必要だと考えたからである。

245

2　生　存　権

　憲法 25 条は，健康で文化的な最低限度の生活を営むことを国家に対して求めることを国民の権利として認めている。憲法は，健康で文化的な最低限度の生活をどのように保障するものと考えているだろうか。

①　憲法 25 条と生存権

▶▶憲法 25 条の規定
　わが国の社会保障制度の基礎をなしているのが，憲法 25 条であることは，すでに様々なところで学習済みであろう。憲法 25 条は，1 項で「健康で文化的な最低限度の生活を営む権利」（**生存権**）を保障するとともに，2 項で，「す

べての生活部面について，社会福祉，社会保障及び公衆衛生の向上及び増進に努め」ることを国の責務として定めている。

　ところで，生存権を中心とする社会権は，精神的自由権や経済的自由権とは異なって，**国家の積極的な行為を要請する権利**という側面がある。そして，国家が何らかの行為を行うためには，その根拠となる法律を整備し，財源を整えたうえで，行政による一連の行為が行われることが必要となる。社会権を保障するということは，国民が，国家に対して，そのような行為を行うよう求めることができるということを意味する。

▶▶生存権実現の2つのルート

　このような国民の声を国家に届け，権利保障を実現するためには，2つのルートがある。1つは，**民主政の過程を通じて権利保障を実現するルート**である。もう1つのルートは，具体的な救済を裁判所に求める**司法ルート**である。

　憲法が社会権を権利として保障しているというからには，司法ルートが基本であるように思われるかもしれない。しかしながら，先にも述べたように，社会権を実現するためには，その根拠となる法律を整備し，財源を整えることが必要になる。生存権についていえば，健康で文化的な最低限度の生活を維持するために，何をどのように給付すべきか，とあらためて問われると，そこには複数の選択肢がありうる。たとえば，生活が困窮している人が，おなかをすかせているとき，直接食事を配布すべきか，それとも食事ができるような額の金銭を給付すべきか，給付するとしてもどの程度の額が適正か，簡単には判断がつかない。また，仮に金銭を給付するとすれば，国の財政的な事情にも関連する。このような判断に適しているのは，本来的には立法府なのであって，財政に関する権限を持たず，政策決定に必要な資料を十分に入手することもできない裁判所ではない。

　それでは民主政ルートが基本であると考えるべきであろうか。しかしながら，これもある意味で極端な見方である。と言うのも，社会権の実現を求める人たちが，民主政過程への十分な働きかけができず，その要求を十分に反映させることができない場合もあるし，声をあげたからといって，立法府や行政府が適切に応えてくれる保証もないからである。

　このように，生存権を含む社会権の実現にあたっては，どこまでを民主政の

過程にゆだねるべきか，どこから裁判所が積極的に実現に乗り出すべきかが最大の争点になる。

　②　生存権の民主政過程による実現──わが国の社会保障制度

▶▶わが国の社会保障制度

　繰り返しになるが，生存権の実現には，その根拠となる法律を整備し，財源を整えたうえで，行政による一連の行為が行われることが必要となる。わが国では，憲法25条の趣旨を踏まえて，各種の社会保障制度が整備されている。わが国の社会保障制度は，大別すると，以下の4つに分類できる（社会保障法の教科書などを参考に，制度の概観と根拠法令を確認しておこう）。

　(1)　社会保険　国民が病気，けが，出産，死亡，老齢，障害，失業など生活の困難をもたらすいろいろな事故に遭遇した場合に一定の給付を行い，その生活の安定を図るために，わが国では，強制加入の保険制度が用意されている。病気やけがなどの際に，安心して病院にかかるための**医療保険**，老齢・障害・死亡等による所得の減少を補てんし，高齢者・障がい者および遺族の生活を支えるための**年金制度**，加齢に伴い要介護状態になった人を社会全体で支える**介護保険**などがここに含まれる。

247

　(2)　社会福祉　また，障がい者，母子家庭など社会生活を営むうえで様々なハンディキャップを負っている国民が，そのハンディキャップを克服して，安心して社会生活を営めるよう，公的な支援を行う制度として社会福祉制度が構築されている。たとえば，高齢者への在宅サービス・施設サービスの提供，児童の健全育成や子育てを支援する児童福祉がこれである。

　(3)　保健医療・公衆衛生　国民が健康に生活できるよう様々な事項についての予防，衛生のための制度も構築されている。たとえば，保健医療制度もこの一環である。

　(4)　公的扶助　生活に困窮する国民に対して，最低限度の生活を保障し，自立を助けるための生活保護制度がこれに該当する。

▶▶社会保障の危機

　これらの社会保障制度は，国民が実際の生活において遭遇する社会的なリスクから具体的な生活を守る，セーフティ・ネットの役割を有している。もっと

も，Topics でも紹介したように，近年では，長引く不況と進展する少子高齢化の中で，年金や医療などの費用はもちろんのこと，生活保護の受給世帯数や生活保護に関連する費用も年々増加している。一方で，不況による歳入の落ち込みや，社会保障費の大幅な負担増に対する国民的な合意がなかなか得られない結果，十分な財源の手当てができず，社会保障制度の持続可能性が強く疑われる事態に陥っており，各種の制度改定が行われている。

●● ③　生存権の法的性格──生存権の司法的実現の可能性 ●●

▶▶生存権の法的性格

　以上のように，現在のわが国では，一定水準の社会保障制度が整備されている。しかしながら，実際には，これでは不十分だということも少なくない。そこで問題となるのが，現行の社会保障制度では権利の実現が不十分だという声を裁判所がどの程度汲み取るべきか，という点である。高校までに，憲法 25 条の法的性格をどのように理解するかという点につき，プログラム規定説，抽象的権利説，具体的権利説が対立していることを学習した人も多いかもしれないが，これは，この問題と密接に関わっている。

　プログラム規定説とは，憲法 25 条には法的な意味はなく，そこで定められているような理念を実現するよう政治的目標ないし指針を掲げているにすぎないという考え方である。初期の最高裁もこのプログラム規定説に立っていたと考えられている（最大判昭和 23・9・29 刑集 2 巻 10 号 1235 頁〔食糧管理法違反被告事件〕参照）。この理解からすれば，「健康で文化的な最低限度の生活」の確保などは，結局のところ，すべて民主政の過程を通じて実現されるべきことになる。生存権をはじめとした社会権の実現に法律の整備や財源の手当てなどが必要になることからすれば，このように考えることもできなくはない。しかし，それでは，結局，司法ルートによって生存権を実現することは期待できないということになってしまうだろう。言い換えれば，憲法 25 条がわざわざ「健康で文化的な最低限度の生活を営む権利」とした意義が十分に汲みつくせないのである。

　そこでやはり，憲法は司法ルートに何らかの期待を寄せていると考えるべきだ，つまり，憲法 25 条に法的な意味を認めるべきだということになる。この

ように言うと，「健康で文化的な最低限度の生活」を下回る生活しか送れない場合には，裁判を通じて，直接，金銭給付を求めることができると考えればよいと思われるかもしれない。しかし，繰り返し指摘してきたように，裁判所は，財政に関する権限を持たないし，政策決定に必要な資料を十分に入手することもできないのであって，そのような判断に向いているとは思われない。また，国会が権限行使を適正に行わなかったり，あるいは怠ったりして，民主政のルートが機能していない場合には，裁判所が国会に対して適切な立法を命じることができると考える人もいるかもしれない（このような訴訟を立法不作為の違憲確認訴訟と言う）。**具体的権利説**とは，このような考え方を指す。けれども，このような考え方については，立法不作為の違憲確認訴訟がわが国の違憲審査制の下で認められるかという問題があるし，一定の社会保障制度が実現しているわが国において，必要な社会保障立法をまったく欠く状況は想定しづらい。

　そこで，学説上は，生存権の実現については第一次的に国会が権限を持ち，立法裁量は広く認めるが，裁量権の逸脱・濫用があった場合には違憲となるという意味で憲法 25 条には法規範性があるとする説（**抽象的権利説**）が通説的な位置を占めている。この説によれば，生存に必要な様々な援助は国の法律を待って初めて請求することができるが，他方で，国の法律は，「健康で文化的な最低限度の生活」を実現するよう制定されなければならず，制定された法律が明らかに憲法 25 条の要請と異なることがある場合には違憲となる。つまり，生存権の実現は，まずはじめに民主政ルートによってなされるべきであるが，民主政ルートを通じてなされる生存権の実現が不適切であるような場合には，裁判所は憲法違反だと判断すべきだということである。

▶▶生存権に関する判例

　最高裁判例も，食料管理法違反被告事件ののち，このような抽象的権利説に近い立場を示している。

　まず，生活保護法に従って厚生大臣の決定した生活扶助が低すぎ，生存権を侵害しているとして争われたのが**朝日訴訟上告審**（最大判昭和 42・5・24 民集 21 巻 5 号 1043 頁）である。本件では，傍論においてではあるものの，食管法違反被告事件判決を引用して，25 条の具体的権利性を否定しつつ，「現実の生活条件を無視して著しく低い基準を設定する等憲法および生活保護法の趣旨・目的

249

に反し，法律によって与えられた裁量権の限界をこえた場合または裁量権を濫用した場合には，違法な行為として司法審査の対象となる」と判示した。さらに，児童扶養手当法の定める併給禁止規定が争われた**堀木訴訟上告審**（最大判昭和 57・7・7 民集 36 巻 7 号 1235 頁）では，「憲法 25 条の規定の趣旨にこたえて具体的にどのような立法措置を講ずるかの選択決定は，立法府の広い裁量にゆだねられており，それが著しく合理性を欠き明らかに裁量の逸脱・濫用と見ざるをえないような場合を除き，裁判所が審査判断するのに適しない事柄である」と判示している。これらの判例は，①広範な立法裁量を認めつつも，②裁量の逸脱・濫用の場合に司法審査を行いうるという立場を採用しているということになり，その意味で，抽象的権利説に立つと言える。

▶▶裁判所にどのような役割を期待するか

　もっとも，再三指摘しているように，憲法 25 条に法的な意味を認めることの意義は，民主政過程による生存権の実現が不十分な場合に，裁判所が積極的に実現に乗り出すべき場合があることを承認する点にある。したがって，プログラム規定説はとりえないとしても，生存権が抽象的権利か具体的権利かを確定することそのものに，さしたる意義はない。重要なのは，生存権の実現についてどこまでを民主政の過程にゆだねるべきか，どこから裁判所が積極的に実現に乗り出すべきかを慎重に見極めることである。その意味で，堀木訴訟上告審判決が，裁判所が審査判断する場合を「著しく合理性を欠き明らかに裁量の逸脱・濫用と見ざるをえないような場合」に限定していることに問題はないか，考えてみてほしい。また，近年では，社会保障費の増大を受けて，給付水準が切り下げられたり，従来存在した各種の加算が打ち切られたりする制度改定が行われている。このような，いったん具体化された給付とその水準が廃止・後退するような場面で，裁判所にはどのような役割が期待されるかも考えてみよう（なお，生活保護の老齢加算廃止に関する最判平成 24・4・2 民集 66 巻 6 号 2367 頁参照）。

Check Points

□ 生存権の保障を実現するには，原則として，法律の制定や財源の手当てが必要となる。

□ わが国では，社会保険，社会福祉，保健医療・公衆衛生，公的扶助といった様々な社会保障制度がセーフティ・ネットとして構築されている。

□ 社会保障制度のあり方やその運用が不十分な場合には，裁判所が救済に乗り出すことも認められる。

Unit 25

教育を受ける権利

■ Topics ■　学力テストはいやだ!?

　現在，わが国では，義務教育の水準維持向上等の観点から，全国的な児童生徒の学力や学習状況を把握・分析し，教育施策の成果と課題を検証するなどの目的で，小学校6年生と中学校3年生を対象に全国学力・学習状況調査（いわゆる全国学力テスト）が実施されている。全国学力テストの結果は，毎年大きく報道され，児童や生徒の学力の現状や教育のあり方をめぐって様々な議論が行われている。

　もっとも，全国学力テストをめぐっては，自治体間・学校間の競争を過度にあおり立てるのではないか，子どもを序列化するものではないかといった批判も寄せられている。過去にも1956年から行われていた学力テストが，学校・地域間の競争激化やそれを受けた教職員の反対などにあって，1966年にいったん中止されている。このときの反対運動は非常に激しいものであった。1965年には，北海道旭川市の中学校で，テストの実施を教員が実力で阻止しようとして，公務執行妨害罪などで起訴される事件が起こった。旭川学力テスト事件である。この事件では，憲法26条が国民に教育を受ける権利を保障していることの意味が問われた。

　このUnitでは，旭川学力テスト事件の判例も踏まえつつ，教育を受ける権利や子の学習権，教師の教育の自由，国の教育権といった問題について考えてみよう。

1　教育を受ける権利

●● ①　教育を受ける権利の意味 ●●

> 憲法 26 条 1 項は，「すべて国民は，法律の定めるところにより，その能力
> に応じて，ひとしく教育を受ける権利を有する」と定める。ここにいう教育を
> 受ける権利とはどのような意味だろうか。

▶▶学習権

「教育」を辞書で引いてみると，「望ましい知識・技能・規範などの学習を促
進する意図的な働きかけの諸活動」（広辞苑第 6 版）といったようなことが書か
れている。これをよく見ると，教育とは，①誰かが，②学習を欲している者
に，③働きかけるという要素で構成されていることが理解されよう。

憲法が「教育を受ける権利」を保障すると言うとき，まず注意しなければな
らないのは，その権利の享有主体は，教育を受ける者，つまり学習者であると
いう点である。そもそも，個人が自分にとって最も価値あると思う生き方を自
律的に選択し実践していこうと思えば，一定の判断能力と知識・技能を必要と
するのであって，そういった能力や知識などを身につけたいと思うことは個人
の幸福追求に当然に含まれていると考えられる。したがって，憲法が教育を受
ける権利を保障すると言うとき，人々が教育を受け，学習しようとすることを
妨げられないことが前提となっているはずである。世界には，いまでも女子へ
の教育が禁止されている地域もある。ここでは，そのような学習することを妨
げられない権利を**学習権**と呼ぼう。このような学習権が憲法上保障されるかに
ついては，憲法 26 条 1 項の文言から直ちに明らかになるものではないが，憲
法 13 条が幸福追求権を保障していることからしても，当然に認められると解
されよう。最高裁も，旭川学力テスト事件判決（最大判昭和 51・5・21 刑集 30 巻
5 号 615 頁）において，このような学習権の存在を認めている。

▶▶学習権と生涯学習

なお，教育というと，われわれは特に児童や生徒に対する学校教育を念頭に

253

置きがちである。けれども，何も若者のみが学習することを欲しているわけではない。最近では，定年退職後に，高校や大学へ入学して学びなおす人たちの姿も見かけるし，数々のセミナーやスクールなどに通って，生涯学習に積極的に取り組む人も大勢いる。学習したいという意欲は，年齢や発達段階には関係なくどのような人であっても尊重されなければならない。憲法26条1項が教育を受ける権利を「すべて国民」に保障しているのも，この文脈で理解される。

Check Points
- ☐ 教育を受ける権利の前提には，学習権が存在している。
- ☐ 学習権は，憲法13条が幸福追求権を保障していることからも，憲法上保障されると考えられる。

●● ② 親の教育権 ●●

　子が健やかに育ってほしいと思うのは，親として当然のことである。したがって，親は，子を教育する権利を有すると言えそうである。他方で，憲法26条2項は，「すべて国民は，法律の定めるところにより，その保護する子女に普通教育を受けさせる義務を負う」と言う。ここでは，親が子に普通教育を施すことは義務であるとされている。この両者の関係はどのように解したらよいだろうか。

▶▶親が子に教育をする権利と教育の義務

　多くの親は，子の成長を願ってやまない。それは，子への愛であるとともに，親にとって，自分がどのような家庭を形成するかは，自らの私的幸福の最も重要な要素でもあるからである。したがって，憲法13条が保障する幸福追求権は，親が自らの家庭生活のあり方を自律的に決定することをも内包すると考えられる。また，子にどのような教育を施すかは親の思想・信条の自由や信教の自由と密接に結びついている。そうだとすれば，親が子にどのような教育

を施すかについては，基本的には，親の自由ということになろう（なお，世界人権宣言 26 条 3 項も参照）。

　もっとも，だからといって，子の教育に関する親の放任や放棄が正当化できるわけではない。親の教育権は，あくまでも，子の学習権を充足させるという目的に向けられる。憲法 26 条 2 項が親の教育の義務を定めるのは，この点に関わる。

▶▶教育を受ける権利の社会権的側面

　ただし，教育を行うには，その費用とともに，専門家の手助けやそれなりの設備が必要となる。それゆえ，憲法は，合理的な教育制度と施設を通じて教育の場を提供することを国家に要求する権利を保障するに至ったと考えられるのであって，憲法 26 条 1 項に言う「教育を受ける権利」とは，このような請求権的な性格を有する社会権としても把握される。

> ## Check Points
> □　教育を受ける権利は，子や子に教育を施そうと考える親が，合理的な教育制度と施設の設置提供を国に請求することができるという意味で，請求権的な性格を有する社会権としても把握される。

255

2　公 教 育

●●　①　教育制度法定主義　●●

> 　憲法 26 条 1 項は，教育を受ける権利が，「法律の定めるところにより」保障されるとする。この「法律の定めるところ」によるというのはどのような意味であろうか。

▶▶教育制度法定主義

　憲法 26 条は，教育を受ける権利や親の子に普通教育を受けさせる義務につ

いて，法律で定めることを要求する。これは，①教育を受ける権利が請求権的
性格を持つことから法律による具体化が必要であることとともに，②学校制
度・教育制度が勅令で定められた明治憲法下と異なって，法律という法形式に
よって定められなければならないことを意味する。これを受けて定められてい
る教育関連法令として教育基本法や学校教育法などがある。

　教育制度が法律事項とされるからといって，法律によればどのような内容で
も定めることができるというわけではない。この点，とくに平等原則（教基4
条参照）や政教分離原則（憲20条3項，教基15条2項参照）といった一般的な憲
法の規定が守られる必要がある。

▶▶義務教育の無償

　また，憲法26条2項は，義務教育は無償とするとしており，義務教育にか
かる費用を徴収することは許されない。このように言うと，給食費や遠足・修
学旅行費，教材費などが徴収されているではないか，と思う人もいるかもしれ
ない。

　実は，この条文の解釈については，①授業料を徴収しないことを意味すると
する説（授業料無償説）と②授業料以外にも学用品や通学費などの義務教育に
要する一切の費用が無償となるとする説（就学必需費無償説）とがある。教育基
本法は，義務教育段階の国公立学校について授業料を徴収しないとしており
（教基5条4項），授業料無償説に立つことを明らかにしている（なお，教科書無
償配布事件〔最大判昭和39・2・26民集18巻2号343頁〕参照）。この見解からは，
給食費や修学旅行費などを徴収することは問題ない。

　たしかに，家計が貧しく給食費が払えないとか，修学旅行に参加できないと
いった子どもはかわいそうだという気もしなくはないが，少なくとも就学必需
品については，就学援助制度によって一定の補助がある（学教19条）。また，
各自治体が独自に補助をしている場合もある。

Check Points

☐ 憲法は，教育を受ける権利を，法律によって具体化することを求めている。これは，教育を受ける権利が請求権的な性格を持つとともに，明治時代に学校制度が勅令事項とされていたことを反省してのことでもある。

☐ 憲法26条1項を受けて，教育基本法や学校教育法といった法律が定められている。

☐ 憲法26条2項は，義務教育の無償をうたうが，ここに言う無償の範囲については，授業料を徴収しないことという意味で理解されている。

●● ② 教育の中身は誰が決めるのか ●●

　教育は，教育の専門家たる教師が，その専門性を発揮しながら行われるべき場面も多い。他方で，全国で一定水準の教育レベルを確保するという観点から，国の教育への積極的関与を求める声も強い。教育レベルを確保するために，国が積極的に教育の内容に口出しすれば，教師の専門的裁量は失われる。はたして，憲法は，教育の中身を誰が決めるべきだと考えているのだろうか。

257

▶▶教育内容を決めるのは国か先生か

　現在，国は，小中高のそれぞれの教育課程で教えるべき一定の内容に関する基準として学習指導要領を定めている。これは一定の法的拘束力のあるもの（伝習館高校事件〔最判平成2・1・18民集44巻1号1頁〕参照）とされている。つまり，現在は，国が学校教育の内容についても一定の関与を行っている。このような国による教育内容への関与は，度が過ぎれば，戦前のような国による子どもたちの思想統制へと結びつくことにもなりかねない。他方で，国による関与をまったく認めないということでは，学校や地域によって学習内容やレベルに差がつきすぎるおそれがないわけではない。そこで，このような国の教育内容への関与がどこまで認められるのかが争われてきた。

　この点，学説上は，教育内容の決定は，親とその信託を受けた教師がもっぱ

らこれを行うべきであるとして（「教師の教育の自由」としても議論される），国の関与を否定し，国の責務を学校の設営・管理といった「外的条件」に限定して考える立場（国民教育権説）と，教育内容の決定は国家に属するとする立場（国家教育権説）とが対立してきた。

▶▶旭川学力テスト事件

　これが裁判でも争われたのが，Topics で触れた旭川学力テスト事件である。本件の上告審で最高裁は，いずれの立場も極端かつ一方的であるとし，憲法26条の背後にある子の学習権の充足という観点から，教師や親の教育の自由，私学教育の自由が一定の範囲で肯定されるものの，国も「必要かつ相当と認められる範囲において」教育内容を決定する権能を有すると判示している。

　少し詳しくその内容を見ておこう。まず，判決は，憲法26条の背後には，「国民各自が，一個の人間として，また，一市民として，成長，発達し，自己の人格を完成，実現するために必要な学習をする固有の権利を有すること，特に，みずから学習することのできない子どもは，その学習要求を充足するための教育を自己に施すことを大人一般に対して要求する権利を有するとの観念が存在している」と指摘する。先に，判例も学習権の存在を認めていると指摘したが，それはこの部分である。

　これに続けて判例は，「このような教育の内容及び方法を，誰がいかにして決定すべく，また，決定することができるかという問題に対する一定の結論は，当然には導き出されない」と言う。つまり，憲法26条の解釈としては，国民教育権説と国家教育権説のうち，どちらか一方が正当だとは言えないというのが最高裁の考えである。

　最高裁は，子に深い関心を持つ親にも，家庭教育や学校選択などといった「子女の教育の自由」があるし，私学教育や教師の教育の自由も「それぞれ限られた一定の範囲において」認められると言う。しかし，他方で，国にも，「憲法上は，あるいは子ども自身の利益の擁護のため，あるいは子どもの成長に対する社会公共の利益と関心にこたえるため，必要かつ相当と認められる範囲において，教育内容についてもこれを決定する権能を有する」と言う。

　このような最高裁の考えによれば，教育内容の決定には，親，教師，国がそれぞれの立場から，子の学習権のために，適切な範囲で関与すべきことが求め

られることになる。そして，現在の学校教育法等に定める教育制度は，そのような観点から見れば，妥当なものだというのである。

　このような，国家が教育内容の決定にどこまで関与できるか，という問題は，すでに表現の自由で勉強した教科書検定制度についても問題になる（家永訴訟〔最判平成 5・3・16 民集 47 巻 5 号 3483 頁〕参照）。最高裁の先例を踏まえて，どのように考えるかを練習する好例でもあるから，ぜひ自分で考えてみて，判決文と比較してみてほしい。

Check Points

- □　国が学校で教えるべき内容まで決定すべきかについては，国民教育権説と国家教育権説という 2 つの考え方が対立してきた。
- □　旭川学力テスト事件の上告審判決で最高裁は，憲法 26 条の背後には，子の学習権があることを指摘するとともに，国民教育権説も国家教育権説も極端であると退け，子ども自身の利益の擁護や子どもの成長に対する社会公共の利益と関心にこたえるために，必要かつ相当と認められる範囲において，国に教育内容を決定する権限があるとした。

Unit 26

勤労の権利と労働基本権

■ Topics ■　ブラック企業

　2000 年頃から，若者などを大量に採用し，違法・過重な労働を強いるいわゆるブラック企業が問題視されるようになっている。この背景には，厳しい経済状況の下で，職歴や社会経験がない若者を安価な労働力として活用しようという企業側の思惑と，就職先が見つからない若者が多少厳しい労働環境であっても，無職になるよりはましだとして，そのような労働環境を受け入れざるをえないという事情があった。これに限らず，わが国の労働環境が厳しいというのは，これまでも指摘されてきたことであって，KAROSHI（過労死）という語は，いまや英語の辞書にも載るほどになった。

　このような過酷な労働環境が嫌ならばその職場を辞めればよいと言う人もいるかもしれない。あるいは，そのような職場を選んだのは自分なのだから，自己責任の問題だ，と考える人もいるだろう。しかしながら，実際には，そんなに簡単ではない。過酷な勤務で体を壊してしまえば，働くこともままならないだろうし，仮に思い切って退職しても，すぐに次の就職先が見つかるとも限らない。また，実際の労働環境は，働き始めてみないとわからない面が大きい。「あなたの頑張りしだいで昇給のチャンスも！」という求人広告の謳い文句が，「体を壊すほど頑張ってはじめて人並みの給料を出しますよ」ということを意味する，などという笑えない話がまことしやかにささやかれるぐらいである。

　この Unit では，日本国憲法における労働者の権利の保障について勉強しよう。

1　勤労の権利

> 　日本国憲法 27 条 1 項は，すべての国民が「勤労の権利」を有することを
> 確認する。このような条文がなぜ必要とされるのだろうか。また，憲法が勤労
> の権利を保障することの意義は何だろうか。

●● ①　「勤労の権利」の保障内容と性格 ●●

▶▶現代社会における労働

　職業選択の自由についての説明（Unit 21）で，「職業の選択」というのは，自分で事業を起こすような場合を念頭に置くと理解しやすいと言ったのを覚えているだろうか。けれども，いまの世の中では，職業に就く，つまり就職と言えば，どこかの会社で働くことを指すのが普通であって，多くの人にとっての職業とは，現代社会においては，企業をはじめとした別の誰かに雇われることと同じである。他方で，企業はそもそも，自らが営む事業によって利益をあげる——難しく言えば利潤を追求する——存在である。すなわち，企業は企業で，自分たちがお金を稼ぐために活動するのであって，そのために必要な限りで，人を雇うわけである。したがって，多くの人にとって企業に就職しなければ職業を通じた生計の維持も自己実現も図れないのに対して，企業は自分たちの都合で人を雇うかどうかを決定するという，ある種のミスマッチが発生している。簡単に言ってしまえば，多くの人にとっての職業を通じた生計の維持や自己実現は，企業の都合に依存しているのであって，そこで働く人たちは企業に対して圧倒的に弱い立場にある。

▶▶勤労の権利

　労働者が弱い立場にある，というのは，産業革命後の近代社会において早くから認識されてきた問題である。高校で世界史を学習した人は，19 世紀前半からイギリスで展開されたラダイト（機械打ちこわし）運動やその後の労働組合運動など，労働運動の世界的な流れを勉強したことだろう。このような労働者の地位向上のための運動は，19 世紀を通じて組織化，大規模化し，ついには

261

社会全体をゆるがす大きな運動へと発展していった。これが近代立憲主義に修正を迫ることになったこと（福祉国家化）や，日本国憲法もまた同じような問題意識の下で，経済的自由権に修正を加え，社会権を保障しようとしていることはこれまでの Unit ですでに見たとおりである。

　このような流れを踏まえると，現代の国家には，①国民ひとりひとりが労働を通じて生計を立て，自己実現を果たすのを邪魔しないこと（勤労の権利の「**自由権的側面**」）に加えて，②私企業などへの就職の機会が得られるように配慮すること，③就職できない場合には，雇用保険などを通じて適切な措置を講ずること（「**社会権的側面**」）が求められる。日本国憲法が 27 条 1 項で「すべて国民は，**勤労の権利を有**」すると言うのは，以上の意味で理解される。もっとも，このうち，②や③については，国家の積極的な行為を要請する権利という側面を持つ。したがって，ここでも生存権同様，その実現を図るのは第一に立法府の役目か，裁判所の役目か，という問題（Unit 24 参照）が生じる。

▶▶労働市場の調整と勤労の権利

　ところで，日本国憲法は，原則として，経済活動が自由に行われることを予定しているから，労働者はどの企業で働くか，どのような労働条件で働くかを自由に決定でき，企業もまたどのような労働者をどのような条件で雇用するかを自由に決定できるというのがタテマエである。労働者が供給する労働力は，市場を通じて取引されると言い換えることもできよう。

　経済学の基本的な考え方に立てば，市場では，需要と供給が神の見えざる手によって自動的に調整されるはずである。したがって，このような労働市場が十分に機能を発揮すれば，労働者は自らの能力に応じた適正な職場と条件を得られるはずである。しかしながら，現実には労働市場が十分に機能を果たせないことは少なくない。たとえば，不景気によって労働力の需要が減ったり，あるいは人口の増加によって労働者が増えたりして，労働市場に労働力が過剰に供給されている状態（つまり，失業）に陥ることもありうるし，求職者と求人との間にミスマッチが生じることもよくある。オリンピックの開催が決まって土木工事が増え，体力に自信がある頑丈な若者が労働力として求められたとしても，世の中の頑丈な若者がいますぐにそれまでの職場を辞めて転職するなどということは考えられない。また，土木工事に伴って重機の運転ができる人が

求められるとしても，免許を持っている人の数は急には増えないだろう。そうだとすると，労働市場が円滑に機能するための条件整備もまた国に求められるところだと言える。たとえば，適切な職業訓練を実施したり，職業紹介をしたりすることなどがそれである。

　日本国憲法が勤労の権利を保障していることを踏まえると，日本国憲法は，以上のような，労働市場が十分に機能するための政策の実施も求めているとも考えられる。実際，わが国では，労働市場の機能の適切な発揮や，労働力の需給の質量両面にわたる均衡の促進を目的として，職業訓練をはじめとした国がとるべき施策を定める雇用対策法や職業安定法，労働者の失業などの際に必要な給付を行うことなどを定める雇用保険法などが制定されている（労働法の教科書などで確認しておこう）。

●● ②　勤労条件の法定 ●●

▶▶雇用と私的自治

　すでに若干指摘したように，日本国憲法は，あくまでも経済的自由を原則としているのであって，労働者が雇用先や労働条件について自由に選択できるのはもちろんのこと，企業もまたどのような労働者をどのような労働条件で雇い入れるかを決定する自由を有する。最高裁も，企業が，経済活動の一環として契約締結の自由を有し，「自己の営業のために労働者を雇傭するにあたり，いかなる者を雇い入れるか，いかなる条件でこれを雇うかについて，法律その他による特別の制限がない限り，原則として自由にこれを決定することができる」（雇用の自由）があることを確認している（三菱樹脂事件上告審判決〔Unit 14 参照〕）。民法などの授業で，経済活動は，国民それぞれの自由な取引を原則としている（私的自治の原則）と習うと思うが，このような私的自治の原則は，雇用関係についても，基本的には当てはまる。

▶▶勤労条件の法定

　しかしながら，労働者は企業に対して弱い立場に置かれていることもまた事実である。とりわけ，企業が自らの有利な立場を利用して，劣悪な労働条件を労働者に強いる例は，昔から――そして残念ながら現在でも――非常によく問題とされるところである。そこで，憲法は，27 条 2 項で，「賃金，就業時間，

休息その他の勤労条件に関する基準は，法律でこれを定める」ことを求め，さらに3項で，「児童は，これを酷使してはならない」ことを定める。

このことは，労働市場の環境整備を超えて，雇用関係における私的自治の原則を修正するという重大な意味を持つ。すなわち，国は，そのような企業の雇用の自由を制約する立法を行うことが憲法上要請され，企業は国が定めた労働基準や児童の労働に関するルールを遵守しなければならず，そのようなルールについて，私的自治を盾にとって反対することは許されないのである。

これを受けて定められている法律として，労働基準法，労働安全衛生法，最低賃金法，労働契約法のほか，男女雇用機会均等法などがある。もっとも，これらの労働者保護立法があってもなお，現実には，サービス残業や労働者のメンタルヘルスの確保，セクシャル・ハラスメントやマタニティ・ハラスメントなど解決されるべき問題は山積している。さらに，人々の生活や価値観が変動する中にあって，労働基準を一律に定めることがはたして妥当であるかも検討されなければならない課題である。

また，労働トラブルが発生した場合には，迅速にその解決が図られることも重要である。労働者が望んでいるのは，「いま，ここ」の労働条件の改善であるのに，その解決に何年もかかるようでは，労働者は泣き寝入りを強いられることになりかねない。2004年に制定された労働審判法は，雇用された人と企業の間の労働紛争（典型的には，解雇の有効性や時間外労働に対する割増賃金の支払い，各種のハラスメントによる損害賠償などが考えられる）について，裁判官と専門的な知識や経験を有する労働審判員とで組織される労働審判委員会が紛争解決を促す仕組みを設け，紛争の迅速な解決を目指している。

> Check Points
> ☐ 労働者と企業とは対等な関係になく，労働者が自らの能力に応じた適正な職場に適正な条件で働くことができるようにすることが求められる。
> ☐ 憲法 27 条が保障する勤労の権利には，自由権的側面のほかに，労働者が就職できるようにすることや就職できない場合には適切な措置を講じることを国に求めることができるという積極権的側面がある。
> ☐ 本来，労働者と使用者との関係は，私的自治に基づいて規律されるのが原則であるが，憲法は，27 条 2 項で労働条件等の法定を求め，一定の修正を行っている。

2　労働基本権

近年では労働組合に加入する人が減少していると言われる。他方で，ブラック企業をはじめとした過酷な勤務を強いる企業に対しては，組合を通じた働きかけが重要だとも言われる。そもそも労働者が団結することにはどのような意味があるのだろうか。

●● ①　労働者と団結権 ●●

▶▶労働者の団結

日本国憲法は，勤労の権利や労働条件の法定（27 条）だけでなく，「勤労者の団結する権利及び団体交渉その他の団体行動をする権利」を保障している（28 条）。ここには，いわゆる**団結権，団体交渉権，団体行動権**が含まれ，これらが**労働基本権**ないし**労働三権**と呼ばれていることは，高校までにも習ったことがあると思う。

これらの内容はのちに詳しく検討することとして，ここではまず，そもそもなぜ憲法が 27 条のほかに，「労働者の団結」を保障しようとしているのかを考えてみよう。

　すでに簡単に確認したように，その背景には労働者の地位向上が労働組合運動というかたちで展開されてきた，という歴史的な経緯があることは疑いえない。しかしながら，現在の日本では，被用者のうち労働組合に加入している人の数（「組織率」といわれる）は低下の一途をたどっている。このような状況に鑑みれば，労働組合の権利を保障するよりも，より直接的に，労働者個人の権利を守るべきであって，もはや労働基本権の意義は少なくなりつつあると考える人もいるかもしれない。けれども，労働者の団結を保障することの意義は，現代においてもなお失われてはいない。

　たとえば，アルバイトのスタッフの1人が賃金のアップやスタッフの増員を要請してきたらどうだろうか。経営者であれば，安い賃金で働いてくれる別のスタッフや，複数人分の仕事量を1人で文句も言わずこなしてくれるスタッフを優先的にシフトに入れたくなる，というのが普通の感覚である。

　このような経営者側の要望を聞いてくれる人が現れる限り，職場の環境は向上しない。これを防ぐためには，その職場で働いている人たちが労働環境の改善のために労働組合を結成して団結することが必要になる。

266

▶▶団結権

　もちろん，労働組合は，経営者にとっては，頭のいたい存在である。けれども，日本国憲法は，労働者と企業とが対等な関係を維持することが社会の安定のために必要なことだと考え，このような労働者の団結を権利として保障した（団結権）。したがって，このような労働者の団結を国や企業が妨害してはならないのはもちろんのこと，国には労働組合が十分に活動できる法的環境を整えることが要請される。この点について定めているのが**労働組合法**である。

　このような団結権は，その内容として，労働者が組合を結成する権利，既存の組合に加入・脱退する権利，労働組合を解散する権利を含む。

　もっとも，労働者は組合に加入・脱退する権利を有するとされている点には注意が必要である。というのも，労働者があまりにも労働組合に加入しなければ，あるいは，労働者があまりにも労働組合の言うことを聞かなければ，団結権が保障された意味を失うことになるからである。団結権が保障されるのは，労働者が結束して企業側と対等の地位に立つことを認めようという趣旨による。そのためには組合員の規模を拡大したり組合全体で統一した行動をするこ

とが必要となる。したがって，労働組合は，労働者に対して，加入強制や内部統制をすることも認められるものと考えられる。

▶▶ユニオン・ショップ協定

　ところで，わが国では，このような労働組合の統制権を確保することを目的として，労働組合と使用者（つまり企業）との間で，**ユニオン・ショップ協定**と呼ばれるとりきめが交わされている例も多い（労組7条1号ただし書参照）。ユニオン・ショップ協定とは，労働者が採用時までに労働組合に加入することを義務づけ，労働者が労働組合に加入しなかったり，脱退や除名などにより組合員でなくなったりした場合には，使用者がその労働者を解雇しなければならない，という内容の取り決めである。

　このようなユニオン・ショップ協定は，たしかに，労働組合の組織率を維持し，その活動に規律を持たせるという点で有効な仕組みではある。しかし，他方で，このような協定が労働者に逆に不利になる場合があることも見逃してはならない。たとえば，既存組合の方針に納得できず，同じような考え方を持った仲間と新しい労働組合を作るということもありうるのではないだろうか。もし，このような場合にも解雇されるとするならば，その労働者が労働組合を結成したり，加入・脱退の権利がないがしろにされるおそれがあるのであって，適切に調整が図られる必要がある。

●● ②　団体交渉権と団体行動権 ●●

▶▶団体交渉と争議

　「春闘」という言葉を聞いたことがあるだろうか。「春闘」とは，正式には，「春季生活闘争」と呼ばれ，各企業の労働組合が，全国中央組織の労働団体や産業別組織と連携しつつ，毎年2月から3月にかけて賃金引上げ等を中心とする要求を各企業等に提出し，団体交渉を行うものである。この方式は，1955年頃から始まったとされるが，毎年この時期になると，「自動車・電気足並み『ベア6000円』要求」といった見出しが新聞紙面を飾る。

　これに限らず，労働組合は，ただ集まって労働環境について労働者同士で話し合うわけではない。組合員の意見を集約し，経営者側と実際に交渉する，というのも組合の大きな役割である。日本国憲法は，「**団体交渉**」をする権利

267

（団体交渉権）も当然に保障している。

　もっとも，労働者側の要求が，団体交渉だけで通るとは限らない。経営者側も必死なのである。団体交渉が紛糾するなどの場合には，労働組合は，交渉を超えた一定のデモンストレーション（**争議行為**）を行うことがある。

　そのようなデモンストレーションには，ストライキ（同盟罷業。完全に仕事を休み労務の提供を拒否すること），サボタージュ（怠業。仕事の能率を落とすこと）のほか，ストライキが行われている職場に労働者の見張りを置いて，スト破りを防ぐことや，ストライキの目的をアピールしたりするピケッティング（ピケ）などがある。また，ビラの配布や抗議のリボン・腕章等の着用も労働争議の一種と考えられる。

▶▶争議行為と刑事免責・民事免責

　憲法 28 条は，「団体交渉」のほか，「その他の団体行動をする権利」も保障しているから，このような争議行為もまた，原則として保障される（**団体行動権**）。これを受けて，労働組合法は，1 条 2 項で，争議行為について，刑法上の正当業務行為（刑 35 条）に該当するものと明示し，争議行為に対して国家の刑罰権が及ばないようにするとともに（**刑事免責**），7 条 1 号，8 条で争議行為を理由とした解雇および争議行為に基づく損害の賠償請求ができないことを定める（**民事免責**）。ただし，そこでは，争議行為として保障されるべき「正当」なものとそうでないものとが分けられていることには注意が必要である。たとえば，労働組合法 1 条 2 項ただし書は，「いかなる場合においても，暴力の行使は，労働組合の正当な行為と解釈されてはならない」と定めている。

Check Points

- ☐ 労働者が団結することの重要性に鑑み，憲法は団結権を保障している。
- ☐ 労働組合が労働者を一定程度強制的に組織し，統制することは団結権を実効的に保障するために必要であるが，他方で，その結果，個人の団結権がないがしろにされないように配慮されるべきである。
- ☐ 労働組合は，団体交渉のほか，自らの主張をアピールするための争議行為を行うことも保障されている。

Unit 27

平等原則──区別と差別の境界線

■Topics■ 平等とは何か？

　温泉は昔から日本人にとってなじみの深い施設である。漫画『テルマエ・ロマエ』（映画化もされている）の人気もあり，温泉好きな若者も増えている。

　『テルマエ・ロマエ』では，外国人から見た日本の温泉という場面がしばしば登場するが，あらためて日本と外国の温泉施設や温泉マナーの違いを考えてみると，様々な平等の問題が潜んでいることがわかる。たとえば，日本では男女別風呂が当然であるが，外国では水着を着用した男女共用のホットスパが多い。男女別で浴槽の内容が異なる場合もあることを考えると，日本の温泉施設のやり方には平等の問題が生じないのだろうか。また，最近では性別の概念も多様化してきており，生物学的区分にとらわれないアプローチも提唱されるようになっている。そうなると，男女別風呂のあり方についても議論の余地があるかもしれない。さらに，ある温泉施設ではマナーのよくない外国人がいたことから，外国人の入湯を一切禁止した施設があった。これも平等の問題が生じないのだろうか。

　このように，少しうがった目で世の中を見てみると，平等の問題が生じそうな場面がいくつもあることがわかる。この Unit では平等の問題を考えてみる。

1　平等の意味

　高校では，日本国憲法の制定により身分制が廃止されてすべての国民が平等になったと教わったはずであるが，そもそも平等な社会とは何であろうか。

●● ①　身分制の廃止 ●●

▶▶中　世

　中世ヨーロッパでは，王族や貴族などが中心となって国を統治しており，家柄や身分によって社会が階層化されていた。そのため，奴隷の親から生まれた子供は奴隷として，農民の親から生まれた子供は農民として生きていかなければならず，生まれによって人生が決められていた。このような身分制社会はおよそ自由で平等な社会とは言いがたく，下層の身分の者は自由が大幅に制限され，選挙権も付与されなかった。

▶▶近　代

　しかし，近代になって国民国家が登場すると，身分制が廃止されて，全員が国民という同質の層に集約されることになった。つまり，すべての人が平等な国民になったのである。また，憲法が自由と平等を定めることで，法的にも平等の権利が保障されることとなった。日本でも日本国憲法の制定により，身分制が廃止され，法の下の平等が規定された。このように，身分制の廃止と平等の保障によって平等な社会が実現するに至ったと，教科書では説明されていたはずである。

▶▶「天は人の上に人を造らず人の下に人を造らず」

　それでは，近代を迎えたことによって本当に平等な社会が実現されたのだろうか。福沢諭吉の『学問のすゝめ』（岩波文庫，1978年）の中にある一節に，「天は人の上に人を造らず人の下に人を造らず」という有名なフレーズがある。学校では，平等を意味するものとして習ったはずである。たしかにそうなのであるが，しかし，福沢が本当に言いたかったことは別のところにある。続きを読んでいくと次のようなことが書いてある。人はみんな平等のはずなのに実際には貧富の差が生じている。それはなぜか？　それは勉強をした者としなかった者との差である。そのため，勉強をして豊かになろう，ということが福沢の言いたかったことなのである。

▶▶現実の格差

　勉強を頑張れば裕福になれるかどうかの真偽はさておき，福沢の言うように，現実社会には貧富の差をはじめとする様々な格差が存在する。それでは，

こうした格差は，平等に反するとして是正していくべきなのか，それともそこまで要求されていないと考えるべきだろうか。仮に是正していくべきだとしても，その是正が別の形で新たな差別を生み出さないようにしなければならない。このように，平等の問題は差別を放っておいても是正しても生じうる可能性があり，現代社会における平等問題は複雑な様相を呈している。

●● ②　現代社会と平等 ●●

▶▶形式的平等

　もちろん，昔と比べると，今のほうがはるかに平等な社会と言える。だが，そう簡単に平等な社会が実現されるわけではなく，実際，社会にはなお差別問題が横たわっている。というのも，憲法の制定によって身分制が廃止されたとはいえ，それはスタートラインの平等の設定にすぎない。つまり，平等な社会に向けて**形式的平等**（機会の平等）の整備をしたにすぎないのである。

▶▶実質的平等

　しかし，現実社会を見ると，格差社会と言われるように貧富の差が拡大する傾向にあり，そこには親の収入，学歴，家柄などが影響しているとも指摘されている。そうなると，単に身分制を取り払っただけでは不十分であり，もう少し平等のためのケアを考えていく必要がある。形式的平等にとどまらず，さらに平等実現のための措置をとることを**実質的平等**（結果の平等）という。貧富の差が拡大しないように，所得の高さに応じて税率を上げる累進課税制度はその一例である。

271

▶▶アファーマティブ・アクション

　もっとも，世の中には昔から差別されてきた人たちがいる。高校の教科書にもよく出てくるように，日本では部落出身者やアイヌ民族の者は社会的に差別されることがあり，何らかの配慮が必要であると考えられている。彼らに対して平等を保障しようとなると，かなり思い切った措置が必要になる場合がある。なぜなら，過去に差別されてきた者の地位向上を図るためにはスタートラインを平等にするだけでは不十分だからである。

　たとえば，アメリカにおける黒人の地位について考えてみよう。アメリカでは，かつて黒人は奴隷として扱われていたが，南北戦争を経て奴隷の地位から

解放されるに至った。しかし，それで黒人も白人と対等になったかというと，そうではなかった。財産，学歴，職業上の能力等において，それまでに積み重ねられてきたハンディキャップがある以上，黒人が社会的地位を得るためには白人よりも不利な状況にあったからである。

　その改善策として採用されたのが，**アファーマティブ・アクション**であった。アファーマティブ・アクションとは，過去の差別による不利な状況を改善するために積極的な差別是正措置をはかることをいい，**ポジティブ・アクション**とも呼ばれる。

▶▶逆差別

　ただし，是正措置が行き過ぎると，今度は**逆差別**の問題が生じるおそれがある。たとえば，大学の入学試験において「黒人には全員プラス20点」のような措置を行った結果，合格点（60点）をとっていた白人が落とされ（たとえば65点），それより低い点数の黒人が合格する（たとえば50点）という事態が生じる可能性がある。これは，アファーマティブ・アクションを採用した結果もたらされた逆差別であり，平等のための措置が逆に不平等を引き起こしてしまうのである。

●● ③　法の下の平等とは何か　●●

　高校の教科書によれば，法の下の平等とは，法の適用において差別をしてはならず，法の内容も不平等であってはならないことであると説明されている。これはどういうことであろうか。

▶▶法適用の平等と法内容の平等

　まず，平等が要請されるのは「法の下」においてである。そのため，法が平等であるとはどういうことかを考えなければならない。これには，法適用の平等と法内容の平等という2つの側面がある。**法適用の平等**は，法を適用する際に，ある人には適用するけれども別の人には適用しないといったような勝手な運用を許さないという要請である。**法内容の平等**とは，法それ自体も平等な内容になっていなければならないというものである。現在では，これら2つが，法の下の平等を意味するものとして理解されている。

▶▶絶対的平等と相対的平等

　ただし，いついかなる場合でも平等でなければならないかというと，必ずしもそうではない。国家が何らかの区別をしても，それが合理的なものであれば平等違反にはならず，不合理な区別をした場合だけ平等違反となる。そのため，平等違反とならない区分は合理的な区別，平等違反となる区分は不合理な差別と呼ばれる。

　この点に関連して，平等には，どんな区別も許さないとする**絶対的平等**と，場合によっては合理的な理由があれば一定の区別を認めるとする**相対的平等**という考え方がある。絶対的平等の考え方をとると，いかなる区別も許されないので，極端に言えば温泉を男女別にすることすら許されないことになってしまう。そのような考え方は不合理な結果を招くことになるので，憲法は相対的平等の考え方をとっていると考えられている。

Check Points
- [ ] 平等には，形式的平等でとどめるか，実質的平等まで求めるかという難しい問題がある。
- [ ] 平等といっても絶対に区別を許さないわけではなく，合理的な理由があれば一定の区別が許される。

273

2　差別が禁止される事柄

　憲法はどのような事柄について差別してはいけないと考えているのだろうか。

●● ①　憲法に規定されているカテゴリー ●●

▶▶**憲法が定める差別してはいけない事柄**（列挙事由）

　憲法 14 条 1 項は，差別してはならない一定の事柄を列挙している。人種，

信条，性別，社会的身分，門地の5つである（これらのことを「列挙事由」という）。それでは，なぜ憲法はこの5つの事柄について差別してはならないと定めたのであろうか。これには，いくつかの理由が考えられる。まず，これらの事柄は過去においてしばしば差別の対象とされてきたカテゴリーであり，歴史的反省を踏まえたという理由がある。明治憲法時代，家制度の下で女性が差別され，家柄や身分に基づく差別もあった。また，戦時中には反国家的思想を抱くことが禁止され，在日外国人も差別の対象となった。そのため，こうした差別は特に禁止される事柄として列挙されたと考えられる。次に，これらの事柄は自分の力ではどうしても変えることのできない属性であるものが多く，それに基づいて異なる取扱いを行うことは不合理であるという理由がある。人種，性別，門地（家柄）などは本人の力ではどうにもできない事柄であり，それに基づいて差別することは不合理だからである。なお，信条は変えることができるかもしれないが，その人の人格と密接に絡む事柄である。そのため，個人の尊重を掲げる日本国憲法の理念に反することから，差別してはならない事柄として挙げられているといえる。

274

▶▶列挙事由以外の事柄

そうなると，14条1項が差別を禁止する事柄は，14条1項に挙げられているものに限定されるのだろうか。もし，列挙事由に限定されてしまうとなると，他の事柄については差別してもいいことになってしまうおそれがある。たとえば，14条1項は年齢という事柄を定めていないが，だからといって年齢に基づく不合理な差別が許されるわけではないだろう。そこで最高裁はこれらの列挙事由は差別してはならない事柄を例示したにすぎないとの姿勢をとった。待命処分違憲訴訟（最大判昭和39・5・27民集18巻4号676頁）は，14条に列挙された事由は例示的なものであって，平等の問題がそれに限定されるわけではないとしており，その後の判例もこの立場を踏襲している。

▶▶列挙事由の意義

それでは，14条1項が挙げた事柄には意味がないのかというと，必ずしもそうではない。14条1項の対象は列挙事由に限定されないものの，憲法は最も差別してはならない事柄を列挙したのであって，裁判所は列挙事由に関する問題について特に厳しく審査すべきであるという見解が有力である。ただし，

最高裁は,「事柄の性質に即応した合理的な根拠に基づくものでないかぎり,差別的な取扱いをすることを禁止する」(尊属殺違憲訴訟〔最大判昭和 48・4・4 刑集 27 巻 3 号 265 頁〕) と述べている。わかりやすくいえば,ケースごとに,政府が行った区分が合理的かどうかをチェックするということである。以下では,列挙事由ごとの問題を考えてみよう。

●● ②　実際の平等問題 ●●

▶▶人 種

　ここでいう人種とは,人類学上の人種 (骨格・皮膚・毛髪などの形質的特徴によって区分すること) を意味し,一般に肌の色の違いで区分することが多い。日本では,外国人旅行者が増えるにつれて一時滞在の外国人差別の問題が起きるようになってきている。

　たとえば,温泉に入るときの外国人のマナーの問題を耳にしたことがあるだろう。外国人観光客の中には,湯船に浸かる前にお湯で体を洗う (流す) とか,タオルを湯船に入れないといった,日本的マナーを知らないまま来日する人もいる。それに対して,注意書きを貼ったり,個別に注意したりして対応すればいいのだろうが,中には「外国人お断り」という極端な対応をしてしまうケースもあった。しかし,外国人という属性を理由に入浴を拒否してしまうことは不合理な差別に当たる可能性がある。なぜなら,外国人だからといって全員が入浴マナーが悪いわけではなく,また見た目だけで外国人かどうかを判断して拒否することは人種に基づいて差別している疑いがあるからである。

　実際,このことが裁判となった小樽温泉訴訟 (札幌地判平成 14・11・11 判時 1806 号 84 頁) では,憲法 14 条の趣旨からすると,外見が外国人に見えるだけで入湯を拒むことは私人間においても許されない人種差別に当たるとしている。

▶▶信 条

　信条とは,その人が持っている思想や世界観のことを言う。要は物事に対する見方や考え方などを指すわけであり,その人の人格に密接に関連する。たとえば,ある人が自分の人生設計について理想像を考えている場合,それはその人の生き方に関わり,人格形成に大きな影響を及ぼしているといえる。

275

　このように信条は人格形成に密接に関わるものであるため，原則として差別は許されない。信条に対して差別することはその人の人格を否定することにつながり，個人の尊重を重視する憲法の趣旨に反するからである。

▶▶性　別

　性別の問題については，女性が社会において不利な扱いを受けることが多く，特に雇用の場面における女性差別が大きな問題となってきた。雇用する側には女性は結婚すると仕事を辞めてしまう人が多いという認識があり，総合職や管理職に女性を採用しなかったり，職場も男性中心の環境になっていたりすることが多かった。しかし，昔はそういう傾向があったかもしれないが，今は仕事を続ける女性も多く，そもそも，女性というカテゴリーだけで区分することは不合理な差別に当たる可能性がある。

　職種によっては，仕事内容によって男女を区別することがあり，これも合理的理由がない場合は不合理な差別に当たる可能性がある。ただし，合理的な理由があれば，職種に応じて男女別にすることも許される。たとえば女性用化粧品の CM に女性モデルのみを起用することは合理的な区別として許されるだろう。

▶▶社会的身分

　社会的身分という言葉はややわかりにくいが，社会において継続的に占めている地位のことを指すといわれる。そのため，社会的身分の射程はかなり広く，社会的身分と列挙事由以外の事柄を区別することは難しい。そこで，本人の努力ではいかんともしがたい身分に関わる場合を社会的身分と捉える考え方があり，それに基づくと親や子という地位は社会的身分に含まれる可能性がある。

　親や子に関する地位については，かつては親等を殺すと厳しい処罰を下す規定があったり，結婚していない夫婦から生まれた子はその親の子として認知されても結婚している夫婦の子よりも相続分を少なくする規定があったりした。ただし，これらは最高裁によって平等違反とされている。

　なお，温泉施設等で大人料金と子供料金に分けることは社会的身分における差別には当たらない。なぜなら，子供は成長すれば大人になるので，そもそも継続的に占めている地位に該当しないからである。また，一般に，子供が施設

を利用する場合は大人よりも料金が低く設定されていることが多く，それが不合理な差別に当たるとはいえないだろう。

▶▶門　地

門地とは家柄や家系のことを指す。現在，公に家柄等に基づいて差別されることはほとんどないといえるが，一部の地域や私人間では事実上の差別が存在することもある。

Check Points
☐　憲法 14 条 1 項の列挙事由は差別してはならない事柄を例示したにすぎず，それ以外の事項についても不合理な差別は許されない。
☐　平等違反かどうかについては，事柄の性質に応じた合理的な区別であるかどうかが基準となる。

3　性別をめぐる問題の動向

277

近年，性別をめぐる区分が社会問題化することが多いが，それにはどのような事例があるだろうか。

①　性差別の問題

▶▶男女別定年制

今でこそ，男女ともに定年が同じなのが当たり前になっているが，ひと昔前はそうではなかった。男性のほうが女性よりも定年になる年齢を高く設定する企業が一定数存在したのである。このような男女別定年制が平等に反しないかが問題となったのが，日産自動車事件（最判昭和 56・3・24 民集 35 巻 2 号 300 頁）であった。この事件では，男性の定年を 55 歳，女性の定年を 50 歳とすることが平等に反しないかどうかが争われた。最高裁は，女性の定年年齢を男性より低く定めることは性別に基づく不合理な差別に当たるとして民法 90 条に反し

無効であるとした。私人間の問題であるため，直接憲法違反になるとはしなかったものの，そのような男女差別は無効になることを示したのである。

▶▶再婚禁止期間

　結婚は人生における大きな選択であり，結婚するかどうかは当事者同士の判断にゆだねられる（憲24条）。そのため，お互いが結婚しようと思ったときに結婚することができる。ただし，再婚については子供の父親が誰であるのかを法的に決めるため，女性が再婚する場合には離婚してから一定の期間をおく必要がある。そこで民法733条は女性に対して6か月の再婚禁止期間を設けていた。しかし，父性の推定のためとはいえ，女性に対してのみ再婚禁止期間を設けるのは差別ではないか，仮に再婚禁止期間を設けること自体はやむをえないとしても6か月は長すぎるのではないかと批判されており，いくつか訴訟が提起されてきた。

　最高裁は当初6か月の再婚禁止期間を合理的であると判断してきたが（再婚禁止期間訴訟①最判平成7・12・5集民177号243頁），2015年の判決（再婚禁止期間訴訟②最大判平成27・12・16民集69巻8号2427頁）は，再婚禁止期間自体は父性の推定の重複回避のために必要であるが，医療技術等の発展により100日あれば父性の推定が可能であるとし，100日を超える部分について違憲であるとした。つまり，6か月という期間は長すぎるのであり，100日で十分だとしたのである。

　なお，本件は国家賠償請求訴訟であったため，判決結果は立法行為（立法不作為を含む）が違法かどうかで決着する。判決は立法内容を違憲としたものの，国家賠償法上の立法不作為については国会が正当な理由なく長期にわたって改廃等の立法措置を怠っていたと評価することはできないとして合法とした。したがって，判決結果としては違法とされなかったわけであるが，国会は判決を受けてただちに法改正に着手し，2016年には再婚禁止期間を100日とする民法改正が行われた。

▶▶夫婦の姓

　民法750条により，結婚すると夫か妻のどちらかの姓に統一しなければならない制度になっている。どちらの姓を選ぶかは当事者の自由に任せられているが，実際には90%以上の夫婦は夫の姓を選択しており，事実上夫の姓を選択

することが社会的慣行になっている。姓の変更は手続が煩雑であることに加え，その人自身のアイデンティティにも影響を与えることから，女性だけが姓の変更を強いられるのであれば，平等違反の問題が出てくる。そのため，これまでにいくつもの訴訟が提起されてきた。

　夫婦同姓違憲訴訟（最大判平成27・12・16民集69巻8号2586頁）は，夫婦同姓制度が家族の呼称として対外的に公示し識別する機能を有しており，一方の姓を強制しているわけではなく，また通称として旧姓を用いることは可能であることを踏まえると，憲法13条，14条，24条に違反するわけではないとした。

　ただし，どのような制度が望ましいかについては国会で議論が必要であると付言しており，さらに女性裁判官は3名全員が違憲であるとの意見で合致し（1人の女性裁判官が書いた意見に2人の女性裁判官が賛同），他にも違憲とする意見および反対意見が付けられた。その6年後，最高裁は再び同じ問題を取り上げたが，そこでも合憲判断を下した（最大決令和3・6・23裁判所ウェブサイト）。もっとも，この決定でも反対意見や意見が付けられており，また補足意見も議論を続ける重要性を指摘していることから，将来，あらためてその合憲性が判断される可能性がある。

279

▶▶顔の傷

　一方，古い法令の中には男性側が差別されている規定もある。特に，労働災害関連の規定は過去の社会常識に基づいて制定されていることから，現在もその合理性があるといえるかどうかが疑わしい規定がある。

　たとえば，男女の外見（顔）に関するケースがある。外貌醜状違憲訴訟（京都地判平成22・5・27判時2093号22頁）では，労働災害で顔に怪我を負った場合に，男女で補償金額に大きな差があることが問題となった。裁判所は，労災補償金額について男女差を設けること自体は許されるものの，その差をつけすぎることには問題があるとして，平等違反の判断を下している。

●●　②　新たな問題　●●

▶▶同性婚の問題

　最近では，性別の問題が男女別に限られず，同性同士のカップルの取扱いをめぐる問題が出てきている。その代表例が同性婚の問題である。同性間での恋

愛は自由であるが，結婚を認めるべきかどうかについては議論が分かれるところである。アメリカのようなキリスト教の影響の強い国では，同性愛行為や同性婚が禁止されてきたが，21世紀になると連邦最高裁はそのような規制を違憲と判断するようになった。日本でも，2015年に渋谷区や世田谷区といった自治体レベルで同性カップルにパートナーシップであることを公に認めたり宣誓させたりする動きがでてきている。また，同性婚を求める訴訟が提起されるようになり，一部の地裁では，同性愛者に対して婚姻によって生じる法的効果の一部をも享受させる法制度を設けないことは憲法14条に違反する（国賠法上は合法）との判断もでている（札幌地判令和3・3・17裁判所ウェブサイト）。

▶▶性同一性障害の問題

　また，性別に関連する事項として，心と体の性別が一致しない性同一性障害の問題もある。これについては，なかなか適切な対応がなされてこなかったが，日本でも2003年に特例法が制定され，一定の要件の下に性転換を認める制度ができている。

Check Points
- □ 古い法律の中には性差別をしている規定があり，下級審の中には違憲判決が下される事件も登場してきている。
- □ 性差別の問題は男女別に限らず，同性婚を認めるかどうかという問題もある。

Unit 28

自己決定権

■ Topics ■　見た目は重要？

　「人は見た目が9割」と言われることがあるように，外見はそれなりに重要である。とりわけ，髪型や服装はその人の個性を表すことが多く，周りからは外見でその人の内面まで判断されてしまうことも少なくない。ところが，現実の社会では服装や髪型に制限がかかることがある。

　たとえば，中学校時代を思い出してみよう。かつて多くの公立中学校では，男子は丸刈り，女子は三つ編みという校則があった。丸刈りや三つ編みはともかく，いまでもなお髪型について何らかの校則がある中学校は多い。また，服装についても制服を指定する中学校も少なくなく，髪型や服装は制約されている。このような制約は学校に限らず，職場でも存在する場合がある。

　髪型や服装ならまだしも，生命に関するような重要事項でさえ，自分で決められない場合がある。たとえば，安楽死は厳しい要件をクリアしなければ認められない。

　このように，世の中には，自分の問題であっても，自分で自由に決められないことがある。それでは，そもそもなぜ自分のことは自分で決められると思われているのであろうか。この Unit では，自己決定と憲法の関係について考えてみる。

1　自己決定が認められる理由

　自分のことは自分で決められるのはなぜだろうか。

●● ①　自己決定とは何か　●●

▶▶自分のことは自分で決める

　普段，日常生活を送るにあたって，たいていのことは自分で決めているはずである。朝何時に起きるか，どんな髪型や服で出かけるか，お昼は何を食べるか，午後はスポーツと勉強どちらをするか，夜は誰とデートするか等々，1日を振り返るだけでも，様々な選択をして生活していることがわかる。もちろん，実際には様々なしがらみがあるだろうが，基本的には自分のことは自分で決めているはずである。

▶▶自己決定の重要性

　このように，自分のことは自分で決めることを自己決定という。自己決定の対象は，日常的な事柄から人生を左右する事柄まで，その範囲は広い。実は，憲法の定める個別の人権も自己決定を前提としている。どんな宗教を信じるか，どんな本を読むか，どんな仕事を選ぶか，どんな勉強をするか，誰と結婚するかなどは，それぞれ20条の信教の自由，21条の表現の自由，22条の職業選択の自由，23条の学問の自由，24条の婚姻の自由の規定によって保障されている。これらの権利を行使するためには，自分で決めることが前提となっている。つまり，憲法の保障する各人権の根本には，自分のことは自分で決めるという自己決定が内在しているのである。

▶▶自己決定

　もっとも，自己決定は個別の人権規定に関する事項に限定されるわけではない。自分のことを自分で決めるということは，自分が自分であるための大前提である。もし，自分のことを自分で決められなくなったら，その人の個性は大幅に薄められてしまう。たとえば，趣味や恋愛はその人の人生に大きな影響を与える事柄の1つと思われるが，これらが自由に決められなかったら，その人の個性は無味乾燥としたものになってしまうだろう。自己決定の自由があるということは，自分を自分たらしめるために必要であり，自分の人格を形成するために不可欠なのである。そのため，自己決定は自分の個性を維持するために認められるものであり，その射程は憲法が保障している個別の人権規定に限られず，人権一般に内在しているといえる。

　それでは，憲法は各人の個性を重視しているのだろうか。まずは，明治憲法と比較しながら考えてみる。

●●　②　個人の尊重　●●

▶▶明治憲法時代

　明治憲法下における国民の権利は，臣民の権利として保障されていた。そのため，主権者たる天皇がいわば恩恵的に国民に権利を与える形になっており，その権利は法律の範囲内において認められるという仕組みになっていた。そこでは，個人の権利という性格が希薄であり，国民は天皇に従属する位置づけになっていた。

　また，戦争が進むにつれて，国家総動員の名の下，各人の個性はますます考慮されなくなった。思想統制が行われ，普段の生活も質素倹約が要求されるなど，自分なりの考えを持つことや生活スタイルが大きく制約された。また，男性は徴兵されたり，女性も工場等で働かされたりするなど，自分で自分の人生を決めることができない状況だった。

　そのような状況下では，人は集団の中の１人にすぎず，独立した個人としての人間性を持つ存在として扱われていない。そのため，その人の代わりが存在しうることになってしまい，国が押し付ける人間像に調和しない思想や活動が取り締まられてもかまわないという構図になってしまう。

▶▶日本国憲法下の個人の尊重

　そうした教訓を踏まえ，日本国憲法は13条で個人の尊重を定めている。個人の尊重とは，各人の個性を尊重することであり，言い換えればその人の人格を尊重することである。人格はその人の人間性を表すものであることから，各人が何ものにも代えがたい存在であることを前提とする。したがって，人を人として尊重せず，機械のようなモノとして扱うことはその人の人格を否定するのと同じである。たとえば，人を奴隷として扱うことは，その人をモノとしてしか見ておらず，人格を尊重しているとは言えない。人はかけがえのない存在であり，何かの目的を達成するために人を道具や手段として用いることは許されないのである。

●● ③　個人の尊重と幸福追求権 ●●

▶▶幸福追求権

　憲法 13 条は，個人の尊重に続き，次の文で「生命，自由及び幸福追求に対する国民の権利」を保障している。簡単に言ってしまえば，各人は自分の生命や自由が脅かされない権利を持ち，さらに各人が自分の幸せを追求する権利を持っているということである。こうした権利をまとめて**幸福追求権**といい，それは先の個人の尊重と密接に関連している。

　幸せの形は人それぞれであり，それぞれの幸せのあり方を認めることは個人の尊重につながる。たとえば，あなたはどんなときに幸せを感じるだろうか。美味しいものを食べるときが一番幸せと感じる人もいれば，寝るとき，スポーツをするとき，ゲームをするとき，好きな人といるときが一番幸せだと感じる人もいるなど，人の幸せは千差万別であろう。そのため，幸せのあり方も個人によって異なり，どのような仕事に就き，どのような家族を形成し，どのような人生を選択するかなど，その人なりの幸福追求を尊重することは個人を尊重することにつながるのである。

　したがって，幸福追求権は，各人が，自らの人間としてのあり方を追求し，そうした存在であり続けるための権利ということができる。言い換えれば，自分らしく生きる権利ということである。

▶▶人権の源泉

　このように，幸福追求権は個人として尊重されるということの意味を権利として構成したものであり，あらゆる人権の基礎となるものである。そのため，幸福追求権は，個人の尊重に関わる様々な権利や自由をまとめて引き受けることができるという特徴があり，個別の人権の源泉であると考えられている。つまり，幸福追求権は，思想の自由，信教の自由，表現の自由，経済的自由など，様々な個別の権利の大元になっている権利ということである。

　さらに，幸福追求権で重要なのは，憲法の他の条文で保障されていない権利に対応するという役割を持っている点である（詳しくは Unit 29 の 1 ①を参照）。憲法が定める人権の条文はそれほど数が多くなく（10 条から 40 条まで），時代や状況によって新たな権利が必要になってくることがありうる。このとき，憲

法を改正して新たな権利を規定するという方法もあるが，憲法改正は容易ではない（96条参照）。そこで，新しい権利を幸福追求権から導き出して対応するという方法がある。幸福追求権は，様々な内容の権利を含みうることから，他の条文で規定されていない権利を保障する場合に，幸福追求権から導き出そうというわけである。このような幸福追求権の特徴は**新しい権利**を認める際に有効な方法として考えられている。

Check Points
☐ 憲法13条が定める個人の尊重とは，その人を独立した個人としてその人間性を尊重することを言う。
☐ 幸福追求権は人権の源泉であり，憲法の条文にない新しい権利を導き出すことができる。

2　自己決定権の前提

　自己決定権は憲法のどこにも書かれていないが，どのようにして認められるのだろうか。

①　自己決定権

　一定の個人的事柄について公権力から干渉されずに決めることができる権利を**自己決定権**という。だが，憲法の条文には自己決定権という言葉はどこにも出てこないので，どのように導き出されるのかを考えなければならない。

　そこで，幸福追求権を基にして，そこから自己決定権を導き出すという方法がとられている。個人の尊重を軸にする幸福追求権は，その人がどのような考え方を持ち，いかなる生き方を選ぶかについて自由に決められることを保障していると考えられる。したがって，自己決定権が幸福追求権から導き出される権利として認められるというわけである。

●●　　②　自己決定の前提　●●

　ただし，自分のことであっても，それが他人に影響を与える場合は別である。他人も自分のことは自分で決めたいはずであり，自分のやりたいことだけが常にまかり通るわけではない。たとえば，ある人を好きになっても，相手がOKしてくれなければ，交際は成立しない。相手にも自分の好きな人と付き合う自由があるからである。

▶▶他者加害の禁止

　特に，他人に危害や損害を与えたりすることは許されない。相手からすれば，傷つけられない自由があるはずであり，他人に危害を加える自由はない。かつてリンカーン大統領が述べたように，他人の自由を認めない者は自分の自由を認めないのと同様なのである。このように，他人に危害を加えない限りにおいて自由が認められることを**危害原理**という。危害原理はあらゆる自由に当てはまるものであり，自己決定にも当てはまる。したがって，自己決定は他人の自由や権利を侵害しないことが前提となる。

286

> ### Check Points
> ☐　幸福追求権から自己決定権が導かれる。
> ☐　他人に危害や損害を与えてしまうような行為は自己決定として認められない。

3　自己決定権の限界

> 　自分のことはどこからどこまで自分で決められるのだろうか。

●●　　①　自己決定できる範囲　●●

一定の事項を除き，基本的に他人に危害を加えなければ自己決定が認められ

るわけであるが，そのすべてが権利として認められるかというと検討の余地がある。自己決定の射程はとても幅広く，髪型や趣味などの日常的な事柄から生命に関わる重要な事項まで，様々な内容がある。そこで，自分に関わる事柄はすべて自己決定権の射程に含まれるという考え方（**一般的自由説**）と，人格そのものに関わるような重要事項に限られるという考え方（**人格的利益説**）がある。

前者の考え方は，自己決定権の射程を幅広く設定することができる反面，何でも自己決定権として認めてしまうと，権利の重要性が薄れてしまわないかという懸念が残る。後者の考え方は重要事項に関する自己決定を確実に保障することができる反面，何が重要なのかは人によって違うのではないかという問題がある。

もっとも，自己決定権の射程を広くしても重要性が低ければそれに対する制約が認められやすくなるはずであり，逆に重要事項であればあるほどそれに対する制約は認められにくくなるはずであるため，保護範囲の段階では違いが生じるものの，自己決定権の制約が認められるかどうかという段階になると2つの考え方はあまり変わらず，結局は具体的事案ごとに自己決定権の内容の重要性を考えながら，その制約が認められるかどうかを考えていくしかない。

287

●● ② 髪型や服装 ●●

自己決定の対象には様々な事項があるが，ここでは Topics にあるような髪型や服装の問題を考えてみる。髪型や服装については，TPO に応じて制約される場面がある。たとえば，裁判所は，裁判傍聴において「相当な衣服」を着用しない者の入廷を禁止することができる（裁判所傍聴規則1条3号）。何が相当な服装なのかはわからないが，おそらくアクセサリー等がたくさんついていて少し動くと音がなってしまう服など，裁判に支障が出るような服装が禁止されていると考えられる。

また，仕事によっては職場で身なりが規制されていることもある。郵便局の職員が長髪やひげを生やしていたことが職務上マイナス評価とされたケースでは，長髪とひげは基本的に個人の自由で全面的に禁止する合理性はないとの判断が下されている（大阪高判平成22・10・27労働判例1020号87頁）。服装であれ

ば，脱着によって職場と私生活で分けることができるが，髪の長さやひげはそう簡単に分けることができない。そのため，仕事に具体的な支障がなければ，そうした規制を行うことは不合理であるとされる可能性を示したものといえる。

●● ③　生命に関するケース ●●

　自己決定権に関するケースは多くあるが，まずは最も重要である生命に関するケースを考えてみる。生命に関する自己決定としては，生命の始期と終期が重要であり，子供に関する選択と死に際の選択に大きく分けることができる。子供については，産むか産まないか（中絶するかしないか）の問題，代理母出産を認めるかどうかの問題，ダウン症などの出生前診断を認めるかどうかの問題がある。なお，アメリカでは中絶を認めるかどうかをめぐり意見が激しく対立しているが，日本では経済的理由によって中絶がほとんど認められている（母体保護法 14 条 1 項 1 号）。ただし，中絶を認める運用が厳しくなったり，中絶反対という考え方が増えたりした場合には再検討が迫られる問題でもある。

　他方で，死に関する決定については，主に末期状態や植物状態になってしまった場合に，自ら死期を早めたり死に至る方法を選んだりすることができるかどうかという問題がある。死ぬ方法を選ぶことができるかについては，安楽死の問題や尊厳死の問題がある。安楽死とは，一般に，末期状態で耐えがたい苦痛に襲われていて他に助かる方法がない場合に，薬などを投与して痛みを和らげながら死ぬ方法のことをいう。一方，尊厳死は生命維持装置をつけなければ生きられない状態で回復する見込みがほとんどない場合に，生命維持装置の装着などの延命措置を行わずに死に至ることをいう。

　これらの問題を直接規制する法律は 2021 年時点ではまだ存在しない。安楽死や尊厳死の合法性を争った裁判例はあるが，法規制は存在しない（東海大学病院事件〔横浜地判平成 7・3・28 判時 1530 号 28 頁〕）。もっとも，存在しないがゆえに，医師らが安楽死や尊厳死を行うと殺人罪に問われる可能性がある。

●● ④　インフォームド・コンセント ●●

▶▶治療の選択

　このように，生命をめぐる問題については，その是非を簡単には決められな

い事柄でもあるため，法規制が整備されていない状況にある。法整備がされて
ないがゆえに，医療現場の運用が自己決定のゆくえを左右することになる。そ
こで重要視されているのが，**インフォームド・コンセント**（説明に基づく同意）
である。インフォームド・コンセントとは，医師は患者に対して十分な情報を
提供して治療に関する同意を得なければならないことをいう。つまり，十分な
情報がなければ，適切な自己決定を行うことができないことから，医師は患者
に対して十分な情報を提供すべきであるということである。

▶▶輸血拒否事件

　安楽死や尊厳死は，他者の関与を前提とするため，それを容易に認めること
は難しいが，病気になったときにどのような治療を選択するかは自分で決められ
れるようにすべきである。輸血拒否事件（最判平成 12・2・29 民集 54 巻 2 号 582
頁）では，エホバの証人の信者が無輸血の治療（手術）を要求したところ，医
師がそれに応じられるかどうかの態度を曖昧にしたまま手術を行い，手術中に
必要に迫られて輸血したことが問題となった。これについて最高裁は，無輸血
の手術に応じるかどうかの態度が明確にされていれば，患者は別の治療の選択
をできた可能性もあったとして，患者に対する説明義務違反を認めた。

289

●● ⑤　パターナリズムによる制約 ●●

　成人は自分のことを自由に決められるのに，未成年者は自己決定権が制約さ
れることがある。小学校や中学校時代を思い出してみよう。校則で髪型が決め
られたりピアスをつけることが禁止されたりしていなかっただろうか。だが，
髪型やピアスは誰かの権利や利益と衝突するものではないはずである。また，
未成年者は喫煙や飲酒が禁止されている。これも，誰かの権利や利益と衝突す
るものではない。

　それでは，未成年者はなぜ自己決定権が制約されるのだろうか。未成年者も
人であることに変わりはなく，その個性や人格は成人と同様に尊重しなければ
ならないはずである。だが，未成年者は若気の至りで取り返しのつかないこと
をしてしまうおそれがある。幼いころから喫煙や飲酒にふけった結果，自分の
健康が大きく損なわれてしまっては悔やむに悔やみきれないだろう。そのた
め，十分な知識や判断能力を持っていない未成年者に対しては，国が本人のた

めに自己決定について一定の制約を行う必要がある。このように，国が保護者のような観点から本人のために規制を行うことを**パターナリズム**（父権主義）といい，そうした観点から権利を制約することをパターナリスティックな制約という。ただし，これを広く認めてしまうと，自分で決められる事柄が限られてしまい，およそ個性がなくなってしまうおそれがあるので，本人の将来に大きな損害をもたらしてしまうおそれがあるような場合に限定すべきであると考えられている。

Check Points

☐　自己決定権の射程については，広く一般にそれを認める考え方と人格に関する事項に限定する考え方がある。

☐　必要な情報がなければ適切な自己決定ができないので，インフォームド・コンセントを行うことが重要である。

☐　未成年者の自己決定権はパターナリスティックな理由で制約されることがある。

プライバシーの権利

■ Topics ■　プライバシー権とは何か？

　現在，ほとんどの人が自分の携帯電話（スマホ）を持っている。スマホの機能は多様で，カメラや録音機能，パソコン類似の機能までもが内蔵されている。スマホには SNS，メール，住所録，電話番号および履歴，ネット履歴，写真，ネット書き込み等が保存されていて，それだけでその人物の交友関係から内面までをもうかがうことができることから，個人情報が大量につまっていると言える。つまり，スマホはプライバシーそのものになりつつあるのである。

　そのため，スマホは様々な場面でプライバシー権の侵害を生じやすい。たとえば，次のような場面を想定してみよう。①Aさんがメールを打っているときに他人にスマホをのぞきこまれた場合，②友人がAさんの携帯番号や連絡先を勝手に他の人に教えてしまった場合，③友人が無断でAさんのプライベート姿をスマホで撮影した場合。一見すると，どれもプライバシー権の侵害となりそうなケースだが，それぞれで問題になっているプライバシー権の内容はばらばらであることに注意したい。このとき，プライバシー権の侵害が成立するかどうかはプライバシーの権利をどのように構成するかにかかっている。

　ここでは，プライバシーの権利とは何なのか，またそれが法的に認められるとはどういうことなのかを学ぶことにしよう。

1　新しい人権としてのプライバシーの権利

　高校では，プライバシーの権利が憲法上の権利として認められていると習ったが，憲法に規定されていない権利がなぜ認められるのだろうか。

●● ①　プライバシーの権利 ●●

　高校の教科書では，情報社会の到来とともに個人の私生活を守る必要が生じ，そこから**プライバシーの権利**が認められるようになったと説明されている。たしかに，「プライバシー」という言葉は現代社会に定着しており，教科書にもプライバシーの権利が認められているという記述がなされている。けれども，憲法のどこにも「プライバシーの権利」という言葉は見当たらない。そもそも，カタカナ表記であることから予想がつくように，この権利は外国に由来するものである。だが，憲法の明文になく，しかも外国で登場した権利が日本でも認められているとは，いったいどういうことなのだろうか。

▶▶新しい人権

　憲法は全文で 103 条しかなく，これはいわゆる六法（憲法・民法・刑法・刑事訴訟法・民事訴訟法・商法）の中でだんとつに少ない。しかも，その中で人権規定が占める割合は第 3 章（10 条～40 条）の 1 章分だけである。これだけであらゆる人権をカバーするのはおよそ困難である。それに加えて，時代が進むにつれて社会や環境に変化が生じると新しい人権が必要になってくる。そこで，憲法には直接明記されていない事項についても，解釈によって認めていくという方法がとられるようになっている。このような方法が認められるのには理由がある。もともと，憲法は国家の基本枠組を定めたものなので，その規定は抽象的な内容にとどまっていることが多い。とすれば，憲法の趣旨を実現するためには当然ながら解釈が必要になってくる。したがって，憲法価値を実現するためには，適切な解釈を通して新しい人権を認めていく方法がとられるわけである。

　このとき，解釈をするのは誰か。憲法は，三権それぞれに憲法解釈権を与えているが，中でも重要な役割を果たすのが裁判所である。裁判所は法解釈を行う専門機関であり，人権保障の担い手と理解されている。したがって，裁判所が解釈によって新しい人権を認めた場合，他の機関はそれを具体的に実現するための措置を講じることになる。もちろん，裁判所ではなく政治部門のほうが先に新しい人権に対応することもある。

292

●● ②　プライバシーの権利の根拠 ●●

　それでは，プライバシーの権利は憲法の何をどのように解釈すれば導き出せるのだろうか。まずは，根拠にする条文または関連する条文を見つけ出さなければならない。憲法の第3章をくまなく見ていくと，**個人の尊重**を定めた13条が最も関係しそうである。個人を尊重するということは，個人のプライバシーも尊重されるはずだと考えられるからである。実際，判例や学説は13条を根拠にしてプライバシーの権利を導き出している。

　憲法13条は，「すべて国民は，個人として尊重される。生命，自由及び幸福追求に対する国民の権利については，公共の福祉に反しない限り，立法その他の国政の上で，最大の尊重を必要とする」と定めている。13条には，個人の尊重や**幸福追求権**が規定されているが，実は両者は密接に関連している。憲法の根本原理の1つである自由が保障されるためには，各人が個人として尊重されなければならず，そして各人はそれぞれの幸福を自由に追求できるようにされなければならない。このような個人尊重原理に基づく幸福追求の中身は，人によって異なるのは当然として，社会，環境，時代など様々な要因によっても様々に変化しうる。そのため，この幸福追求権は新たに必要になってきた人権を含むことができる**包括的権利**と理解される。そこで，プライバシーの権利が幸福追求権の1つとして認められるかどうかを考えることになる。もし，私的事項を勝手に公にされてしまうならば，個人が尊重されているとはいえないだろう。各人は私的領域を確保してはじめて自律的な存在として生きていくことができるからである。こうして，13条からプライバシーの権利が導き出されることになる。

Check Points

☐　プライバシーの権利が憲法上認められているというのは，憲法を解釈することによってプライバシーの権利を導き出すことができるということである。

☐　憲法 13 条の個人尊重原理に基づく幸福追求権は，新しい権利の根拠となりうる包括的権利であり，個人が自律的存在として生きるためにプライバシーの権利が認められる。

2　プライバシーの権利とは何か

　当初，プライバシーの権利は，私生活をみだりに公開されない権利と定義されたが，それはどのような文脈で出てきたのだろうか。

●●　①　古典的プライバシー　●●

▶▶1 人で放っておいてもらう権利

　プライバシーの権利の発祥地はアメリカである。ことの発端は，19 世紀末，有名な法律雑誌ハーバードローレビューに「プライバシーの権利」と題する共著論文（ワレン＆ブランダイス）が掲載されたことである。著者の身内がマスコミによって報道被害を受けていたこともあり，そこでは私生活上の問題について 1 人で放っておいてもらう権利（＝プライバシーの権利）が提唱された。これによりプライバシーの権利という言葉が世に広まった。ただし最初にこの権利を認めたのは，裁判所ではなく議会であった。ニューヨーク州が法律によってプライバシーの権利を規定すると，その後は裁判（州レベル）においてもプライバシーの権利が認められるようになった。

▶▶宴のあと事件

　そのプライバシーの権利が太平洋を渡って日本に上陸したのは，半世紀以上経ってからのことである。日本国憲法制定により，日本でも個人の尊重が意識

され始めると，プライバシーの権利を認める必要性が出てきた。そのテストケースとなったのが，**宴のあと事件**（東京地判昭和 39・9・28 下民集 15 巻 9 号 2317 頁）である。この事件は，三島由紀夫が特定の政治家をモデルとして「宴のあと」を執筆したところ，そこではオリジナルとなった人物の私的事項について描写されていたため，その本人がプライバシーを侵害しているとして裁判を提起したものである。判決は，「いわゆるプライバシー権は私生活をみだりに公開されないという法的保障ないし権利として理解される」と述べ，はじめてプライバシーの権利が法的に承認された。このように，プライバシーの権利は，**私生活をみだりに公開されない権利**として登場したのである。これを Topics のケータイの問題に当てはめてみると，①の「勝手に他人のスマホの中身を見る」という場面におけるプライバシー権の侵害ということになる。

▶▶プライバシーの要件

　プライバシーの権利が認められた以上，次に重要になるのが，どのような場合にプライバシーに該当するかである。この点につき，判決は，「（イ）私生活上の事実または私生活上の事実らしく受け取られるおそれのあることがらであること，（ロ）一般人の感受性を基準にして当該私人の立場に立った場合公開を欲しないであろうと認められることがらであること，換言すれば一般人の感覚を基準として公開されることによって心理的な負担，不安を覚えるであろうと認められることがらであること，（ハ）一般の人々に未だ知られていないことがらであることを必要と」するとした。簡潔に言えば，①私生活関連情報であること，②公開を望まない事柄であること，③非周知事項であること，の 3 つがプライバシーの要件として示されたのである。

●● ② 自己情報コントロール権の登場 ●●

　もっとも，情報化社会が進展すると，「私生活をみだりに公開されない権利」だけではプライバシーの権利の保護が十分ではなくなってきた。その典型例が個人情報の問題である。氏名や住所といった個人情報は，それだけでは単なる記号にすぎない。だが，それらの要素がいくつか組み合わさると，個人像を創りだすことになり，プライバシー性を持つことになる。

▶▶自己情報コントロール権

　そして情報技術の発達に伴い，自分の知らないところで自分の情報が飛び交ってしまうおそれが出てきた。Topics の②他人が勝手に自分の携帯番号や連絡先を別の人に教えてしまうようなケースはまさに典型例である。そこで，自分に関する情報は自分で管理するという**自己情報コントロール権**が提唱されるようになったのである。ここまでは高校の教科書に載っていることであるが，それではこの自己情報コントロール権とは何なのだろうか。また，それは法実務上も認められているのだろうか。

　標準的な憲法の教科書によると，自己情報コントロール権とは，現代情報社会において，個人が自己に関する情報を自らコントロールし，自己の情報についての閲読・訂正・抹消請求ができる権利とされる。ここでは，外からの侵入を排除するという自由権的側面だけでなく，訂正や抹消を求める請求権的側面をも有している点が特徴である。

●●　③　個人情報保護制度とプライバシー権　●●

　自己情報コントロール権が提唱されるようになると，法律で個人情報を保護する必要があることが認識されるようになり，1988 年に「行政機関の保有する電子計算機処理に係る個人情報の保護に関する法律」が制定された。しかし，公的機関のみを対象とした法律であることに加え，罰則規定がないなどの問題もあり，2003 年には個人情報の保護に関する法律（個人情報保護法）など**個人情報保護関連 5 法**が制定された（なお，2021 年にデジタル改革関連 6 法が成立し，個人情報保護法，行政機関個人情報保護法，独立行政法人個人情報保護法が一本化された）。これらの法律はプライバシーという言葉こそ用いていないものの，「個人情報は，個人の人格尊重の理念の下に慎重に取り扱われるべきものであることに鑑み，その適正な取扱いが図られなければならない」（個人情報 3 条）とし，実質的にプライバシーの保護を行っていると言える。また，その目的として，「国及び地方公共団体の責務等を明らかにし，個人情報を取り扱う事業者及び行政機関等についてこれらの特性に応じて遵守すべき義務等を定めることにより，……個人情報の有用性に配慮しつつ，個人の権利利益を保護すること」（個人情報 1 条）を掲げ，情報の適正な取得，利用目的の特定，データの安

全管理が要請されることとなった。

　このように，個人情報保護という意味でのプライバシーについては，判例よりも法律が先に対応しているのが興味深い。

　裁判所は，宴のあと事件で「私生活をみだりに公開されない権利」として定義して以来，一貫してその枠組みを維持している。ただし，裁判所はそれを私生活という空間のみならず，事案によって柔軟に対応させている。以下では，公権力によるプライバシーの侵害について限定して見てみることにしよう。

Check Points

☐　プライバシーの権利は，その発祥の地であるアメリカで「1 人で放っておいてもらう権利」として登場し，その後日本では「私生活をみだりに公開されない権利」として認識されるようになった。いずれも，外からの私的領域への侵入を排除する意味において共通している。

☐　自己情報コントロール権は，自分の情報を管理する権利のことを指し，閲読・訂正・抹消請求ができる権利とされる。

297

3　自己情報コントロール権の展開

　自己情報コントロール権が提唱されて個人情報保護の意識が高まると，個人情報保護法が制定されるようになったが，具体的にはどのように保護されるのだろうか。

▶▶取得の問題

　プライバシーの権利が裁判で問題となったケースは，①取得，②利用，③公開の 3 つの場面に分けられる。まず，①取得については，警察がデモ隊の写真を無断で撮影したことが問題となった**京都府学連事件**（最大判昭和 44・12・24 刑集 23 巻 12 号 1625 頁）において，最高裁は「個人の私生活上の自由の一つと

して，何人も，その承諾なしに，みだりにその容ぼう・姿態……を撮影されない自由を有するものというべきである」と判断している。ただし，現行犯の証拠保全のために必要性や緊急性があり相当な方法で撮影する場合にはプライバシーの権利を侵害しても正当化されるとした。また，「個人の私生活上の自由の一つとして，何人もみだりに指紋の押なつを強制されない自由を有する」と述べた**指紋押捺拒否事件**（最判平成 7・12・15 刑集 49 巻 10 号 842 頁）も情報の取得が問題となった事案である（ただし，指紋押捺制度は合憲とされている）。

▶▶利用の問題

　次に，②利用の場面についてであるが，ここでは情報管理の方法が問題となる。この点については，住民基本台帳システムが問題となった**住基ネット訴訟**（最判平成 20・3・6 民集 62 巻 3 号 665 頁）で最高裁は，「個人の私生活上の自由の一つとして，何人も，個人に関する情報をみだりに第三者に開示又は公表されない自由を有する」としつつ，住基ネットシステムの安全管理は適切であると判断した。

▶▶公開の問題

　最後に，③公開の問題については，役所が前科情報を弁護士に開示したことが問題となった**前科照会事件**（最判昭和 56・4・14 民集 35 巻 3 号 620 頁）において，最高裁は「市区町村長が漫然と弁護士会の照会に応じ，犯罪の種類，軽重を問わず，前科等のすべてを報告することは，公権力の違法な行使にあたる」として，その違法性を認めた。さらに，この判決の補足意見では，伊藤正己裁判官が，「本件で問題とされた前科等は，個人のプライバシーのうちでも最も他人に知られたくないものの一つ」であると述べており，前科情報の保護の必要性が高いことを指摘している。

　以上の判例法理を見ると，裁判所は，私生活をみだりに公開されない権利という枠組みを維持しつつ，取得や利用の場面でも対応させていることがわかる。さらに最近では，前科のような固有情報のみならず，外延情報についても保護の対象に含める判決がでてきている。

　その代表例が，2003 年の個人情報保護法成立直後（ただし施行前）に下された**講演会名簿提出事件**（最判平成 15・9・12 民集 57 巻 8 号 973 頁）である。この事件では，中国の江沢民国家主席が早稲田大学で講演を行う際，大学が参加希

望学生に名簿に氏名，住所，電話番号，学籍番号を記入させ，警備を担当する警視庁にその名簿を提出していたことがプライバシーを侵害するのではないかが争われた。最高裁は，「本件個人情報は，……プライバシーに係る情報として法的保護の対象となるというべきである」と述べ，大学の名簿提出が違法だと判断した。この判決により，氏名や住所などの単純個人情報もプライバシーの権利の保護の対象として認められることが明らかにされたと言える。

Check Points

☐　2003 年に個人情報保護法が制定され，個人情報を保護するための基本枠組みが設けられた。

☐　裁判所は「プライバシーの権利＝私生活をみだりに公開されない権利」という枠組を維持しつつ，様々な場面に対応させている。

4　監視社会とプライバシー

> 街中にある監視カメラはプライバシーの権利を侵害することにならないのか。

▶▶パノプティコン

最近，監視社会の到来がリアルになりつつある。外に出ると，いたる所に監視カメラがあることに気づく。通勤，通学，買物，散歩など日常生活を送る中で監視カメラに映らない日はないといっていいほど，毎日外に出るたびに自分の姿や行動が監視カメラに映されている。こうした状況は，かつてベンサムが提示したパノプティコンという全展望型監視システムの到来を予感させる。外出する以上，自分の姿を他人にさらけ出しているので，カメラに写されることは他人に見られることと大差ないといってしまえばそれまでかもしれない。しかし，Topics の③のように勝手にスマホのカメラで自分の姿を撮影されたら怒りたくなる気持ちにならないだろうか。

▶▶監視カメラに関する裁判例

　これについて，最高裁は**オービス事件**（最判昭和 61・2・14 刑集 40 巻 1 号 48 頁）において自動速度監視装置による運転車の容ぼうの写真撮影は憲法 13 条に反しないと述べるだけで処理しているが，下級審レベルでは詳細な検討をした判決が下されている。**山谷監視カメラ事件**（東京高判昭和 63・4・1 判時 1278 号 152 頁）で裁判所は，みだりに容ぼうを撮影されない権利を認めつつ，一定の条件のもとに，犯罪の発生が予測される場所を継続的，自動的に撮影，録画することも許されるとしている。また，**あいりん地区カメラ撤去請求事件**（大阪地判平成 6・4・27 判時 1515 号 116 頁）で裁判所は，公共の場所にいるという一事によってプライバシーの利益がまったく失われると解するのは相当でないとしつつ，犯罪防止目的でカメラを設置することは正当であり，プライバシーの利益とカメラ設置の利益を比較衡量して判断するとした。

　もっとも，**N システム事件**（東京高判平成 21・1・29 判タ 1295 号 193 頁）で裁判所は，「国民が公権力によってみだりに自己の私生活に関する情報を収集・管理されない自由」を有することに言及しつつ，正当な行政目的と手段の合理性があればそれを侵害することにはならないとしている。

　このように，裁判所は監視カメラによって撮影されない自由があることを認めつつ，個別の事案ごとに設置目的や態様によってその合法性（合憲性）を判断する傾向にある。

Check Points
□　監視カメラはプライバシーの権利を侵害する可能性があり，裁判ではカメラ設置の目的の正当性や手段の合理性が問われる傾向にある。

●● 事項索引 ●●

301

▶ さ　行

303

●● 判例索引 ●●

一歩先への憲法入門〔第2版〕
Introduction to constitutional law: Let's study together! 2nd ed.

2016 年 5 月 30 日	初　版第 1 刷発行
2021 年 10 月 5 日	第 2 版第 1 刷発行
2023 年 7 月 10 日	第 2 版第 3 刷発行

	片　桐　直　人
著　者	井　上　武　史
	大　林　啓　吾
発 行 者	江　草　貞　治
発 行 所	株式会社　有　斐　閣

郵便番号 101-0051
東京都千代田区神田神保町 2-17
https://www.yuhikaku.co.jp/

印刷・大日本法令印刷株式会社／製本・大口製本印刷株式会社
© 2021, Naoto Katagiri, Takeshi Inoue, Keigo Obayashi.
Printed in Japan
落丁・乱丁本はお取替えいたします。
★定価はカバーに表示してあります。
ISBN 978-4-641-22823-8